编委会

主　　任：孙宝东

委　　员：王雪莲　倪　炜　李俊彪　贾海燕　姚　云

　　　　　刘长栋　王德金

编写组

主　　审：朱吉茂　姜大霖　李睿智
编写人员：李　涛　吴　璘　门东坡　刘大正　张东青
　　　　　魏文胜
数据支持：李　花　高　莹　高　华

中国煤炭、电力和碳市场年度报告
（2022—2023年）

国家能源集团技术经济研究院　编著

电子工业出版社
Publishing House of Electronics Industry
北京·BEIJING

未经许可，不得以任何方式复制或抄袭本书之部分或全部内容。
版权所有，侵权必究。

图书在版编目（CIP）数据

中国煤炭、电力和碳市场年度报告.2022—2023年/国家能源集团技术经济研究院编著.—北京：电子工业出版社，2023.8
ISBN 978-7-121-46157-6

Ⅰ.①中⋯ Ⅱ.①国⋯ Ⅲ.①煤炭工业－市场－研究报告－中国－2022-2023②电力市场－研究报告－中国－2022-2023③二氧化碳－排气－市场－研究报告－中国－2022-2023 Ⅳ.①F426.21②F426.61③X511

中国国家版本馆CIP数据核字（2023）第155220号

责任编辑：李筱雅
印　　刷：北京宝隆世纪印刷有限公司
装　　订：北京宝隆世纪印刷有限公司
出版发行：电子工业出版社
　　　　　北京市海淀区万寿路173信箱　邮编：100036
开　　本：720×1 000　1/16　印张：14.5　字数：227千字
版　　次：2023年8月第1版
印　　次：2023年8月第1次印刷
定　　价：116.00元

凡所购买电子工业出版社图书有缺损问题，请向购买书店调换。若书店售缺，请与本社发行部联系，联系及邮购电话：（010）88254888，88258888。
质量投诉请发邮件至zlts@phei.com.cn，盗版侵权举报请发邮件至dbqq@phei.com.cn。
本书咨询联系方式：（010）88254134或lixy@phei.com.cn。

序

　　党的二十大报告对能源问题作出重要部署，提出"深入推进能源革命，加强煤炭清洁高效利用，加大油气资源勘探开发和增储上产力度，加快规划建设新型能源体系，统筹水电开发和生态保护，积极安全有序发展核电，加强能源产供储销体系建设，确保能源安全""构建全国统一大市场，深化要素市场化改革，建设高标准市场体系"等一系列新观点新要求。2022年4月10日，《中共中央 国务院关于加快建设全国统一大市场的意见》发布，指明"在有效保障能源安全供应的前提下，结合实现碳达峰碳中和目标任务，有序推进全国能源市场建设"。能源是工业的粮食、国民经济的命脉，中国式现代化建设与碳达峰碳中和工作离不开能源安全稳定供应的基础保障，能源市场是践行能源安全新战略、助力能源高质量发展的重要领域。2023年7月，习近平总书记在江苏考察时指出"能源保障和安全事关国计民生，是须臾不可忽视的'国之大者'"。开展能源市场分析研究，做好能源市场供需和价格预测，有助于国内能源市场平稳运行，加快全国能源统一大市场建设。

　　国家能源投资集团有限公司（以下简称"国家能源集团"）勇做能源供应压舱石、能源革命排头兵，大力推进绿色低碳转型，持续提升清洁能源占比，助力构建清洁低碳、安全高效的现代能源体系。国家能源集团技术经济研究院作为国家能源集团唯一的综合性、战略性智库单位，主要承担集团公司发展战略研究、项目评价、信息服务等职能。近年来，技术经济研究院深耕煤炭、电力和碳市场等重点领域，通过定期出版报告和撰写专题专报相结合的方式，积极开展新形势下能源市场研究，及时总结能源市场变化，深入把握能源市场发展规律，科学研判能源市场发展趋势，为能源行业洞察市场趋势积极贡献智库力量。

2022 年，在新冠疫情延宕反复、极端天气气候事件频发、区域政治分歧加剧等影响下，全球能源价格高位震荡，能源供应安全成为世界各国面临的共同挑战。我国提升能源保供力度，以煤炭增产增供夯实能源保供坚实基础，以煤炭中长期合同制度确保煤炭价格总体运行在合理区间，为稳电价、稳用能成本、稳经济提供了有力支撑。《中国煤炭、电力和碳市场年度报告（2022—2023 年）》是由我院倾力打造的能源市场综合研究报告，该报告立足能源保供与低碳转型，以"煤—电—碳"为主线，通过详细回顾 2022 年煤炭、电力和碳市场的运行情况，从宏观和微观两个层面对能源市场消费、生产及供应等环节进行深入分析，基于定性研判和定量分析，系统预测了 2023 年能源市场发展趋势。本书可供能源市场研究相关领域的单位和人员参考，同时也欢迎广大读者交流探讨。

国家能源集团技术经济研究院 党委书记、董事长　孙宝东

2023 年 3 月

前 言

2022年，受俄乌冲突爆发、极端天气频发、新冠疫情反复等因素影响，全球能源供需格局深度调整，能源供需持续偏紧，国际煤炭、天然气和电价飙升，碳价屡创新高。我国煤炭电力阶段性供应紧张问题突出，煤炭等一次能源价格宽幅波动，得益于党中央、国务院力推煤炭增产保供，煤炭价格攀升后回稳，能源供应总体保持平稳，支撑了经济社会发展和民生用能。

国家能源集团是我国能源市场的"稳定器"和"压舱石"，是我国最大的煤炭、电力供应企业之一，也是我国碳市场最大参与主体之一。国家能源集团技术经济研究院作为国家能源集团唯一的综合性、战略性智库单位，立足集团主责主业，积极开展新形势下的能源市场分析工作，旨在及时总结能源市场变化、把握能源市场发展规律、研判能源市场发展趋势。《中国煤炭、电力和碳市场年度报告（2022—2023年)》(以下简称《报告》)，总结概括了我国煤炭、电力和碳市场发展基本情况，分析国内外能源市场联动关系及热点问题，研判下一年度发展趋势，力求为集团和有关部门、相关企事业单位提供有价值的参考。

《报告》以煤炭—电力—碳市场为主线，分综合篇、煤炭市场篇、电力市场篇、碳市场篇和专题篇。综合篇从宏观经济、供给和消费、能源低碳转型、能源市场运行、气候与能源供需五个方面，总体回顾2022年煤炭、电力和碳市场运行情况，并对2023年煤炭、电力和碳市场形势进行分析研判。煤炭市场篇从煤炭供给、煤炭消费、煤炭运输、煤炭库存、煤炭价格、相关政策六个方面，回顾了2022年我国煤炭市场发展状况和特征，结合产、运、需形势，对 2023 年产业政策、煤炭供应、下游需求和煤炭价格走势做出研判，并提出煤炭市场领域需要关注的几个问题。电力市场篇重点梳理 2022 年电力消费、电力生产与供应、电力工程建设与投资、电力市场交易四个方面的内容，列举主要政策，并对 2023 年电力供需进行展望。碳市场篇从政策制度、交易情况、履约情况、存在问题等方面，回顾了 2022 年国外碳市场、中国碳市场的运行情况，并结合国内外气候政策动向、国际能源局势演变等因素对 2023 年碳市场发展进行展望。专题篇聚焦我国煤炭资源开发布局、气候对能源市场供需影响、"两个联营"政策开展、碳市场与能源市场关系四个热点问题，展开深入的分析研究。

《报告》数据采用国家统计局、生态环境部、中国煤炭工业协会、中国电力企业联合会、中国碳排放交易网、碳市场试点地区生态环境主管部门和地方政府等权威机构发布的最新数据，以及国家能源集团技术经济研究院调研收集、整理统计、分析预测数据。除了特别说明，《报告》中国内各项统计数据不包含港澳台地区数据。

《报告》在研究范式上尝试性开展跨学科、产学研的协同创新，从"产业经济—市场机制—气候气象"等多个维度提升对能源、电力市场供需形势的综合分析研判，从而探究揭示"煤—电—碳"多市场间互动关联、多因素叠加影响的规律和特点。在此特别感谢中国科学院大气物理研究所、北京航空航天大学经济管理学院和北京中创碳投科技有限公司等团队在相关研究工作中的支持。

受时间和水平限制，编写过程中疏漏与不足之处在所难免，恳请各位读者批评指正，以便再版时修正。

国家能源集团技术经济研究院
2023 年 3 月

目　录

第一篇　综合篇

第一章　2022年市场回顾 ··· 002
　　一、宏观经济 ··· 002
　　二、供给和消费 ··· 003
　　三、能源低碳转型 ·· 005
　　四、能源市场运行 ·· 007
　　五、气候与能源供需 ·· 010

第二章　2023年市场展望 ··· 014
　　一、宏观经济 ··· 014
　　二、供给和消费 ··· 015
　　三、能源低碳转型 ·· 016
　　四、能源市场运行 ·· 017
　　五、气候与能源供需 ·· 017

第二篇　煤炭市场篇

第三章　2022年煤炭市场回顾 ·· 020
　　一、煤炭供给 ··· 020
　　二、煤炭消费 ··· 030

三、煤炭运输 ·· 035
　　四、煤炭库存 ·· 040
　　五、煤炭价格 ·· 043
　　六、相关政策 ·· 047

第四章　2023年煤炭市场展望 ·· 051
　　一、产业政策 ·· 051
　　二、煤炭供应 ·· 053
　　三、下游需求 ·· 056
　　四、煤炭价格走势 ·· 066

第五章　需要关注的几个问题 ·· 068
　　一、煤炭生产消费统计问题 ·· 068
　　二、长协与现货结构变化问题 ··· 068
　　三、保供压力下安全生产风险问题 ···································· 069
　　四、极端天气气候影响问题 ·· 069
　　五、百年未有之大变局下的重大不确定性 ························· 070
　　六、更好发挥煤炭市场的决定性作用 ································ 071
　　七、进口煤对我国煤炭市场可能产生的影响 ····················· 071

第三篇　电力市场篇

第六章　电力消费 ·· 074
　　一、总体情况 ·· 074
　　二、各产业电力消费 ··· 075
　　三、各区域电力消费 ··· 077
　　四、重点行业电力消费 ·· 079

第七章　电力生产与供应 ··· 082
　　一、总体情况 ·· 082

二、火电生产 ··· 088

　　三、水电生产 ··· 094

　　四、核电生产 ··· 098

　　五、风电生产 ··· 102

　　六、太阳能发电生产 ··· 107

　　七、生物质发电生产 ··· 112

第八章　电力工程建设与投资 ·· 114

　　一、电源工程建设 ··· 115

　　二、电网工程建设 ··· 116

　　三、重点投产工程 ··· 118

第九章　电力市场交易 ·· 121

　　一、市场运行情况 ··· 121

　　二、市场建设成效 ··· 124

第十章　主要政策 ·· 127

　　一、行业发展政策 ··· 127

　　二、价格与市场政策 ··· 129

第十一章　电力供需展望 ·· 131

　　一、电力消费需求预测 ··· 131

　　二、电力生产供应展望 ··· 133

　　三、电力供需形势展望 ··· 136

第四篇　碳市场篇

第十二章　全球碳市场概览 ·· 138

第十三章　国外碳市场 ·· 141

　　一、超国家碳市场——欧盟碳市场 ······························· 141

二、代表性国家级碳市场……………………………………………146

　　三、代表性区域碳市场………………………………………………153

第十四章　中国碳市场……………………………………………………155

　　一、全国统一碳市场…………………………………………………155

　　二、地方试点碳市场…………………………………………………159

　　三、自愿减排量交易市场……………………………………………163

　　四、中国碳市场发展展望……………………………………………165

第十五章　国际碳市场衔接………………………………………………169

　　一、国际碳市场衔接进程回顾与动向………………………………169

　　二、全球自愿减排市场机制及运行情况……………………………170

第五篇　专题篇

专题报告一："双碳"目标下我国煤炭资源开发布局研究……………174

　　一、全国及区域煤炭消费现状与趋势研究…………………………175

　　二、全国及区域煤炭资源、生产趋势与开发潜力研究……………177

　　三、中长期煤炭开发布局分析………………………………………182

　　四、主要结论及建议…………………………………………………183

专题报告二：气候对能源市场供需影响的分析——以2022年夏季极端高温干旱为例……………………………………………………………185

　　一、2022年夏季极端高温干旱事件及成因…………………………185

　　二、2022年夏季极端高温干旱对能源供需端的影响………………188

　　三、气候对能源市场供需影响的机理分析…………………………191

　　四、气候变化背景下能源市场展望…………………………………192

专题报告三："两个联营"政策开展情况与发展建议…………………198

　　一、"两个联营"政策实施背景………………………………………198

二、能源企业"两个联营"政策开展现状 …………………………………… 199
三、"两个联营"政策实施成效 …………………………………………… 200
四、能源企业开展"两个联营"的问题 …………………………………… 200
五、"两个联营"发展政策建议 …………………………………………… 201

专题报告四：碳市场与能源市场的关联分析——以欧盟为例 ……………… 203
一、碳市场与能源市场的关系 ……………………………………………… 204
二、欧洲能源市场特点 ……………………………………………………… 208
三、欧洲能源危机现状及诱因 ……………………………………………… 209
四、欧洲能源危机对碳市场的影响 ………………………………………… 211
五、欧洲能源市场及碳市场展望 …………………………………………… 212
六、我国能源市场及碳市场的联动机制设计及展望 ……………………… 214

参考文献 …………………………………………………………………………… 217

第一篇 综合篇

我国以煤炭为主体的能源结构、以煤电为主要支撑的电力结构，短期内难以根本改变。立足"富煤、贫油、少气"的基本国情，坚持先立后破，聚焦煤—电—碳一体化产业链条，推动能源电力低碳转型，是建设新型能源体系的重要抓手和关键路径。本报告以煤炭—电力—碳市场为主线，重点回顾总结2022年我国在煤炭市场运行及体制机制建设、电力市场运行及改革和碳市场运行及作用发挥等方面取得的成效，展望2023年三个市场的发展形势。我国一次能源、电力和碳排放流向如下图所示。

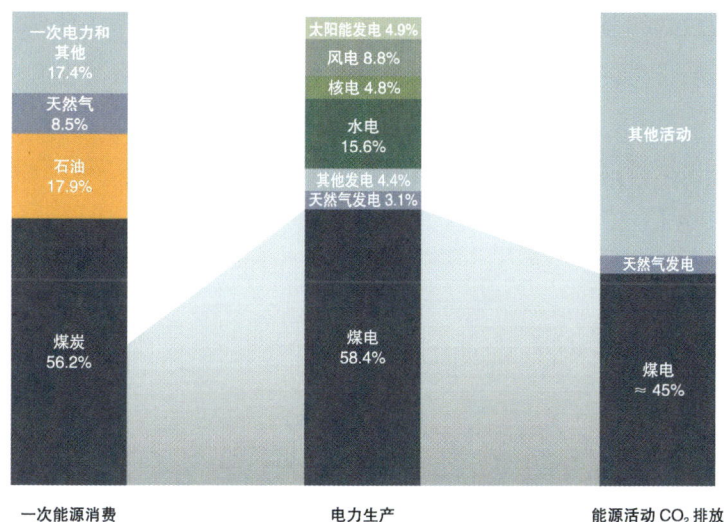

第一章　2022 年市场回顾

2022 年，我国经济回稳向好，国内生产总值较 2021 年增长 3.0%，带动能源消费增长 2.9%。**煤炭保能源安全、煤电保电力稳定的重要作用进一步凸显**，2022 年原煤产量同比增长 10.5%，煤炭消费占能源消费总量的比重达到 56.2%，同比上升 0.3 个百分点，煤电以 44% 的装机量贡献了全国 58% 的电量。在**煤基能源低碳化和清洁能源规模化的协同推进下**，能源低碳转型再上台阶，2022 年我国火力发电标准煤耗同比下降 0.15%，清洁能源装机规模占全国电力总装机规模的比重、发电量占全国发电总量的比重同比分别上升 2.6 个百分点、1.6 个百分点。在**中长协煤炭保供稳价的作用下，主体能源稳经济效应持续显现**，2022 年电煤中长协稳住了电煤供应 80% 的基本盘，国内煤炭市场受高位震荡的国际能源市场影响不大，煤电价格在政策推动下迎来上浮，全国碳市场平稳运行。**气候与能源供需关系愈加紧密**，面对 1961 年有完整气象观测记录以来强度最大、范围最广的高温事件，煤基能源兜底作用进一步凸显。

一、宏观经济

我国经济实现平稳运行，仍是世界经济增长的重要引擎。2022 年，面对国内疫情反复和经济下行、俄乌冲突和美联储加息等多重因素超预期冲击，党中央高效统筹疫情防控和经济社会发展，全面落实疫情要防住、经济要稳住、发展要安全的要求，加大宏观调控力度，实现了经济平稳运行，全年国内生产总值增长 3%，快于美国的 2.1%、德国的 1.9%、法国的 2.6% 等主要经济体的经济增速，对世界经济增长的贡献率接近 20%，仍是世界经济增长的重要引擎和稳定力量。煤炭行业积极履行中长期合同制度，累计向社会让利超过1900亿元人民币，煤电行业在经营压力稍有缓解的基础上，充分发挥主体电源的电力支撑作用，为我国经济平稳运行做出了突出贡献。

稳经济政策保驾护航，经济运行呈现韧性强、潜力大、活力足的发展态势。 2022年全年，面对经济新的下行压力，政府果断应对、及时调控，充分运用储备的政策工具，推动经济逐步回稳向好。年初新增专项债务额度提前下达，有力推动投资增长，支撑一季度GDP同比增长4.8%；5月出台稳经济一揽子政策措施，8月部署19项接续政策，点名经济大省勇挑大梁，推动GDP增速从二季度0.4%升至三季度的3.9%，经济恢复态势逐步向好；四季度"金融16条""新5条"保障房地产市场平稳健康发展，优化疫情防控"新十条"助力复工复产，系列稳经济政策持续落实，确保GDP增速保持在3.0%。煤炭和火电行业投资明显回升，全年煤炭开采和洗选业固定资产投资额同比增长24.4%，火电工程投资完成额达909亿元人民币，同比增长28.4%，对经济增长起到有效的拉动作用。全年消费、投资、净出口分别拉动经济增长1.0个百分点、1.5个百分点、0.5个百分点，经济运行呈现出韧性强、潜力大、活力足的发展态势。

二、供给和消费

煤炭保能源安全继续发力，煤电保电力稳定作用凸显。 2022年我国严守能源保供基本盘，煤炭产业积极落实扩能增产任务，全年原煤产量达45.6亿吨，同比增长10.5%，创历史新高。在全球能源供应仍然偏紧的格局下，煤炭在我国一次能源生产和能源消费总量中的占比均有所上升，作为我国能源安全"稳定器"和"压舱石"的作用得到充分发挥。煤电作为我国主体电源，全年以44%的装机量贡献了全国58%的电量，在迎峰度夏中发挥关键保障作用。2022年8—10月，受持续极端高温干旱天气影响，全国水电出力大幅受阻，火电发挥了关键的安全保供作用，2022年8月全国火电利用小时数达453小时，月利用率水平超过全年均值11个百分点；四川、重庆、湖北等地火电月利用率水平提升至72%、75%、74%，同比提高26~30个百分点。

2022年我国各省（自治区、直辖市）煤炭净调入调出情况如图1-1所示，2022年8月、9月我国部分省（自治区）水电、火电利用率情况如图1-2所示。

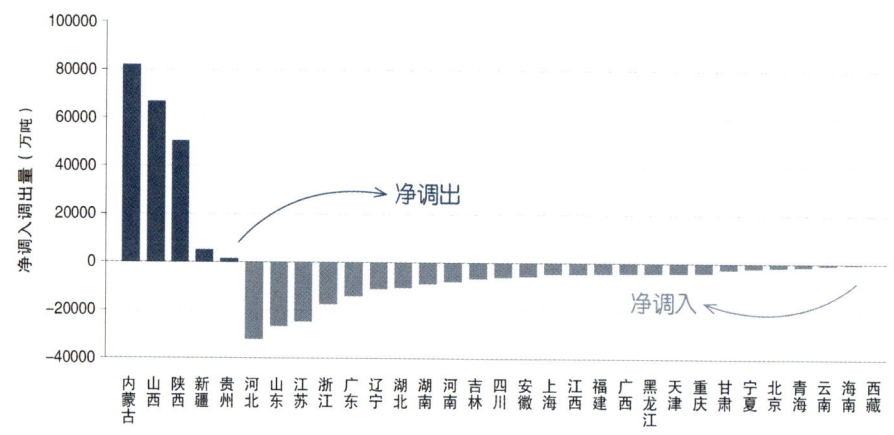

图1-1　2022年我国各省（自治区、直辖市）煤炭净调入调出情况

来源：CCTD中国煤炭市场网，国家能源集团技术经济研究院整理。

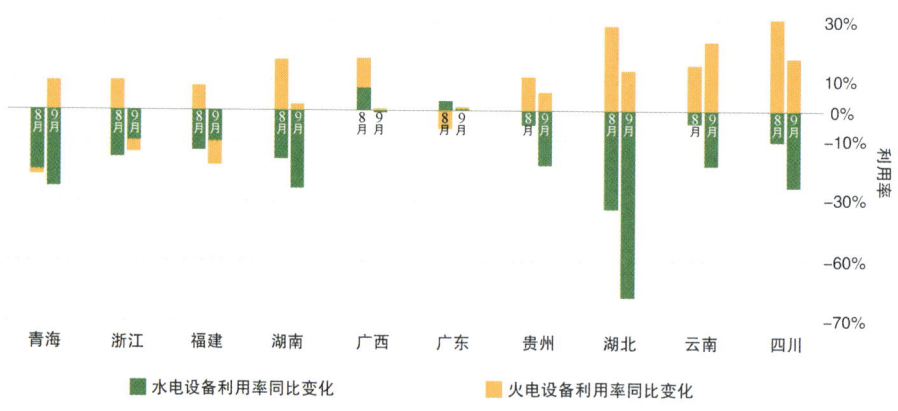

图1-2　2022年8月、9月我国部分省（自治区）水电、火电利用率情况

来源：国家能源集团技术经济研究院整理。

煤助电稳、电促煤增的煤—电互动关系继续显现。据国家统计局初步核算，2022 年我国能源消费总量为 54.1 亿吨标准煤，同比增长 2.9%。2022 年煤炭消费保持增长，占能源消费总量的 56.2%，较 2021 年上升 0.3 个百分点；电力消费增长 3.6%[1]。我国煤炭消费在能源消费总量中的占比出现 11 年来的首次提升，是在国际能源形势复杂变化、气候异常等多重因素叠加影响下，坚持先立后破、统筹能源安全与低碳转型的客观结果。其中既有现代煤化工等煤炭清洁高效利用规模的增长，油气价格高位、进口下降引起的补充替代性煤炭消费，也有电力消费增长和特征变化带来的支撑性煤电需求。2000 年以来我国能源消费构成变化如图 1-3 所示。

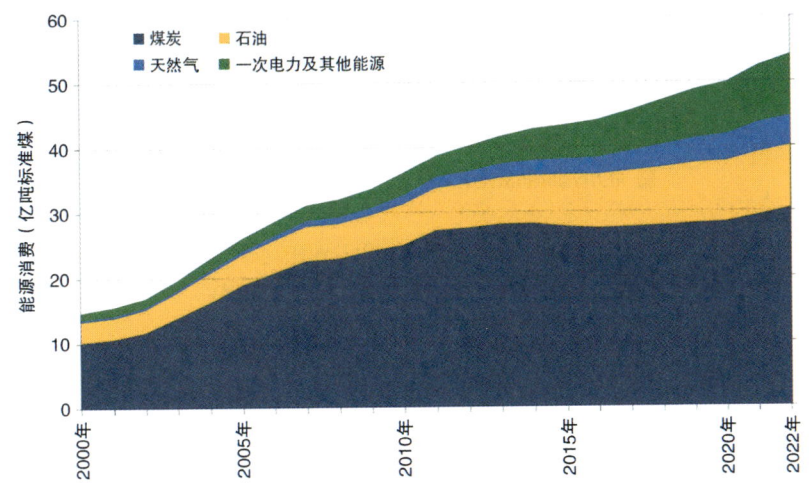

图 1-3　2000 年以来我国能源消费构成变化

来源：国家统计局。

三、能源低碳转型

我国能源低碳转型再上台阶，电力碳排放强度继续下降。根据国家能源

---

[1] 数据来源：国家统计局。

集团技术经济研究院初步测算，2022年，我国电力行业平均碳排放强度为523克/千瓦时，同比下降2.5%；自2001年以来，我国电力行业碳排放强度累计下降280克/千瓦时，累计下降34.9%（见图1-4）。

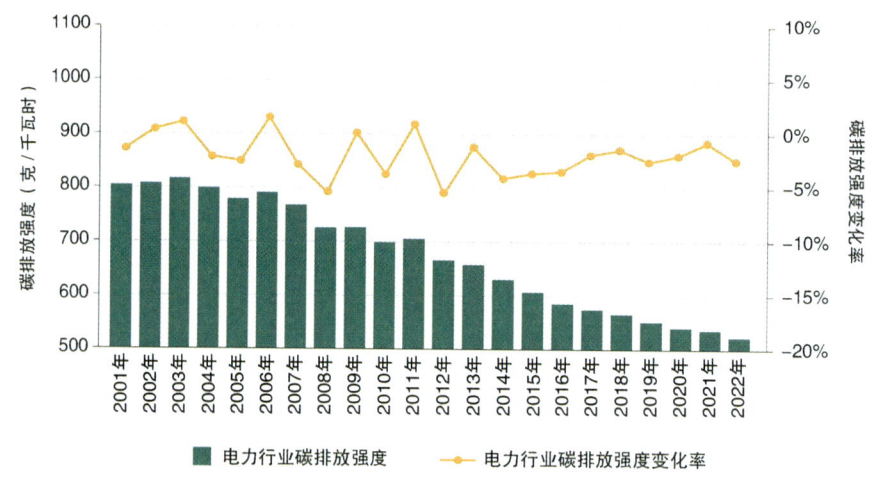

图1-4 2001—2022年我国电力行业平均碳排放强度

来源：中国电力企业联合会。指标值由国家能源集团技术经济研究院测算。

煤基能源低碳化与清洁能源规模化协同发力推进能源低碳转型。**一是煤基能源清洁化持续做精能源碳排放"分子"**。2022年，我国火力发电标准煤耗为286克/千瓦时，同比下降0.15%。**二是清洁能源规模化加快做优能源碳排放"分母"**。2022年，我国清洁能源发电装机量占全国电力总装机量的比重接近50%，同比增加2.6个百分点；清洁能源装机发电量占全国总发电量的比重超三成，同比增加1.6个百分点。**三是清洁能源规模化越来越成为能源低碳转型主力**。2022年较2001年我国电力行业累计碳排放强度降幅中，火力发电煤耗的下降导致碳排放强度下降144克/千瓦时，贡献率为51%，火力发电量占全国总发电量的比重下降导致碳排放强度下降136克/千瓦时，贡献率为49%。分年来看，2012年以前，煤基能源效率提升主导了电力行业碳排放强度的下降，贡献率为84%；2012年以后，随着清洁能源的大规模发展，清洁能源规模化开始主导电力行业碳排放强度的下降，贡献率为74%。2001—2022年我国电力碳排放强度下降贡献因素分解如图1-5所示。

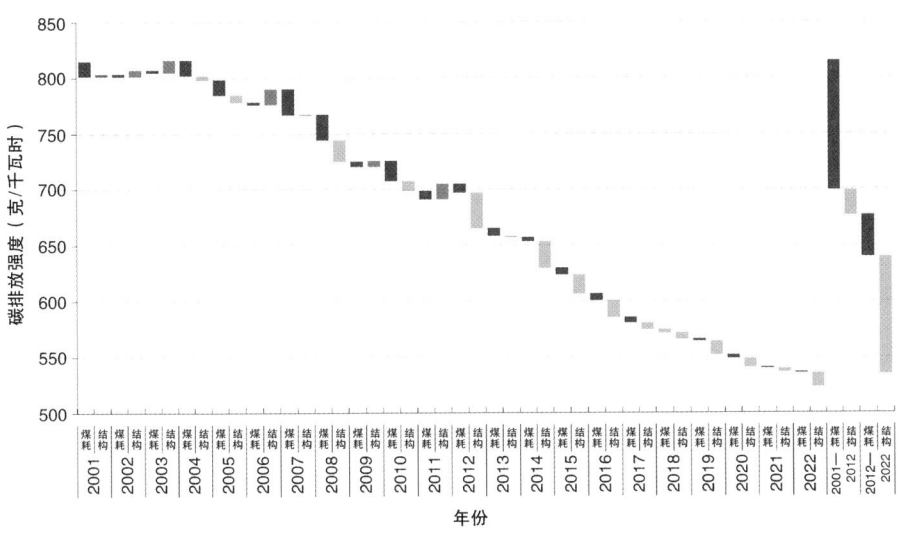

图 1-5 2001—2022 年我国电力碳排放强度下降贡献因素分解

来源：根据对数平均迪氏指数法（Logarithmic Mean Index Method，LMDI）进行因素分解计算得到。

四、能源市场运行

保供稳价政策下国内煤炭价格受高位震荡的国际能源市场影响不大。2022 年，国际煤价高位震荡，具有代表性的纽卡斯尔动力煤价格指数全年翻番，由年初的 201.5 美元/吨（约折合 1288 元人民币/吨）最高涨至 9 月初的 452.8 美元/吨（约折合 2894 元人民币/吨），全年均值为 362 美元/吨（约折合 2313 元人民币/吨）。我国坚持煤炭保供，进一步发挥煤炭中长协的稳价作用，具有代表性的环渤海动力煤价格指数（中长协贡献率约为 90%）全年在 731～759 元人民币/吨窄幅波动，年均价格为 737 元人民币/吨。据有关部门统计，我国深入开展电煤中长协签订履约工作，保障电煤供应平稳有序，稳住了电煤供应 80% 的基本盘。2010—2022 年国内外煤炭价格指数如图 1-6 所示。

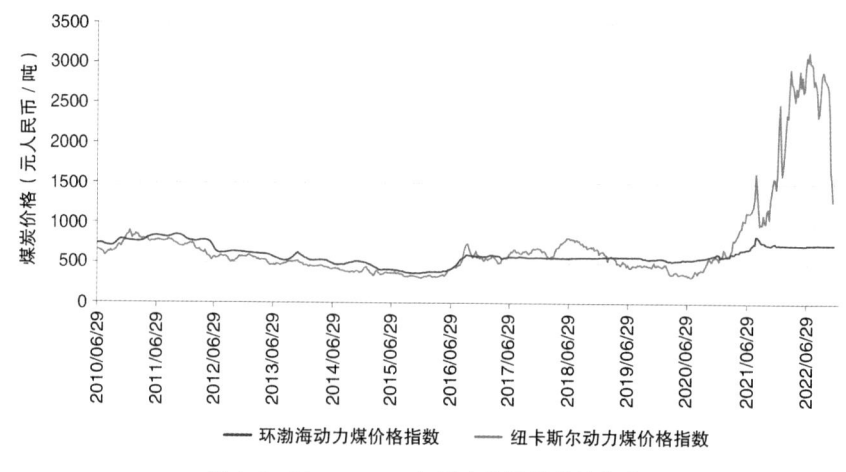

图 1-6　2010—2022 年国内外煤炭价格指数

来源：CCTD 中国煤炭市场网，其中，纽卡斯尔动力煤价格指数用当日汇率折算。

煤电价格有所上浮。2021 年 9 月，国家发展改革委印发《关于进一步深化燃煤发电上网电价市场化改革的通知》（发改价格〔2021〕1439 号），提出有序放开全部燃煤发电电量上网电价，将燃煤发电市场交易价格浮动范围由上浮不超过 10%、下浮不超过 15%，扩大为上下浮动原则上均不超过 20%，高耗能企业市场交易电价不受上浮 20% 的限制。该项改革旨在更好发挥市场机制作用，让燃煤电价更灵活反映电力供需及成本变化。根据国家能源局信息，2022 年全国燃煤发电机组市场平均交易价格达 0.449 元人民币/千瓦时，较全国平均基准电价上浮约 18.3%，对缓解煤电企业亏损局面起到了积极作用。

国内和欧盟碳市场同步走出前高后低的三轮波动周期，呈现季节性波动升高、渐进趋缓的总体趋势（见图 1-7）。国内和欧盟两个碳市场均在 2022 年 1—2 月延续了 2021 年年底的价格上升势头，波动水平[1]分别达到 5.6% 和 10.3% 的全年最高水平。其后，两个碳市场交易价格波动水平大幅回落至 1%

---

[1] 本报告中价格的波动水平通过对日价格变动计算月度的滚动窗口标准差来衡量，具体表达式为 $\sigma_{X_t} = \sqrt{\sum_{\tau=t-22}^{t}(X_\tau - \overline{X_t})^2 / 22}$，其中 X_t 为 t 日的价格变动，$\overline{X_t}$ 为过去一个月的价格变动均值。

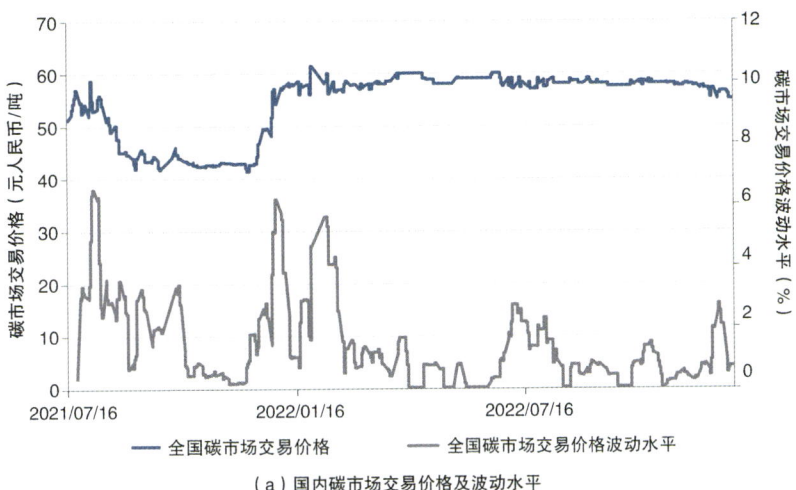

(a)国内碳市场交易价格及波动水平

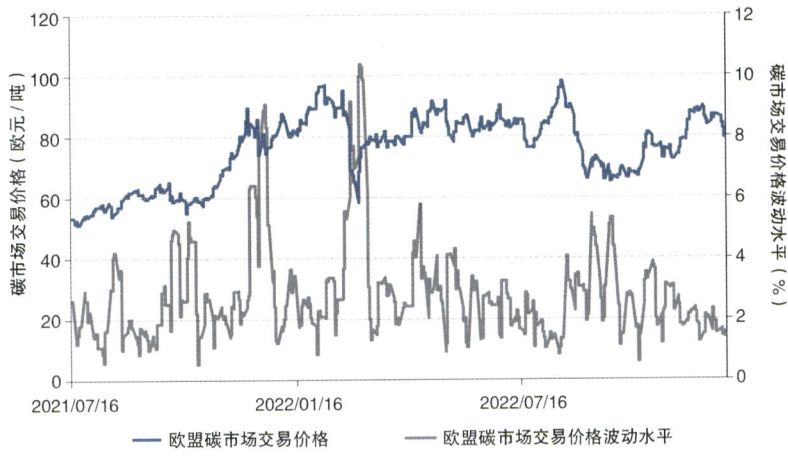

(b)欧盟碳市场交易价格及波动水平

图1-7 国内和欧盟碳市场交易价格及波动水平

来源：Wind。

以下，并先后于7—9月进入新一轮波动周期，波动水平最高分别上升至2.7%和5.4%。最后，在经历两个月的相对平稳期后，碳市场交易价格于12月进入第三个更为短暂的波动周期。国内外碳市场价格的周期性同步波动，既有季节性气温波动及相关能源需求带来的碳排放权配额供求紧张等共性因素的作用，又受到地区和市场特质因素的影响。例如，在全国碳市场中，企业会倾向于在 2021 年年底第一个履约期满后"储存"配额，导致 1—2 月交易量减少，从而推高了波动水平；而对欧洲市场而言，更为直接的因素是俄乌冲突加重了欧洲油气短缺，燃煤发电及相应的碳排放权需求增多，导致碳价波动水平短期快速升高。

五、气候与能源供需

2022 年我国大部地区气温接近常年同期到偏高（见图 1-8），全国降水量整体偏少（见图 1-9）。在气温方面。全国大部气温接近常年同期到偏高，其中，西藏西北部、新疆南部和东北部、甘肃西北部和中部、宁夏大部及长江流域沿线偏高 1~2℃。受全球变暖和环流异常影响，2022 年 6 月 13 日至 8 月下旬的区域性高温事件综合强度（综合考虑高温热浪事件的平均强度、影响范围、持续时间）为 1961 年有完整气象观测记录以来最强，40℃以上区域覆盖范围历史最大，全国多地观测站均破历史极值，中央气象台连续 41 天发布高温预警，其中高温红色预警连续发布 12 天。**在降水方面**。新疆大部、西藏南部和西北部、甘肃北部和东南部、内蒙古西部和中部、河北北部、宁夏南部、河南中部、四川东部、重庆东南部、贵州东部、湖南西部和北部、湖北南部、安徽中部、江苏中部降水距平百分率减少 20%以上，其中新疆南部和东北部、甘肃西北部、内蒙古西部减少 50%以上。降水阶段性变化明显，

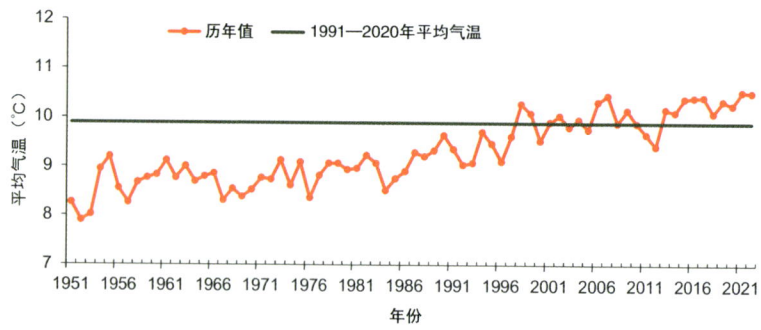

图 1-8　1951—2022 年全国平均气温历年变化

来源：中国气候公报（2022）。

与常年相比，1—6月和11月降水偏多，7—10月和12月降水偏少；夏季长江流域出现罕见旱情，长江干流水位为有实测记录以来同期最低，整体呈现重发的态势，具有持续时间长、影响范围广、强度大和极端性强等特点。

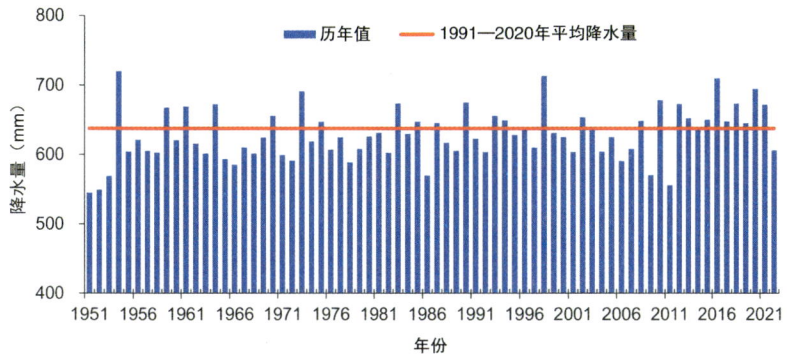

图1-9　1951—2022年全国平均降水量历年变化

来源：中国气候公报（2022）。

"川渝缺电"凸显天气和气候对能源供需的影响日渐增大。2022年夏季极端高温干旱天气的出现，对川渝地区的电力供需平衡产生较大影响。**首先，川渝高温天气为有完整气象观测记录以来最强**。与历史同期（1991—2020年的平均气候状态）相比，四川2022年8月气温偏高3.1℃（见图1-10），降水偏少70%，7月28日—8月22日持续的高温事件综合强度为1961年有完整气象观测记录以来最强。重庆2022年8月气温偏高4.1℃，降水偏少138%，7月1日—8月22日全市高温平均天数达到39.2天，为1961年以来历史同期的最多，16个区县的日最高气温均超过历史同期极值。此轮高温干旱过程较2006年川渝地区大旱情况更极端。**其次，全球变暖是极端高温天气频发的根源**。全球变暖背景下高温热浪事件发生频率增加、强度增强是此次出现高温干旱天气的根本原因，直接原因为较常年同期明显偏强的西太平洋副热带高压与大陆高压合并后控制范围更广、时间更长且更为稳定，其盛行的下沉气流十分有利于地面增温，叠加台风活动偏弱及盆地河谷地形不利于地表热量扩散，导致川渝地区出现罕见的高温干旱天气。**最后，极端高温干旱天气促使用电量显著上升，煤基能源兜底作用凸显**。2022年，持续极端高温干旱天气推动川渝地区用电量明显上升（见图1-11），四川8月用电量达364.9亿千瓦时，同比增长13.8%，重庆8月用电量达170.8亿千瓦时，同比增长27.4%；相反，高温干旱天气下四川水电反季节走弱，发电量较2021年同期偏低，煤基能源顶峰保障能力进一步凸显，8月四川火电发电量同比增加114%。

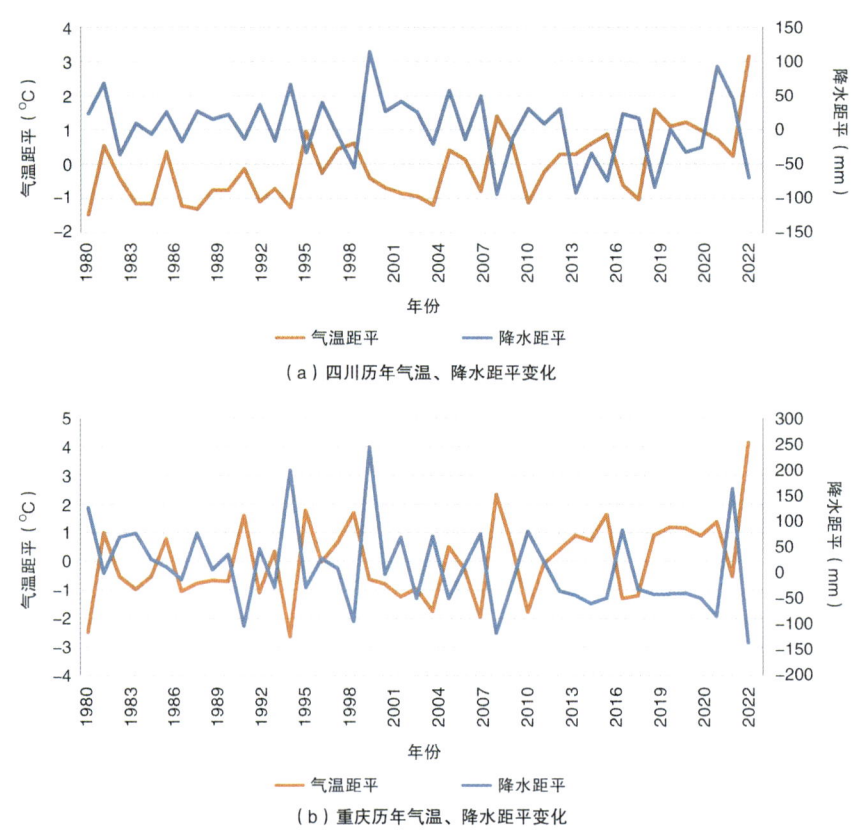

图1-10　四川、重庆历年气温、降水距平变化

来源：欧洲中期天气预报中心第五代全球气候大气再分析数据。

第一章 2022年市场回顾

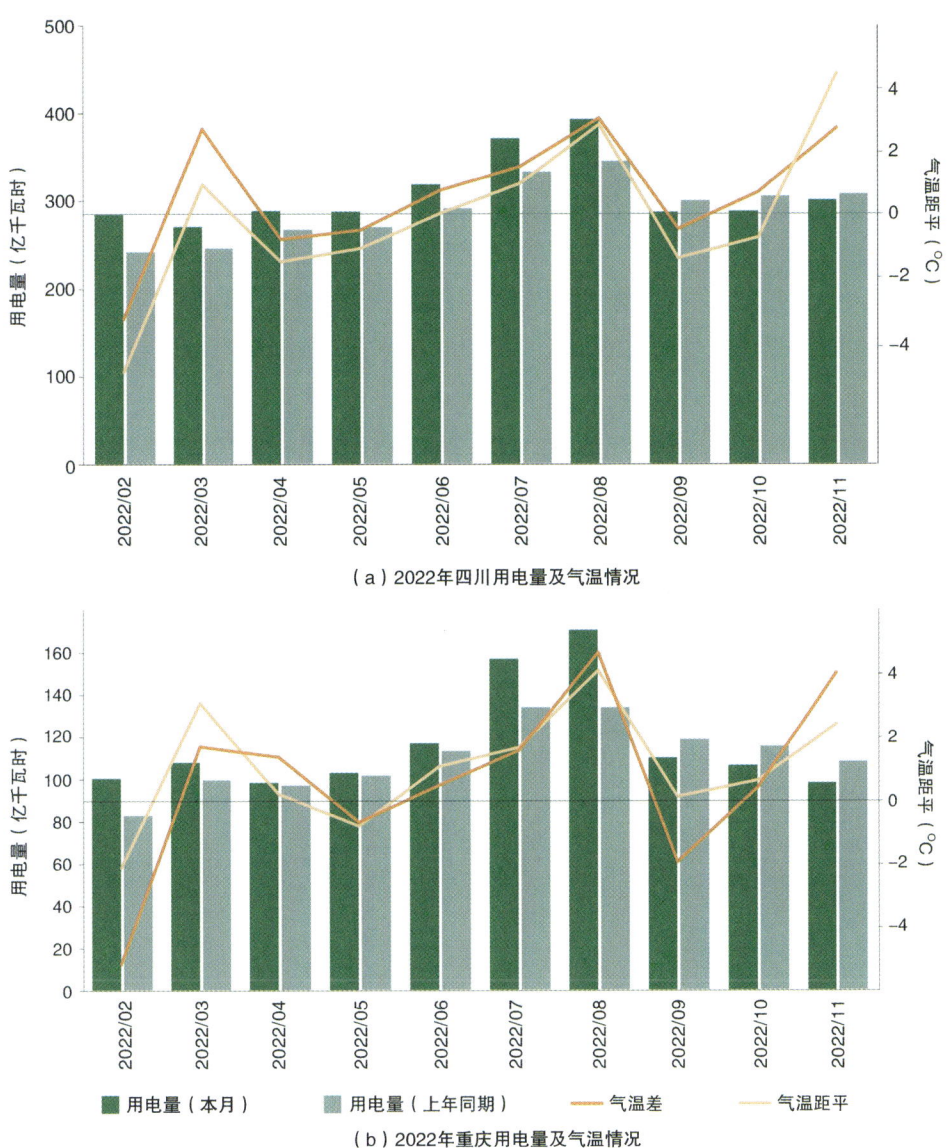

图 1-11 2022 年四川、重庆用电量及气温情况

来源：国家能源集团技术经济研究院，欧洲中期天气预报中心第五代全球气候大气再分析数据。

第二章　2023年市场展望

2023年,我国经济有望步入复苏新周期,煤炭电力消费仍将保持增长。预计电力消费增长5.5%~6%,现阶段新能源难以充分支撑该增速水平下的用电增量,预计不少于1/3的用电增量将由煤电贡献,带动电煤消费稳中有增,煤、电继续保持强关联。煤基能源保供能力仍在提升,煤炭保能源安全、煤电保电力稳定将继续发力,煤炭清洁高效利用和新能源大规模建设则将继续推动能源电力低碳转型。预计随着电煤中长协范围的进一步扩大,煤价中枢趋降,继续对稳社会用能成本和稳经济发展起到积极作用。全国气候年景总体偏差,极端天气气候事件仍然呈现多发强发态势,须防范长江以南地区夏季气温偏高带来的高温热浪事件、汛期降水偏少叠加气温偏高等带来的不利影响。

一、宏观经济

2023年,我国逐步走出疫情影响,中央政府实施的积极的财政政策和稳健的货币政策将支撑国民经济保持平稳发展,政府工作报告提出全年经济增长5%左右,经济增长继续推动能源和煤炭消费保持增长。当然也要看到,国际形势严峻态势未减,全球经济衰退预期增强,全球产业链、供应链脱钩断链风险增加,国内经济增长企稳向上基础仍未巩固,内需不足仍是当前经济发展的主要矛盾,一些基层财政收支矛盾较大,发展面临诸多困难和挑战。2023年1月,中国制造业采购经理指数(PMI)升至50.1%,连续3个月收缩后重返扩张区间,说明市场信心开始修复,需要积极抓住经济恢复的时间窗口,扎实稳步推动经济进一步回稳向上。

在消费方面，随着我国优化调整疫情防控政策，企业等经营主体正在恢复发展，稳就业、增收入各项政策有望逐步显效，制约消费的诸多因素将得到显著改善，受疫情影响最为显著的餐饮、零售、旅游等接触性、体验性服务业有望率先复苏。把恢复和扩大消费摆在优先位置，将对经济平稳增长起到基础性拉动作用。

在出口方面，世界经济衰退风险上升，国际供应链格局加速重构，我国出口面临外需增长显著放缓、海外加息抑制出口贸易增长、技术合作制约因素仍未缓解的难题，全年出口将整体承压；同时，在我国全产业链体系供给优势、稳外贸政策的加持下，出口贸易增速可能前低后高，结构有望持续优化。

在投资方面，在着力扩大国内需求的背景下，投资将继续发挥拉内需、稳增长的关键作用。预计房地产业将维持平稳发展，以支持刚性和改善性住房需求为主；新基建、高端制造业作为有效投资主力将成为稳经济的重要动力；2023年政府工作报告提出"推进煤炭清洁高效利用和技术研发，加快建设新型能源体系"，煤矿建设、煤电新建、节能降碳灵活性改造、煤炭与新能源融合发展有望承担拉内需、稳增长的关键作用。

在经济政策方面，中央经济工作会议和2023年政府工作报告明确提出要坚持稳字当头、稳中求进，保持政策连续性、针对性。财政政策既要加力提效稳增长，又要防范化解风险，赤字率和专项债适度增长，减税降费从追求规模转向提升效率；货币政策以稳为主，突出精准有力，支持实体经济发展，聚焦扩大有效需求和深化供给侧结构性改革。通过政府投资和政策激励有效带动全社会投资，为全年稳中求进的经济发展格局奠定良好的政策环境。

二、供给和消费

煤炭煤电保供能力仍将增强。我国高度重视煤基能源保供能力建设，国家发展改革委提请十四届全国人大一次会议审查《关于2022年国民经济和社会发展计划执行情况与 2023 年国民经济和社会发展计划草案的报告》（以下简称《计划草案报告》），提到要强化煤炭兜底保障作用，在确保安全的前提下有序释放煤炭先进产能，高标准建设现代化矿井。预计在前期部分核增产能落地及在建煤矿投产的推动下，2023 年我国煤炭产能仍将缓慢增长，煤炭产量具备 1 亿吨以上的增量潜力。为保障电力安全，我国正在优化煤电布局，加大电力基础保供能力建设。国家发展改革委在《计划草案报告》中还提到，加强各类电源特别是煤电等可靠性电源建设。预计 2023 年全国新增发电装机规模有望达到 2.5 亿千瓦左右，其中火电装机增量在 7000 万千瓦左右。

煤、电仍将保持强关联。 预计在经济回暖的推动下，2023 年我国全社会用电量同比增长 5.5%～6%。从近年来我国发电量及其构成来看，当年度用电增速较高时，新能源对电力供应增量的支撑不足，其中 2021 年用电量增速达 10.3%、煤电对增量发电量的贡献达 53%。按 2023 年我国全社会用电增量的 1/3 由煤电提供进行估算，新增电力耗煤约为 5000 万吨标准煤，折商品煤约 7200 万吨，电力用煤在煤炭消费中的占比进一步提升。

三、能源低碳转型

能源低碳转型还将进一步深化。 我国大力推进煤炭清洁高效利用，推动新能源大规模发展，煤电效率还将进一步提升，清洁能源装机和发电规模还将继续快速增长。国家发展改革委在《计划草案报告》中提到，"推进煤炭清洁高效利用及相关技术研发，大力推进煤电'三改联动'，积极推动第二批大型风电光伏基地项目开工建设，有序推进第三批项目核准开工，发展储能产业，大力推进抽水蓄能电站建设。加快节能降碳先进技术研发和推广应用，开展低碳零碳负碳重大项目示范，组织开展绿色低碳试点城市建设"。预计 2023 年，我国火力发电标准煤耗将进一步降至 285 克/千瓦时左右，清洁能源发电装机量占全国电力总装机量的比重将上升到 52.5%左右。

四、能源市场运行

煤炭价格重心有望总体下移。 2023年，国内煤炭产量仍具备一定增量空间，进口煤环境有望保持宽松，预计全年煤炭供需由基本平衡向略宽松转变；电煤中长协范围进一步扩大，预计中长协煤价稳中趋降，现货煤价逐步向合理区间靠拢，为稳社会用能成本和稳经济发展带来积极作用。

电力供需偏紧形势有望缓解，阶段性供电紧张仍然存在。 随着我国非化石能源装机量不断增长、火电保供能力不断增强、特高压输电线路建设及新型电力系统调节能力不断提升，我国电力供需偏紧的形势将得到一定程度的缓解；但在极端天气气候情况下，电力供应仍可能存在阶段性紧张情况。

欧盟碳价有望与气价重新挂钩，国内碳市场活跃度和碳价格水平有望稳步提升。 国际碳市场方面最值得关注的仍然是欧盟碳市场，预计随着国际天然气等能源价格走稳，欧盟碳价或将与气价重新挂钩，但气候政策总体趋严将长期助推欧盟碳价格保持高位运行。在国内碳市场方面，全国碳市场进入第二履约期，《碳排放权交易管理暂行条例》等全国碳市场保障政策有望出台，碳市场活跃度和碳价格水平或将稳步提升，同时，全国碳市场与试点碳市场、碳市场与其他市场等衔接机制，以及全国碳交易扩容、CCER备案恢复等机制建设工作有待深入推进。

五、气候与能源供需

极端气候对煤炭和电力供需均会产生较大影响。从影响机理来看，夏季极端高温天气推高空调用电负荷需求的同时，伴随风速下降、防洪防汛，风电和水电均受限，加之晚峰无光，光伏发电零出力，极易造成供电和供煤短缺；冬季极端低温拉动采暖需求的同时，正值枯水期，如遇湿冷天气，风机可能凝冻,同样会带来供电和供煤短缺;暴雨洪涝及天气造成的道路结冰、航道结冰、内河水位偏低等问题,则会对煤炭生产运输和煤电供应造成不利影响。

预计2023年全国气候年景总体偏差,极端天气气候事件仍然呈现多发、强发态势,可能存在的气候风险主要表现在三个方面。**一是气温方面**。预计2023年夏季,长江以南大部地区、新疆等地气温较常年偏高,不排除高温热浪事件的发生,届时将更多依靠煤电来维持电力平衡,需要提前做好煤炭保供。**二是降水方面**。预计2023年夏季,陕西、甘肃、青海、宁夏和新疆部分地区降水正常略偏多,黄河中下游较常年同期明显偏多,暴雨过程较多可能有较重汛情,产煤区域须防范局部极端降水带来的煤炭开采风险。长江中游降水较常年同期明显偏少,加之春季降水持续偏少,可能导致水位持续偏低,叠加气温较常年偏高,可能出现区域性气象干旱,须重点防范水电高占比地区(如西南地区东部及华中中部)电力供应紧张问题,做好煤炭储备和煤电保供工作。**三是风资源方面**。预计2023年春季,有弱的偏北风异常影响西北和华北地区,预计有利于风力发电,但同时须注意大风引发的沙尘或扬沙天气对光伏面板带来的不利影响。2023年沿海地区登陆台风可能正常略偏多,海上风力发电环境较优,但仍须注意防范强台风对沿海发电设施的不利影响。

第二篇　煤炭市场篇

　　2022年，在国际环境复杂严峻、极端天气气候事件频发、能源危机加重等不利形势下，我国立足以煤为主的基本国情，坚持先立后破，煤炭产业全力保供稳价，实现产销量均创新高情况下的煤炭供需基本平衡和煤价基本稳定。预计2023年，煤炭消费继续增长，煤炭保供态势不减，全年煤炭产量具备1亿吨以上的增量潜力，煤炭进口形势趋好，全国气候年景总体偏差，全年煤炭供需由基本平衡向略宽松转变，中长协煤价稳中趋降，现货煤价逐步向合理区间靠拢。在煤炭产业和市场向好向稳发展的过程中，还要高度关注生产消费统计、长协与现货结构变化、保供压力下安全生产风险、极端天气、百年未有之大变局、进口煤增量对煤炭市场影响、如何发挥煤炭市场的决定性作用等方面的问题，多方协力维护市场稳定运行，共促经济社会健康发展。

第三章　2022年煤炭市场回顾

2022年，我国煤炭产业全力做好增产保供稳价，产销量创新高，进口量高位回落，长协煤价稳定运行在合理区间。全年煤炭先进产能持续释放，煤炭产量达到45.6亿吨，创历史新高，煤炭主体能源地位进一步提升。全年煤炭进口量达到2.93亿吨，2015年以来首次出现负增长，印度尼西亚（以下简称"印尼"）作为我国进口煤第一来源国地位保持稳固，我国从俄罗斯、蒙古国的煤炭进口量显著提升。煤炭消费量同比增长4.3%，占一次能源消费总量的比重提升0.3个百分点，至56.2%，消费结构进一步向电力集中和向原料转型，并加速向中西部地区转移。煤炭跨区运输需求增长，全国铁路煤炭发运量达26.8亿吨，再创新高，环渤海港口煤炭发运量高位小幅回落至6.7亿吨。在保供增产作用下，全社会煤炭库存波动上升，基本维持在3亿吨的正常水平。产地和港口煤炭市场价格宽幅波动，价格中枢逐步上移，保供稳价等强管控政策引导煤炭年度长协价格平稳运行在合理价格区间。总体来看，考虑原煤和进口煤煤质下降、原煤洗选加工、储运损耗及库存变动等因素，全年煤炭供需保持基本平衡。

一、煤炭供给

2022年，我国煤炭产业保持高强度增产增供，煤炭有效产能持续释放，原煤产量再创历史新高，煤炭作为我国主体能源的地位进一步巩固；生产进一步向晋陕蒙新等省（自治区、直辖市）集中，产能结构持续优化；前十家企业煤炭产量占全国煤炭总产量的比重过半，但增速低于全国平均水平，大型煤炭企业保供压力增大。

1. 生产情况

煤炭产能持续释放，原煤产量再创新高，煤炭兜底保障能力进一步提升。 2022 年，面对全国能源保供的艰巨任务，党中央进一步明确煤炭的主体能源地位，密集出台一系列政策，促进煤炭产能安全、有序释放，夯实了增产保供的基础。据不完全统计，截至 2022 年年底，我国生产和试生产煤矿产能约 48.2 亿吨/年，在建产能 9.6 亿吨/年。地方政府和煤炭企业积极落实扩能增产任务，2022 年全国煤炭产量达 45.6 亿吨，同比增长 10.5%（见图 3-1），再创历史新高，日均产量达到 1249 万吨，圆满完成增产保供任务，能源安全"稳定器"和"压舱石"的作用得到有效发挥，为经济社会平稳运行提供坚强保障。

图 3-1 全国年度煤炭产量变化

来源：国家统计局。

分月度看，2022 年各月度煤炭产量较 2021 年同期均实现了正增长（见图 3-2）。2022 年 1—2 月，在去冬今春煤炭保供及基础设施投资适度超前的刺激下，规上煤炭产量达到 6.9 亿吨，同比增长 11.2%（2021 年同期较 2020 年增长 25%），日均产量达到约 1165 万吨，煤炭供应紧张局面获得短暂缓解，但在俄乌冲突的影响下，2 月下旬煤炭供应再次收紧；3 月之后，为应对煤炭供应紧缺局面，党中央、国务院多次强调发挥煤炭主体能源地位，打好保供政策组合拳，强力推动先进产能充分释放，主要产煤省（自治区、直辖市）全力贯彻执行煤矿核增产能、扩产、新投产等的部署，煤炭企业生产积极性高，3—10月规上煤炭产量达到30亿吨，同比增长11.9%，日均产量达到1224万吨；11—12月迎峰度冬期间，各煤炭主产地克服新冠疫情影响，全力完成煤炭增产保供任务，两个月规上煤炭产量达到8.1亿吨，同比增加4.7%，日均产量达到约1328万吨，筑牢了人民群众温暖过冬和经济社会发展的能源保障底线。

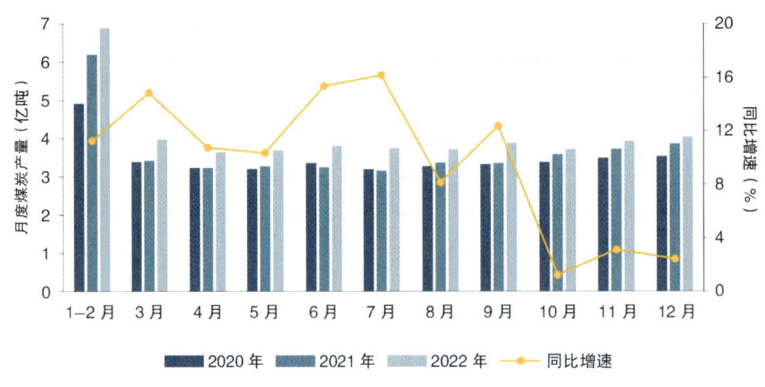

图3-2　全国月度煤炭产量同比情况

来源：由CCTD中国煤炭市场网、国家能源集团技术经济研究院整理。

煤炭生产进一步向晋陕蒙新集中。 2022年晋陕蒙新4个省（自治区）勇挑全国煤炭主产区重担，全年规上煤炭产量达36.4亿吨，全国占比81%，较2021年增加了2.2个百分点；煤炭增量达3.9亿吨，占全国煤炭总增量的90.7%，其中，山西和内蒙古煤炭增量均突破1亿吨，分别达到1.35亿吨和1.14亿吨，并以13.1亿吨和11.7亿吨的产量连续3年位列全国煤炭产量第一和第二；陕西全年煤炭产量达7.5亿吨，煤炭增量达4611万吨，位列第三；新疆全年煤炭产量达4.1亿吨，煤炭增量达9290万吨，同比增长29%，在主要产煤省（自治区、直辖市）中煤炭产量增速最高（见图3-3）。此外，煤炭增量较明显的省份还有甘肃和黑龙江，分别达到1200万吨、977万吨。分区域看，2022年西部地区煤炭产量同比增长12.5%，全国占比60%，较2021年增长1个百分点；中部地区煤炭产量同比增长8.4%，全国占比

34%，较 2021 年下降 0.6 个百分点；东部地区煤炭产量同比增长 2.2%，全国占比 6%，较 2021 年下降 0.5 个百分点。

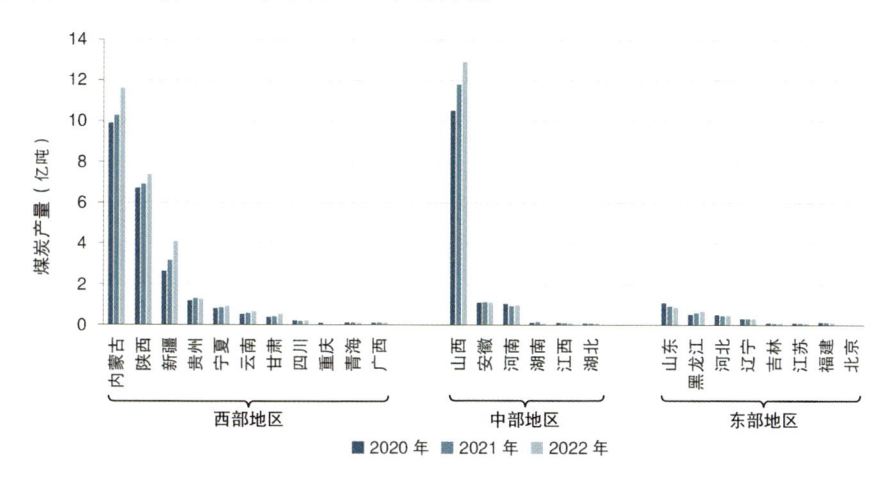

图 3-3　2020—2022 年各省（自治区、直辖市）煤炭产量比较

来源：由 CCTD 中国煤炭市场网、国家能源集团技术经济研究院整理。

前 10 家企业煤炭产量占半壁江山，但增速低于全国平均水平，煤炭产业集中度略有回落。 据统计，2022 年前 10 家企业煤炭产量达 23.1 亿吨，相比 2021 年增加 1.36 亿吨，同比增长 6.3%，增速低于全国平均水平 4.2 个百分点，占规上企业煤炭产量的 51.5%，较 2021 年下降 2 个百分点。其中，除陕煤集团、潞安化工集团、华能集团增速达到 11.0%、13.2%、14.9% 之外，其余大型企业增速均低于全国平均水平，部分企业煤炭产量呈现负增长（见图 3-4）。2022 年煤炭产业集中度 CR4 同比回落 0.7 个百分点，到约 34%（见图 3-5）；CR8 为 49%，同比持平，说明大型企业在多轮增产后产量持续提升潜力不足。

煤炭采选业投资额和投资增速保持增长。 2022 年，国家发展改革委、国家能源局加快煤矿建设项目和产能核增项目的核准速度，并对核准新建煤矿提出明确的新开工计划，拉动煤炭采选业投资额继续增长。根据国家统计局公布的 2022 年煤炭开采和洗选业固定资产投资额累计增长率，测算 2022 年煤炭采选业投资额达到 4988 亿元人民币，同比增长 978 亿元人民币，增速较 2021 年增长 13.3 个百分点（见图 3-6）。同时，煤炭采选业投资额的持续增长也反映出煤炭产能的持续释放，新建煤矿和核增煤矿陆续达产，将为持续提升我国煤炭增产保供能力提供支撑。

图 3-4　2022 年前十家煤炭生产企业产量情况

来源：中国煤炭工业协会。

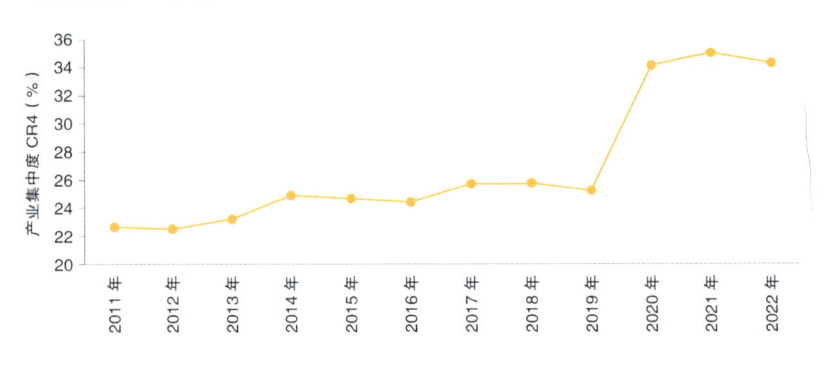

图 3-5　2011—2022 年我国煤炭产业集中度 CR4 变化情况

来源：中国煤炭工业协会。

2. 进口情况

全年煤炭进口量回落、进口额大幅增加。2022 年，俄乌冲突爆发、全球经济社会矛盾交织、欧洲能源危机严峻等因素叠加，推动全球能源供需格局深度调整，国际煤炭供需持续偏紧，进口煤市场竞争激烈，我国全年进口煤炭 2.93 亿吨，同比下降 9.2%（见图 3-7），为 2015 年以来首次出现负增长；与此同时，国际煤炭价格飙升，造成我国煤炭进口额大幅增加，全年以人民币计，达 2854.6 亿元人民币，同比增长 22.2%，以美元计，达 424.15 亿美元，同比增长 18.5%。

图 3-6　全国煤炭采选业投资变化情况

来源：2017 年前煤炭采选业投资数据来自统计局，2018 年后煤炭采选业投资数据由国家能源集团技术经济研究院整理。

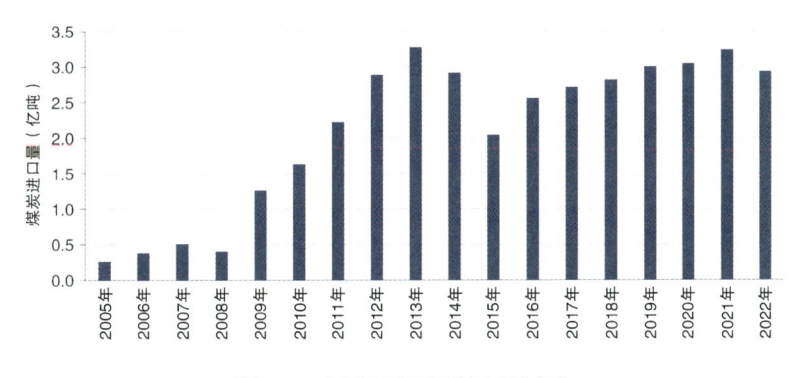

图 3-7　全国年度煤炭进口量变化

来源：海关总署。

分阶段看，2022 年 1—3 月，印尼煤炭出口禁令、南非煤炭运输受阻、澳大利亚洪水形势严峻，诸多因素叠加导致国际煤炭供应阶段性收紧；其中俄乌冲突爆发，石油、天然气价格飙升推动欧洲寻求煤炭作为替代能源，国际煤炭市场供需紧张局面进一步加剧，进口煤失去价格优势，国内进口煤采购积极性降低，前3个月共进口煤炭5181万吨，同比下降24.3%。4—6月，为加强进口煤供应保障，我国实施放宽进口煤通关程序、暂时调整煤炭进口税率为零、加大对煤炭进口的信贷支持等一系列鼓励措施，但因国际煤价持续高位，稳价政策下国内煤价相对平稳叠加人民币汇率波动，进口煤价格优势减弱，煤炭进口量经历4月的短暂回升后，继续呈现萎缩趋势，3个月共计进口煤炭6308万吨，同比下降11.4%。7—9月，全国大范围、持续性高温天气推动国内煤炭日耗攀升，同时国内煤价逐步上升打开进口煤利润空间，提振进口煤采购积极性，煤炭进口量保持上升趋势，3个月共计进口煤炭8603万吨，同比下降5.6%，降速较二季度收窄5.8个百分点。10—12月，冬季欧洲气温总体偏暖，主要国家天然气、煤炭储备充足，煤炭采购需求减少，国际煤价大幅回落；国内大秦线运力受阻、寒潮侵袭推升煤炭日耗，在进口煤价格优势的维系下，我国煤炭进口量保持平稳态势，3个月共计进口煤炭9240万吨，恢复至2021年同期水平（见图3-8）。

图3-8 全国月度煤炭进口量同比情况

来源：海关总署。

进口来源国结构小幅调整，印尼作为我国进口煤第一来源国地位保持稳固，从俄罗斯、蒙古国的煤炭进口量显著提升。2022年，我国煤炭进口向主要来源国集中，从印尼、俄罗斯、蒙古国、加拿大、美国5个主要来源

第三章 2022年煤炭市场回顾

国合计进口煤2.83亿吨，占总进口量的96.5%，较2021年上升6.7个百分点。2022年，在前10大进口来源国中，仅俄罗斯、蒙古国和伊朗对我国煤炭出口量同比增长（见图3-9）。具体来看，印尼仍是进口煤第一来源国，对我国出口煤炭1.71亿吨，同比下降12.8%，份额下降2.4个百分点至58.2%；俄罗斯第二来源国地位得到巩固，对我国出口煤炭6806万吨，同比增长13.0%，份额上升5.6个百分点至23.2%；蒙古国保持第三来源国，对我国出口煤炭大幅增至3115万吨，同比增长89.4%，份额上升5.5个百分点至10.6%；加拿大、美国超越澳大利亚成为第四、第五来源国，分别对我国出口煤炭866万吨和452万吨，同比下降0.3个百分点和1.7个百分点。伊朗对我国的煤炭出口量的增速达737.8%，但总量仅为31.2万吨，影响相对较小。

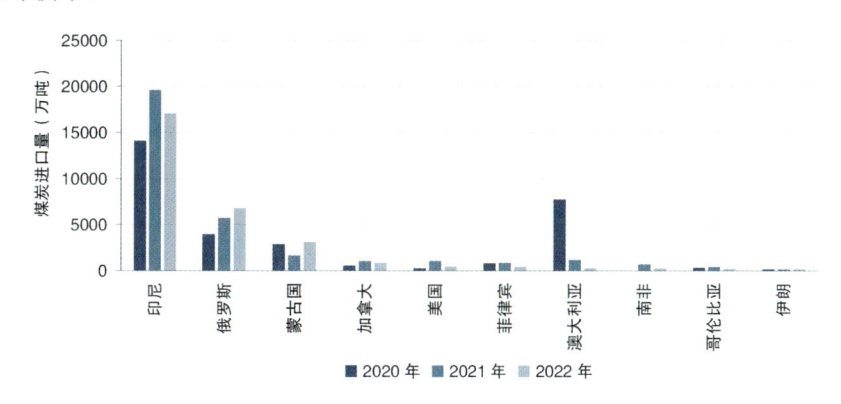

图3-9 煤炭分国别（前10位）进口量同比情况

来源：海关总署。

动力煤进口量下降，炼焦煤、无烟煤进口量上升，各煤种进口单价上升。 2022年，我国煤炭进口量下降主要受动力煤影响，全年进口动力煤21843万吨，同比减少15.9%，占煤炭进口总量的74.5%；从细分煤种看，因欧洲寻求对俄罗斯高热值动力煤的替代，我国其他烟煤和其他煤的进口量分别降至5103万吨和3691万吨，同比下降38.1%和36.6%；同时在印尼、俄罗斯等国褐煤价格优势的推动下，我国褐煤进口量增至13049万吨，同比增长9.6%。炼焦煤进口约6384万吨，同比增长16.5%，约占煤炭进口总量的

22%，澳洲进口煤对我国炼焦煤市场的影响逐步弱化。无烟煤进口 1106 万吨，同比增长 19.7%，约占煤炭进口总量的 4%（见图 3-10）。所有煤种进口价均同比上升，动力煤中的其他烟煤和无烟煤进口均价增幅分别达到 52.7% 和 46.1%；其余煤种进口均价增幅区间为 16.3%～25.7%（见表 3-1）。

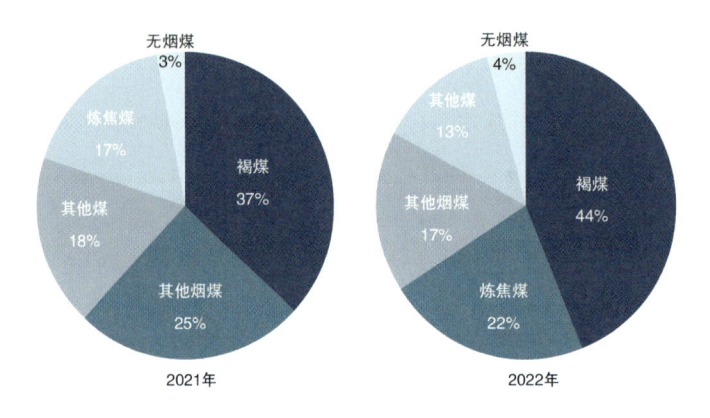

图 3-10 中国进口煤种构成变化

来源：海关总署。

表 3-1 2022 年我国主要进口煤种进口情况

商品名称	进口量（万吨）	同比增速（%）	进口均价（美元/吨）	同比增速（%）
动力煤	21843	-15.9%	115.0	27.4%
其中：褐煤	13049	9.6%	94.3	25.4%
其他烟煤	5103	-38.1%	157.6	52.7%
其他煤	3691	-36.6%	129.0	25.7%
炼焦煤	6384	16.5%	234.3	16.3%
无烟煤	1106	19.7%	212.2	46.1%
合计	29333			

来源：海关总署。

分煤种进口国别差异显著。动力煤进口来源国主要为印尼和俄罗斯，2022 年两国分别向我国出口动力煤 1.68 亿吨和 3664 万吨，合计约占动力煤进口量的 93.7%；此外，蒙古国和菲律宾分别向我国出口动力煤 541 万吨和

445万吨，占我国动力煤进口总量的比重分别为2.5%和2.0%（见图3-11）。蒙古国和俄罗斯填补我国炼焦煤需求缺口，2022年两国向我国出口炼焦煤分别同比增长82.5%和95.6%，达到2561万吨和2100万吨，合计占我国炼焦煤进口总量的73.0%（见图3-12）。我国的无烟煤进口主要来自俄罗斯，2022年俄罗斯向我国出口无烟煤1043万吨，占我国无烟煤进口总量的94.3%（见图3-13）。

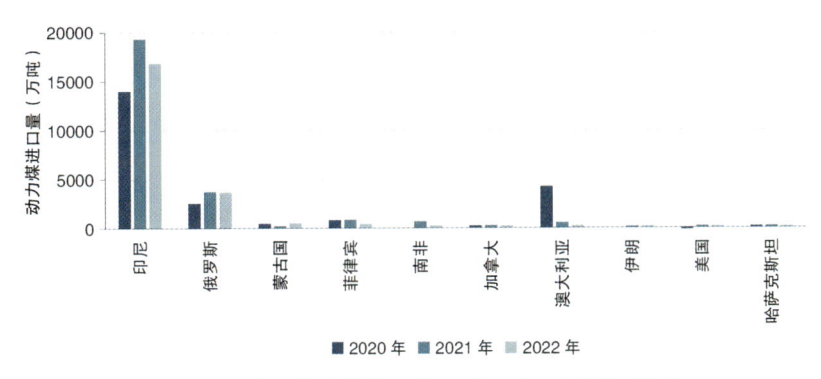

图3-11 动力煤分国别（前10位）进口量同比情况

来源：海关总署。

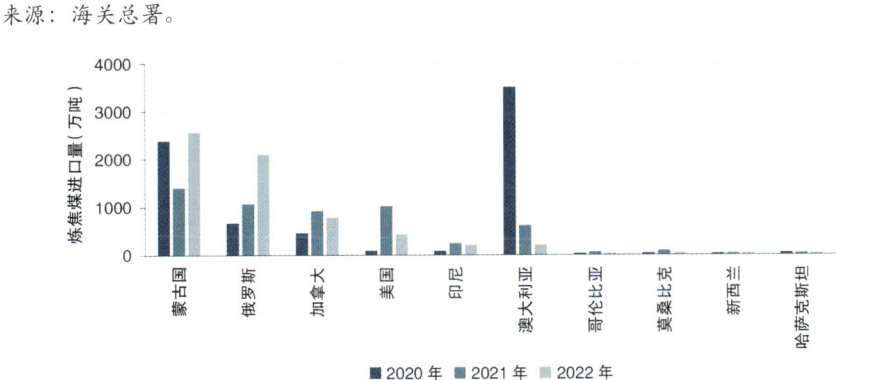

图3-12 炼焦煤分国别（前10位）进口量同比情况

来源：海关总署。

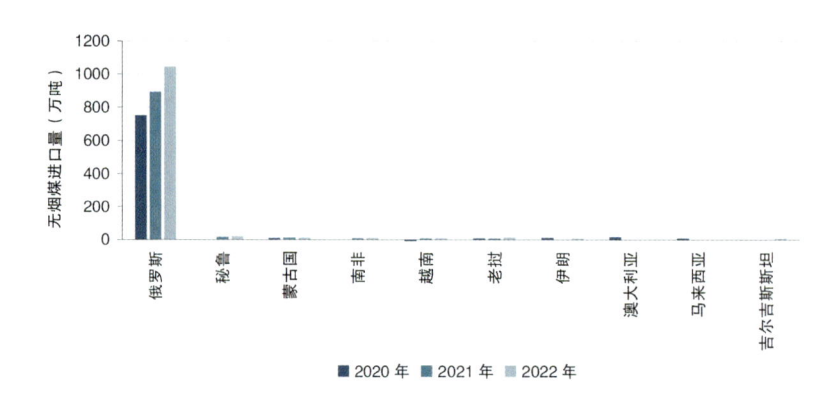

图 3-13　无烟煤分国别（前 10 位）进口量同比情况

来源：海关总署。

二、煤炭消费

2022 年，受新冠疫情等多因素超预期冲击，我国煤炭消费总体弱于预期，年初和岁末寒潮、夏季极端高温对阶段性煤炭消费影响较大，总体来看，消费增量主要集中在中西部地区，行业消费进一步向电力集中和向原料转型。

1. 消费总量

多因素超预期冲击，煤炭消费增速回落。 2022 年，在俄乌冲突、疫情多发散发、极端天气侵袭等国内外多因素超预期冲击下，我国经济下行压力加大，能源消费和全社会用电量增速下降，终端工业用煤量小幅下滑，煤炭消费增速回落。根据相关公开数据和增长率测算，我国全年煤炭消费量约 44.4 亿吨，同比增长 4.3%，增速较 2021 年下降 0.3 个百分点（见图 3-14）；占一次能源消费总量的 56.2%，较 2021 年上升 0.3 个百分点。

分月度看，1—2 月寒潮侵袭叠加工业用煤节奏前移，拉动煤炭消费保持较快增长，两个月煤炭消费量同比增长 4.2%；3—6 月，受国际环境复杂演变、国内疫情冲击等超预期影响，经济承压下行，煤炭消费量连续负增长，

4个月煤炭消费量同比下降4.3%;7—10月,随着全国经济恢复向好和大范围高温天气出现,尤其是8、9月出现了极端高温天气、汛期返枯,全国水力发电量同比下降了11%、30%,电煤消费量显著增长,4个月煤炭消费量同比增长4.5%;11—12月,寒潮侵袭推动电煤需求攀升,但新冠疫情大范围暴发下工业开工率降低,工业用煤保持低位,煤炭消费量增速放缓,两个月煤炭消费量同比增长1.4%(见图3-15)。

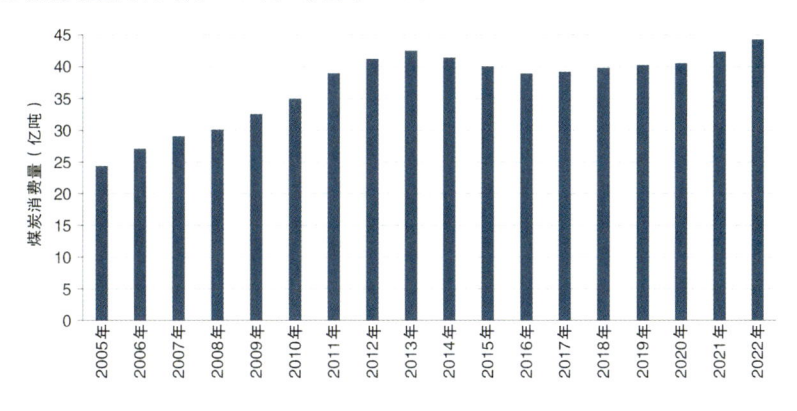

图3-14 全国年度煤炭消费量变化

来源:2005—2020年数据为国家统计局公布数据,2021—2022年数据为国家能源集团技术经济研究院测算数据。

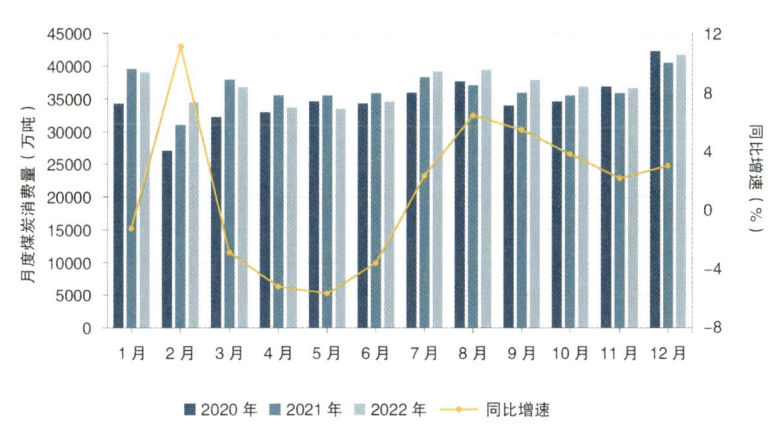

图3-15 全国月度煤炭消费量同比情况

来源:由CCTD中国煤炭市场网、国家能源集团技术经济研究院整理。

2. 行业消费

煤炭消费继续向电力集中和向原料转型。 2022 年,电力、钢铁、建材、化工及其他行业耗煤量分别达 24.65 亿吨、6.77 亿吨、5.23 亿吨、3.23 亿吨、4.54 亿吨,分别同比增长 2.0%、1.7%、-4.2%、5.4%、0.2%(见图 3-16)。2022 年电力行业耗煤量在全行业中的占比达 55.5%,同比上升 0.4 个百分点;钢铁行业耗煤量在全行业中的占比达 15.2%;建材行业耗煤量在全行业中的占比达 11.8%,同比下降 0.6 个百分点;化工行业耗煤量在全行业中的占比达 7.3%,同比上升 0.3 个百分点;其他行业耗煤量在全行业中的占比达 10.2%,同比下降 0.1 个百分点(见图 3-17)。从行业发展情况看,煤电行业在全社会用电量增速回落和新能源挤出效应增强的双重影响下增速趋缓,全年发电量同比增长 0.7%,占总发电量的比重下降 1.7 个百分点至 58.4%。钢铁行业在基建加码和制造业出口带动下形成新的增长点,但下游最主要的房地产业明显下滑,导致钢铁行业整体走弱,全年生铁产量达 8.64 亿吨,同比下降 0.8%;同时,因短流程钢厂开工降幅明显,以消耗焦炭、喷吹煤为主的长流程钢厂开工率保持平稳,加之吨钢综合能耗上升,形成钢铁产量下降而煤炭消费量增长的现象;建材行业在房地产持续低迷、基建暂未形成规模需求、产品利润严重侵蚀等作用下显著回落,水泥产量同比下降 10.8%,平板玻璃产量同比下降 3.7%;煤化工行业在甲醇、乙二醇等新投产装置带动下保持平稳增长,耗煤量在四大行业中保持最高增速。

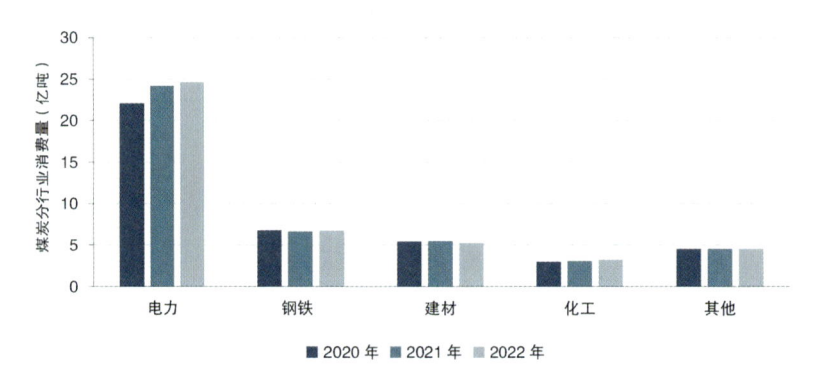

图 3-16 全国煤炭分行业消费量同比情况

来源:由 CCTD 中国煤炭市场网、国家能源集团技术经济研究院整理。

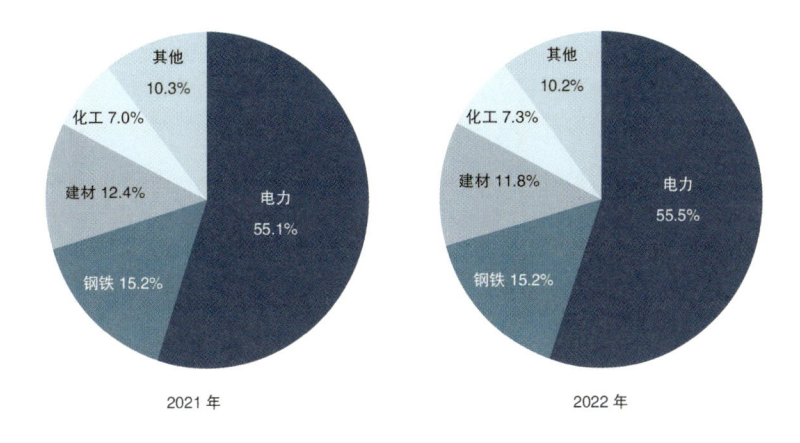

图 3-17 2021 年和 2022 年煤炭消费结构

来源：由 CCTD 中国煤炭市场网、国家能源集团技术经济研究院整理。

3. 地区消费

煤炭消费向中西部地区转移。2022 年，在煤基能源化工和清洁煤电产业的拉动下，中部和西部煤炭消费保持较快增长。晋陕蒙宁地区原煤消费量 10.6 亿吨，同比增长 5.0%，占全国消费总量的 23.8%，较 2021 年上升 0.9 个百分点；华中地区原煤消费量 5.9 亿吨，同比增长 5.8%，占全国消费总量的 13.3%，较 2021 年上升 0.6 个百分点；西南和新甘青地区原煤消费量分别达 3.7 亿吨和 3.2 亿吨，分别同比增长 0.7% 和 0.8%，分别占全国消费总量的 8.4% 和 7.2%，与 2021 年持平。经济下行叠加能源结构调整影响，东部煤炭消费量出现了不同程度的下降，其中，东北地区原煤消费量 2.4 亿吨，同比下降 6.8%，降速最快，占全国消费总量的 5.5%，较 2021 年下降 0.5 个百分点；东南沿海原煤消费量 7.2 亿吨，同比下降 1.8%，占全国消费总量的 16.2%，较 2021 年下降 0.5 个百分点；京津冀和苏鲁皖地区原煤消费量分别为 3.0 亿吨和 8.4 亿吨，分别同比下降 0.7% 和 0.2%，分别占全国消费总量的 6.8% 和 18.9%，分别较 2021 年下降 0.1 个百分点和 0.2 个百分点（见图 3-18）。从具体省（自治区、直辖市）数据来看，2022 年中西部地区的河南和宁夏原煤消费量增速均突破 10%，分别达到 10.5% 和 10.2%，内蒙古、山西、四川、重庆和湖北增速分别达到 5.1%、7.0%、6.9%、5.5% 和 6.2%，均保持较快增速；

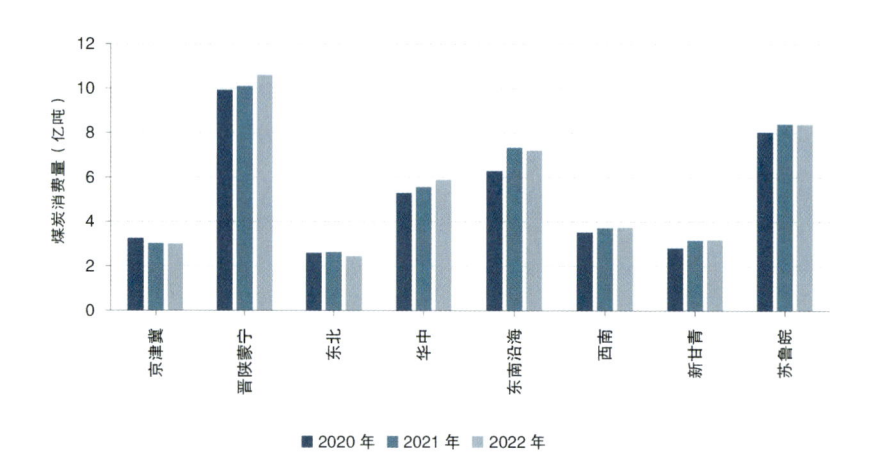

图 3-18　各地区原煤消费量变化对比

来源：由 CCTD 中国煤炭市场网、国家能源集团技术经济研究院整理。

东部地区仅浙江增长 1.2%，其余省份均出现不同程度的回落，其中，黑龙江、吉林、辽宁和上海下降较快，降幅分别达到 8.0%、6.5%、6.2% 和 5.2%（见图 3-19）。从消费增量看，晋陕蒙甘宁新等主要产煤省（自治区）原煤消费增量占消费总增量的 50.4%，煤炭消费向中西部地区转移特征显著。

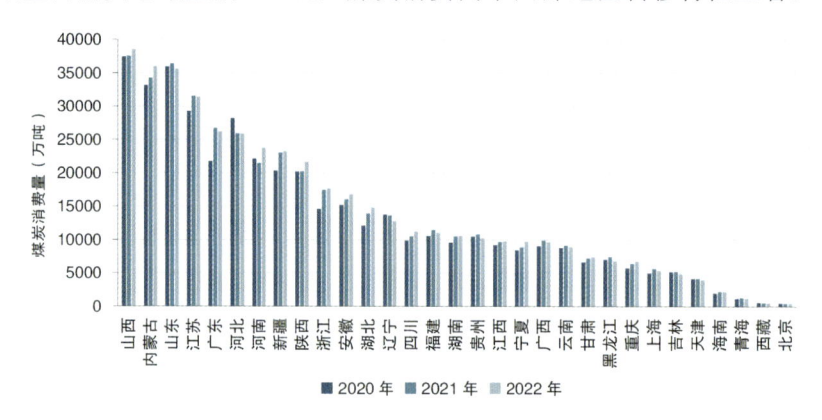

图 3-19　全国原煤分省（自治区、直辖市）消费量同比情况

来源：由 CCTD 中国煤炭市场网、国家能源集团技术经济研究院整理。

三、煤炭运输

2022 年,我国煤炭跨区运量持续提升,产、运、需上下游企业协同加强构建煤炭运输组织,加快集疏运设施建设,全年铁路煤运能力进一步提升,煤炭铁路运量再创新高;受新冠疫情影响,煤炭集港能力阶段性下降,环渤海港口煤炭发运量小幅回落,但总体仍处于高位。

1. 铁路运输情况

煤炭铁路运量持续提升。在跨区调运需求拉动和电煤保供增运要求下,2022 年全国铁路煤炭发运量达 26.8 亿吨,同比增加 1 亿吨,上升 3.9%(见图 3-20);其中,电煤发运量达 21.8 亿吨,同比增加 1.7 亿吨,上升约 8.5%。在主要运煤干线中,唐包铁路煤炭发运量达 1.2 亿吨,同比增长 26.0%,夯实了蒙西煤炭外运保供能力;浩吉铁路煤炭发运量达 5792 万吨,较 2020 年增长 188.0%,提升了我国主产地煤炭"北煤南运"的铁路运力;瓦日铁路煤炭发运量首次突破 1 亿吨,同比增长 11.7%,成为我国新的亿吨级能源运输通道;受新冠疫情和溜逸事故影响,2022 年大秦铁路煤炭发运量达 3.97 亿吨,同比减少 0.24 亿吨,下降约 5.7%。全国月度煤炭铁路发运量同比变化情况如图 3-21 所示。

图 3-20 全国铁路和大秦铁路年度煤炭发运量变化情况

来源:由 CCTD 中国煤炭市场网、国家能源集团技术经济研究院整理。

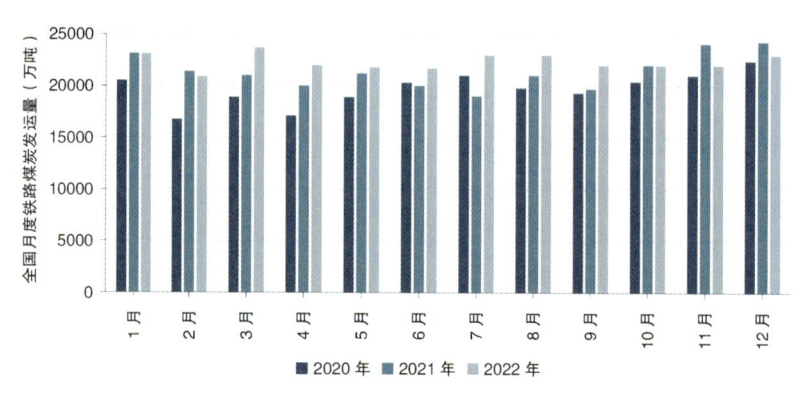

图 3-21　全国月度铁路煤炭发运量同比变化情况

来源：由 CCTD 中国煤炭市场网、国家能源集团技术经济研究院整理。

分月度看，2022 年 1—2 月，港口产地煤炭价格倒挂，加之春节、冬残奥会期间生产监管趋严，全国铁路煤炭发运量同比回落 1.2%，大秦铁路日均煤炭发运量保持 110 万吨低位，两个月累计发运量同比下降 9.1%。3—9 月，在煤炭产能释放和下游需求增长的共同推动下，铁路煤炭发运量快速增长，7 个月全国铁路和大秦铁路的煤炭发运量分别同比增长 10.8% 和 6.5%；其间，受溜逸事故和春季铁路检修影响，4—5 月大秦铁路煤炭发运量出现阶段性波动和回落，日均发运量达 110 万吨，3 月和 6—9 月日均发运量保持在 120 万吨以上。10—12 月，在国庆假期、重要会议、新冠疫情大范围暴发的相继影响下，全国铁路煤炭发运量较 2021 年同期下降 4.8%；大秦铁路受秋季检修和新冠疫情突发影响，10—11 月煤炭发运量出现断崖式下跌，日均发运量降至 72 万吨，最低日均发运量仅 17 万吨，12 月中旬后日均发运量恢复至 120 万吨水平，3 个月煤炭发运量同比下降 30%（见图 3-22）。

2. 港口发运情况

环渤海港口煤炭发运量高位回落。2022 年环渤海港口煤炭发运量达 6.7 亿吨，同比减少 0.15 亿吨，下降约 2.2%（见图 3-23）。**分月度看**，2022 年 1—3 月，在下游旺盛需求的拉动下，环渤海港口煤炭发运量同比增长 2.0%，其中，2 月受春节假期和冬残奥会影响，煤炭发运量显著下降，但较 2021 年同期仍增长 3.3%；4—6 月，煤炭消费淡季恰逢经济承压下行，沿海煤炭消费需求下降，加之大秦铁路检修和溜逸事故造成煤炭集港能力减弱，环渤海港口煤炭发运量持续下降，3 个月同比下降 2.3%；7—9 月，传统煤炭消费旺季又遇极端高温干旱天气，煤炭消费保持高位，拉动环渤海港口煤炭发运量快速增长，3 个月同比增长 9.0%；10—12 月，新冠疫情影响下大秦铁路集港能力大幅下滑，下游非电行业开工率不足，煤炭消费增速减慢，环渤海港口煤炭发运量大幅下降，3 个月同比下降 16.0%（见图 3-24）。

图 3-22　大秦铁路月度煤炭发运量同比情况

来源：由 CCTD 中国煤炭市场网、国家能源集团技术经济研究院整理。

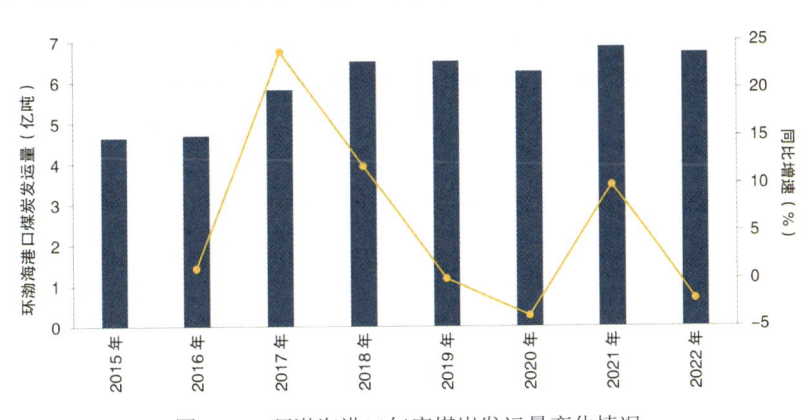

图 3-23　环渤海港口年度煤炭发运量变化情况

来源：由 CCTD 中国煤炭市场网、国家能源集团技术经济研究院整理。

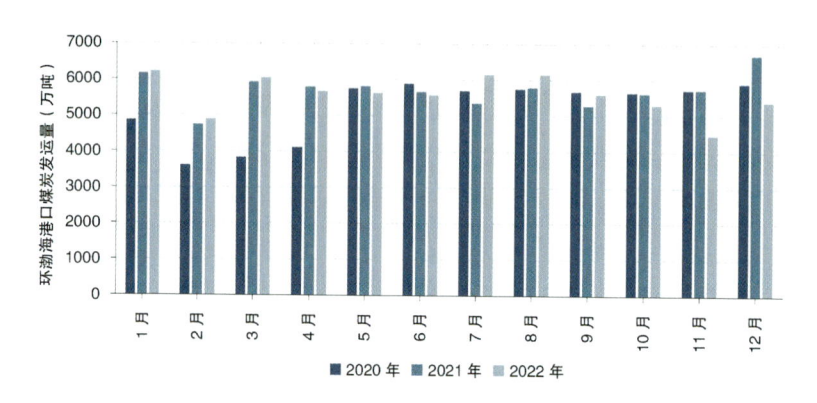

图 3-24　环渤海港口月度煤炭发运量同比情况

来源：由 CCTD 中国煤炭市场网、国家能源集团技术经济研究院整理。

3. 煤炭省间调运情况

煤炭省间净调出量持续提升，疆煤外运规模显著提升。 受煤炭生产重心西移、进口煤回落等影响，煤炭跨区调运量持续提升，2022 年省间净调出量达 20.4 亿吨，同比增长 7.6%（见图 3-25）。分省（自治区、直辖市）来看，晋陕蒙是我国主要的煤炭净调出区域，2022 年煤炭净调出量达 19.7 亿吨，占全国煤炭净调出总量的 96.7%，其中内蒙古净调出量约 8.1 亿吨，位居第一；山西净调出量约 6.6 亿吨，排名第二；陕西净调出量约 5.0 亿吨，排名第三。贵州净调出量约 1602 万吨，是西南地区唯一的煤炭净调出省份。在煤价高企和增产增供政策推动下，疆煤外运规模显著提升，全年净调出约 8681 万吨，同比增长 85.0%。从煤炭流向来看，晋陕蒙外运煤炭共同流向区域为河北、山东、江苏、浙江、安徽、广东、湖南和湖北（冀鲁苏浙皖粤湘鄂）。此外，山西煤炭还主要流向江西和河南，内蒙古煤炭流向东北和福建，陕西煤炭流向川渝、山西和河南；新疆煤炭外运流向主要集中在西部的甘肃、宁夏和青海，少量流向云南、四川和重庆；贵州外运煤炭主要流向广西、云南和四川（见图 3-26、图 3-27）。

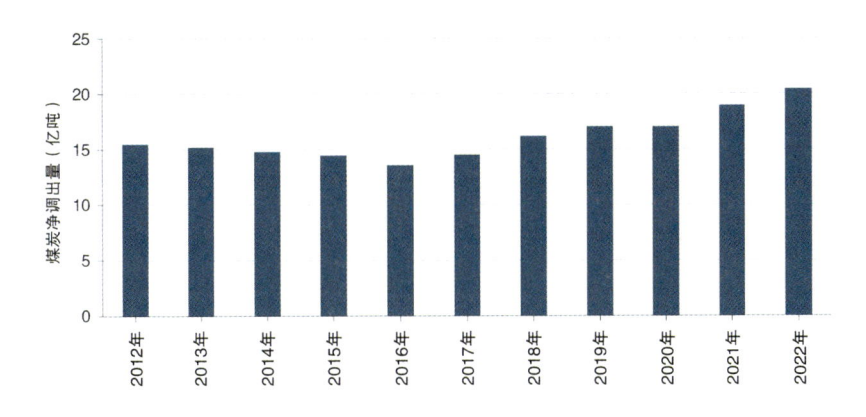

图 3-25　全国年度煤炭省间调运量变化情况

来源：由 CCTD 中国煤炭市场网、国家能源集团技术经济研究院整理。

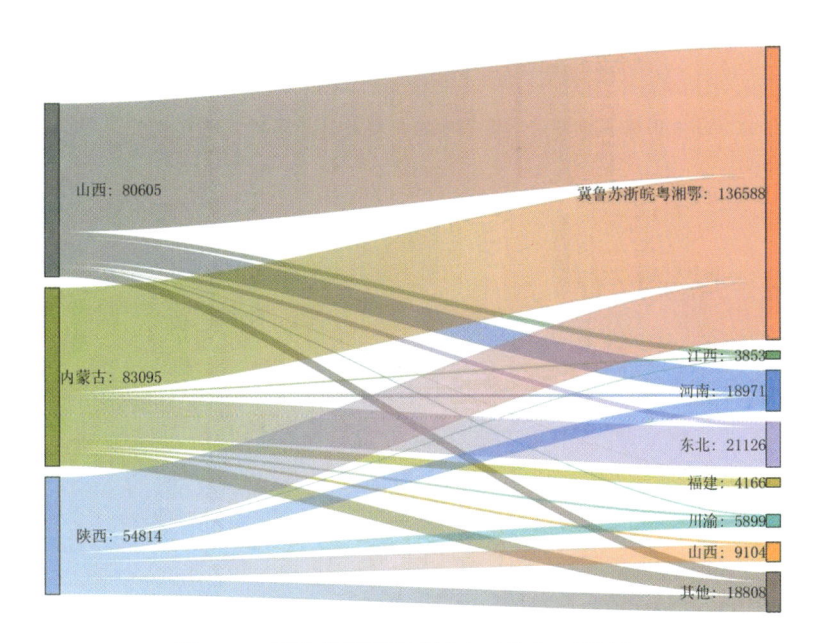

图 3-26　晋陕蒙煤炭外运流向（单位：万吨）

来源：由 CCTD 中国煤炭市场网、国家能源集团技术经济研究院整理。

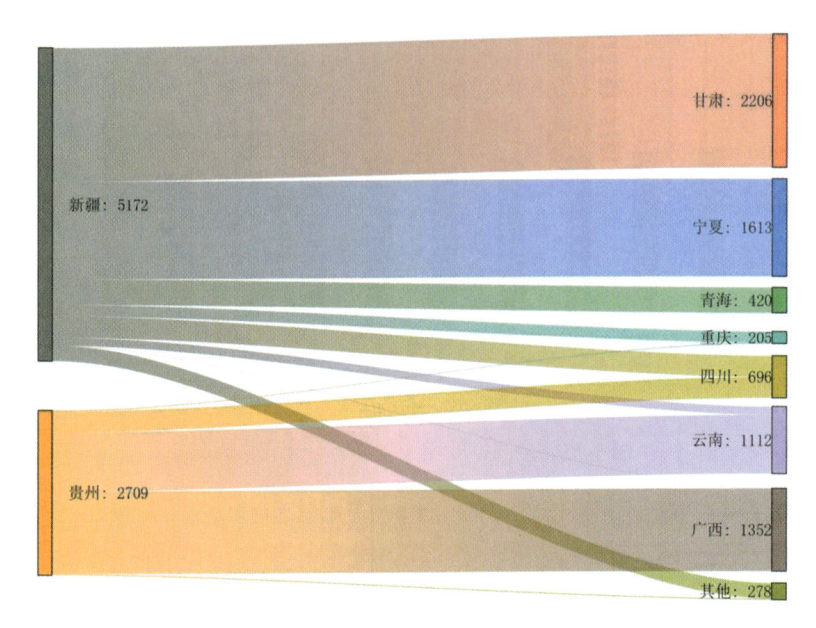

图 3-27　新疆贵州煤炭外运流向（单位：万吨）

来源：由 CCTD 中国煤炭市场网、国家能源集团技术经济研究院整理。

四、煤炭库存

2022 年，全国煤炭产量快速提升，支撑全社会煤炭库存波动上升至 3 亿吨常态水平；煤企库存年初创近年来新低后波动回升，总体仍处于低位水平；港口库存受产、运、需多方因素影响，全年宽幅波动。

1. 全社会煤炭库存

全社会煤炭库存波动上升，逐步回归至正常水平。 2022 年，在煤炭增产保供政策支撑下，全社会煤炭库存在正常水平范围内波动上升（见图 3-28）。2022 年 1—2 月，煤炭消费量超预期增长，全社会煤炭库存在经历 2021 年冬季快速回升后小幅回落，2 月降至全年最低的 2.57 亿吨；3 月之后，新一轮煤炭增产增供政策相继出台，煤炭产量快速提升，推动全社会煤炭库存逐步升高，到 6 月升至全年最高的 3.19 亿吨；7—12 月，煤炭产量维持在高位水平，随着煤炭消费淡旺季转换，全社会煤炭库存在 3 亿吨正常水平窄幅波动，到 12 月稳定在 2.99 亿吨，年度库存上升 819 万吨。

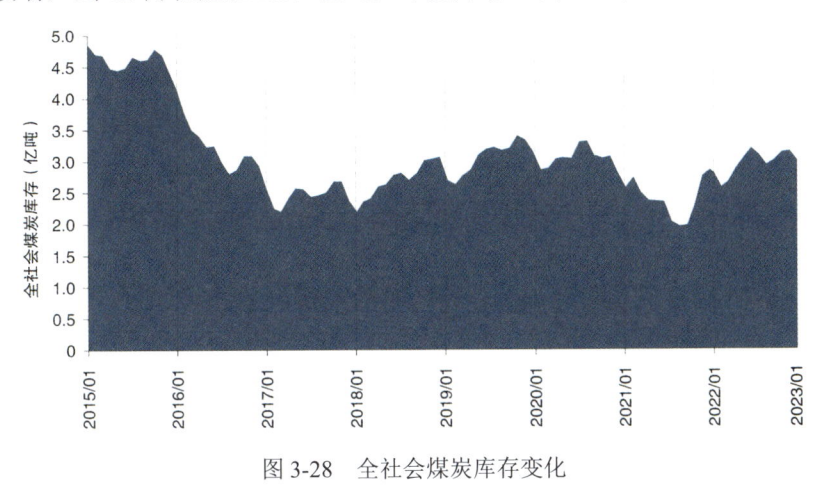

图 3-28　全社会煤炭库存变化

来源：由 CCTD 中国煤炭市场网、国家能源集团技术经济研究院整理。

2. 煤企库存

煤企库存创阶段新低后低位波动上升。在 2022 年年初供应偏紧的形势下，煤炭企业库存 2 月降至 4395 万吨，创 2015 年以来最低水平，此后在增产增供政策推动下逐步回升，4 月升至 5000 万吨以上，10 月达到年内最高的 5798 万吨，年底库存为 5371 万吨，较 2017—2021 年平均水平（7182 万吨）下降 25.2%（见图 3-29）。

3. 港口库存

港口库存宽幅波动。2022 年年初，集港铁路煤炭发运能力维持低位，下游煤炭消费量保持高位，拉动北方港煤炭库存逐步走低，1—2 月环渤海港煤炭库存连续两个月低于 1600 万吨，其中 1 月的 1566 万吨库存仅次于 2019 年最低点；秦皇岛港 2022 年 1 月煤炭库存降至 417 万吨的低位水平。此后，在煤炭增产增供、煤运干线运量回升、港口封航及下游日耗恢复缓慢等诸多因素影响下，北方港煤炭库存逐步攀升，7 月环渤海港库存升至 2556

万吨,仅次于 2015 年库存最高点;秦皇岛港库存升至 577 万吨常态水平。8—9 月高温天气频发,电厂日耗快速提升,同时强降雨影响铁路调入,北方港煤炭库存连续回落。10 月秋季检修叠加新冠疫情影响,大秦铁路煤炭发运能力严重受挫,下游煤炭消费量保持相对高位,北方港煤炭库存加速回落,环渤海港煤炭库存降至 1764 万吨;秦皇岛港煤炭库存降至 403 万吨,创 2017 年以来最低。11—12 月,大秦铁路运力有序恢复,下游需求逐步转弱,环渤海港和秦皇岛港煤炭库存回升至 2385 万吨和 573 万吨,较 2021 年年底分别增加 8.5%和 20.9%;全年年度均值分别同比增长 0.6%、6.6%(见图 3-30)。

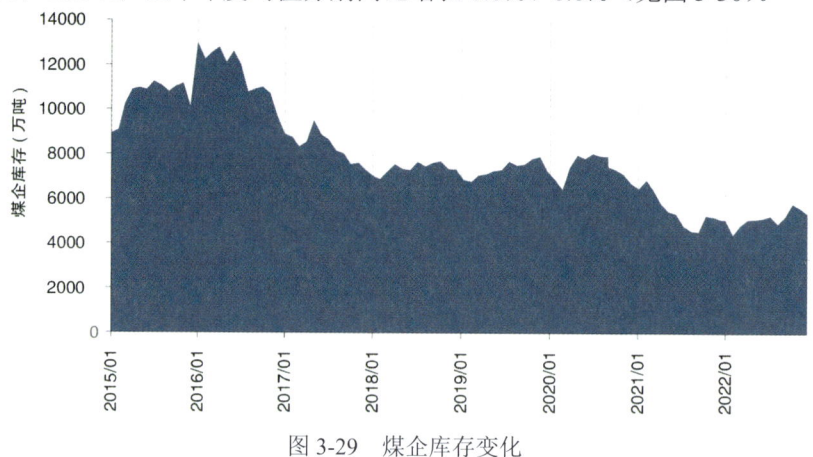

图 3-29 煤企库存变化

来源:由 CCTD 中国煤炭市场网、国家能源集团技术经济研究院整理。

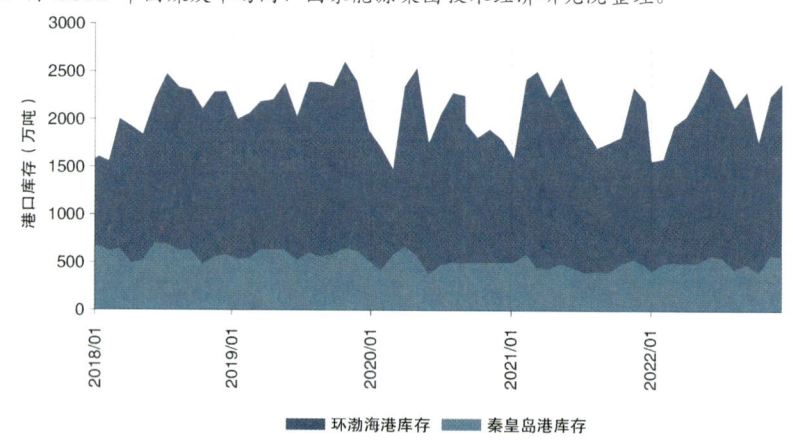

图 3-30 港口煤炭库存变化

来源:由 CCTD 中国煤炭市场网、国家能源集团技术经济研究院整理。

五、煤炭价格

2022年，在保供稳价监管等系列强有力措施实施背景下，煤炭年度长协价格平稳运行在合理价格区间，为稳电价、稳用能成本、稳经济提供了有力支撑；但在全球能源价格飙升、新冠疫情反复、极端天气频发等因素扰动下，港口煤炭市场价格宽幅波动，进口煤价格延续强势并呈分化走势；动力煤期货价格脱离供需基本面。

1. 港口煤价

港口煤炭市场价格宽幅波动，中枢逐步上移。 2022年，受阶段性供需因素变化及由此带来的库存变动影响，港口煤价先后呈现三阶段走势。第一阶段是1—4月，先是印尼煤炭禁止出口引发国内煤炭保供担忧，叠加春节、冬残奥会前补库需求，供需趋紧拉动秦皇岛港5500大卡动力煤平仓价由2022年年初的799元人民币/吨升至2月中旬的1025元人民币/吨，此后俄乌冲突引发国际煤价飙升，加之3月上旬寒潮、春节后复工复产等因素综合作用，秦皇岛港5500大卡动力煤平仓价迅速提升至1593元人民币/吨；3月下旬，煤炭增产保供政策出台叠加经济下行压力影响，秦皇岛港5500大卡动力煤平仓价快速回落至4月底的1161元/吨。第二阶段是5—7月，煤炭增产保供持续发力，下游需求整体疲软，加之水电出力持续向好，煤炭供需偏紧态势稍有缓解，秦皇岛港5500大卡动力煤平仓价稳定在1160～1350元人民币/吨。第三阶段是8—12月，在极端高温干旱天气、水电反季持续走弱、煤矿安检工作趋严、工业开工率恢复等相继拉动下，秦皇岛港5500大卡动力煤平仓价由8月初的1160元人民币/吨连续上升至10月底的1640元人民币/吨，创下年内最高纪录；11月之后，煤炭库存逐步恢复高位，受新冠疫情影响，工业需求偏弱，加之国际煤价持续下行，秦皇岛港5500大卡动力煤平仓价回落至1280元人民币/吨后逐步企稳，到2022年年底稳定在1325元人民币/吨，较年初增长约65%（见图3-31）。

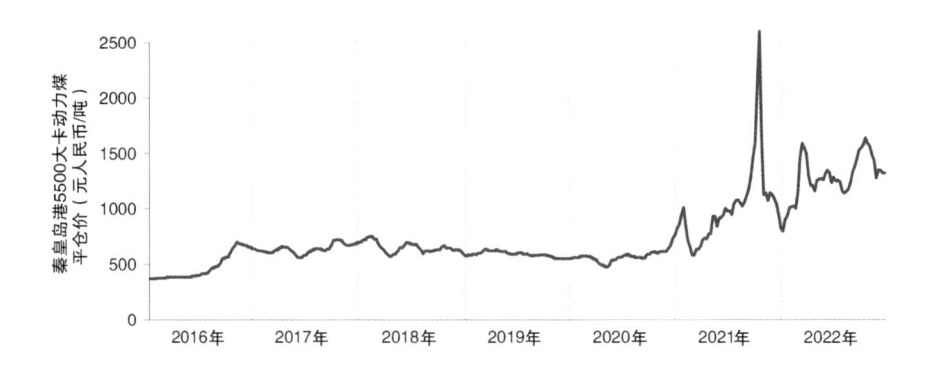

图 3-31　港口煤炭市场价格变化情况

来源：由国家能源集团技术经济研究院整理。

煤炭年度长协价格平稳运行，拉动港口煤炭交易综合价格显著低于进口煤价格。2022 年，我国创新煤炭中长协价格形成和管控机制，明确 5500 大卡动力煤中长协基准价以 675 元人民币/吨执行，运行合理区间为 570~770 元人民币/吨。在此指导下，2022 年 5500 大卡动力煤年度长协价格在 719~728 元/吨的合理区间平稳运行，全年均值为 722 元人民币/吨。煤炭行业积极落实长协保供和市场稳价政策，受益于长协煤增量稳价，反映北方港口煤炭交易综合价格的环渤海动力煤价格指数，全年在 730~760 元人民币/吨的价格区间保持平稳运行，年度均值为 737 元人民币/吨；价格中枢和波动幅度明显低于国际煤炭价格，较纽卡斯尔港 5500 大卡动力煤离岸价年度均值 1171 元人民币/吨（约 183 美元/吨）低 37%，较防城港 5500 大卡进口煤场地价年度均值 1248 元/吨低 41%（见图 3-32），为稳电价、稳用能成本、稳经济做出了突出贡献。

2. 国际煤价

国际煤价延续强势，欧洲能源替代催生煤价走势分化。在俄乌冲突诱发能源价格大幅攀升、能源供需格局深度调整的背景下，全球煤炭供需持续偏紧，国际煤价总体延续强势；以纽卡斯尔港 5500 大卡动力煤离岸价和卡里曼丹印尼 4200 大卡动力煤离岸价为例（见图 3-33），2022 年 1—5 月纽卡斯尔港 5500 大卡动力煤离岸价由年初的 141 美元/吨快速上涨至 5 月的 213 美元/吨，6—9 月在 177~205 美元/吨波动，10—12 月逐步回落至 134 美元/吨，

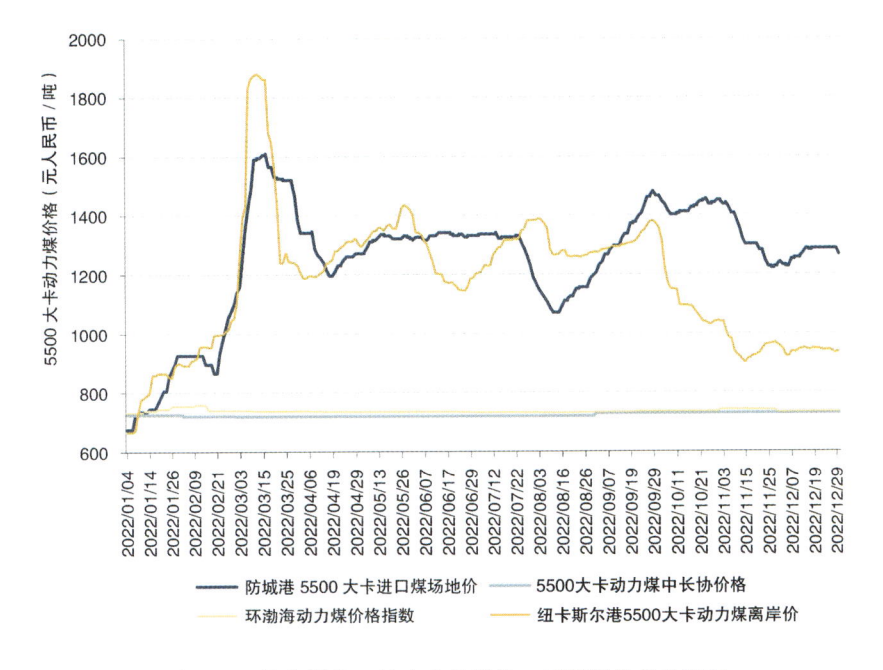

图 3-32　长协煤价、综合交易煤价、国际煤价变化情况

来源：由 CCTD 中国煤炭市场网、国家能源集团技术经济研究院整理。

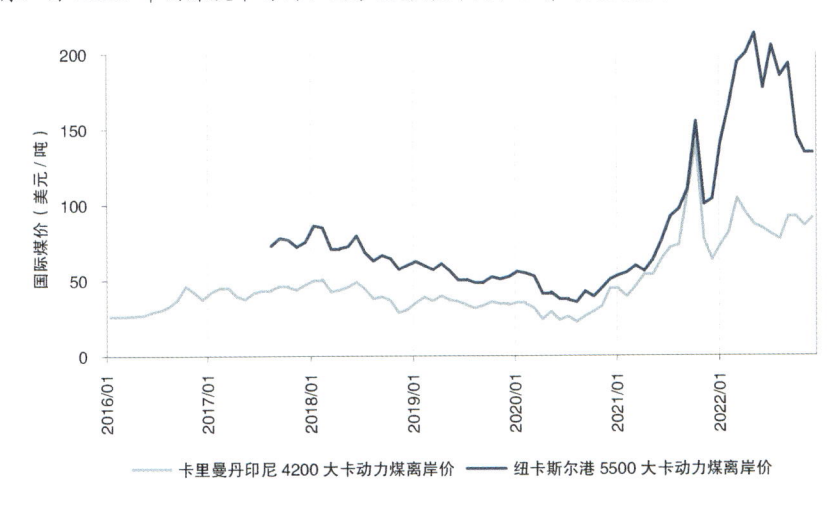

图 3-33　国际煤价变化

来源：由 CCTD 中国煤炭市场网、国家能源集团技术经济研究院整理。

较 2021 年年底上涨 29%；2022 年 1—3 月，卡里曼丹印尼 4200 大卡动力煤离岸价由年初的 73 美元/吨快速上涨至 3 月的 104 美元/吨，4—12 月震荡下行至 91 美元/吨，较年初上涨 25%。同时，欧洲寻求煤炭作为能源替代，抢占高卡优质煤炭资源，引发高卡优质煤和低卡煤价格走势分化，纽卡斯尔港 5500 大卡动力煤离岸价全年均价为 174 美元/吨，同比增长 104%，卡里曼丹印尼 4200 大卡动力煤离岸价全年均价为 87 美元/吨，同比增长 25%。

3. 动力煤期货结算价

动力煤期货结算价脱离供需基本面，成交量极度萎缩。2022 年动力煤期货结算价处于贴水运行状态，年初动力煤期货结算价小幅震荡上升，较现货市场价贴水在 100～300 元人民币/吨的价差区间波动；2 月下旬贴水幅度迅速加大，至 3 月上旬贴水幅度最高到达 899 元人民币/吨；4—7 月，动力煤期货结算价在 700～850 元人民币/吨窄幅波动，贴水幅度收窄至 300～500 元人民币/吨的价差区间（见图 3-34）；成交量极度萎缩，2022 年成交 48 万手，较 2021 年减少 8376 万手，同比下降约 99.4%（见图 3-35），特别是 11 月后动力煤期货连续无交易，市场运行逐步脱离供需基本面。

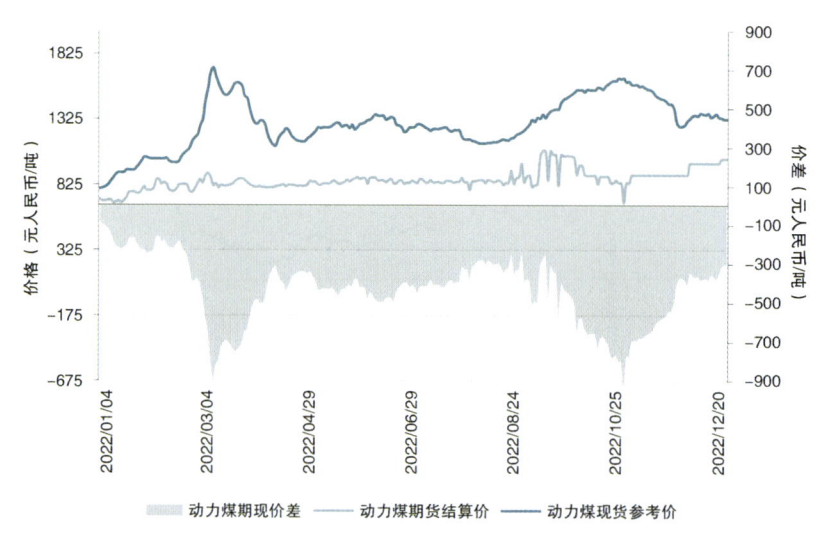

图 3-34　动力煤期货结算价与现货煤价比较

来源：由 CCTD 中国煤炭市场网、国家能源集团技术经济研究院整理。

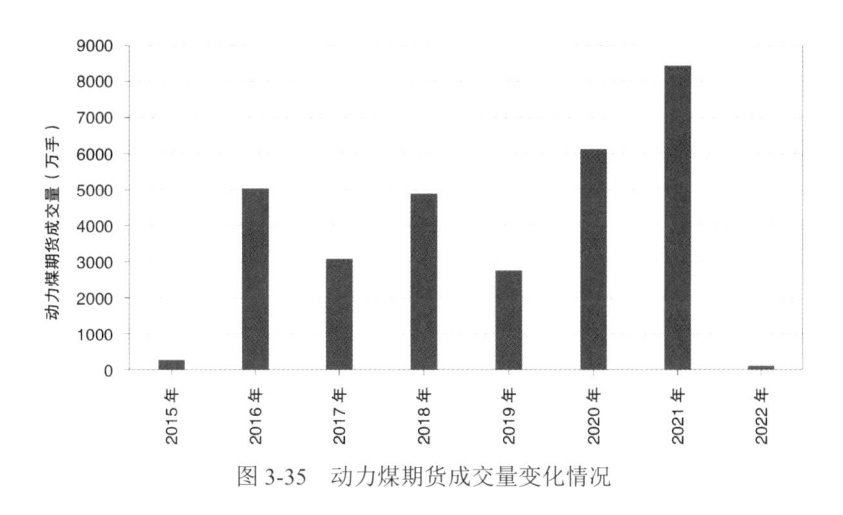

图 3-35　动力煤期货成交量变化情况

来源：由郑州商品交易所、国家能源集团技术经济研究院整理。

六、相关政策

2022 年，面对错综复杂的外部环境和能源保供稳价风险挑战，党中央、国务院立足以煤为主的基本国情，围绕煤炭"增产、保供、稳价"等方面，密集出台系列调控政策，并全力抓好政策落实落地，以煤炭为"锚"着力保持能源价格总体稳定，充分发挥煤炭的兜底保障作用。

1. 增产增供

多部门齐头并举，保供增产政策密集出台。 2022 年 3 月 18 日，国家发展改革委在《关于成立工作专班推动煤炭增产增供有关工作的通知》中明确提出，"年内再释放产能 3 亿吨/年以上，日产量达到 1260 万吨以上。"5 月 31 日，《国务院关于印发扎实稳住经济一揽子政策措施的通知》（国发〔2022〕12 号）发布，要求"依法依规加快保供煤矿手续办理，在确保安全生产和生态安全的前提下支持符合条件的露天和井工煤矿项目释放产能。尽快调整核增产能政策，支持具备安全生产条件的煤矿提高生产能力，加快煤矿优质产能释放，保障迎峰度夏电力电煤供应安全"。8 月 9 日，《应急管理部　国

家矿山安监局 国家发展改革委 国家能源局关于加强煤炭先进产能核定工作的通知》（应急〔2022〕50号）发布，提到"严格认真审查安全生产条件""实事求是确定核增幅度、间隔和剩余服务年限"。11月，《自然资源部关于做好采矿用地保障的通知》（自然资发〔2022〕202号）发布，要求"保障能源资源供应安全，多途径、差别化保障采矿用地合理需求"。系列文件的出台，明确了煤炭增产增量目标，为煤矿产能批复、核增提供了重要的政策指引和理论依据。

数次会议明确要求煤炭增产保供。2022年1月，习近平总书记到山西瑞光热电有限责任公司考察调研，明确指出要夯实国内能源生产基础，保障煤炭供应安全。国务院常务委员会先后5次明确要求煤炭增产保供，尤其是2022年4月20日，国务院常务委员会提出要发挥煤炭的主体能源作用，要通力合作优化煤炭企业生产、项目建设等核准审批政策，落实地方稳产保供责任，充分释放先进产能，通过核增产能、扩产、新投产等，2022年新增煤炭产能3亿吨。此外，国务院原副总理韩正在煤炭清洁高效利用工作专题座谈会议上指出，要坚持从国情实际出发推进煤炭清洁高效利用，切实发挥煤炭的兜底保障作用，确保国家能源电力安全保供。国务院原总理李克强在2022年5月30日的全国财政支持稳住经济大盘工作视频会议中强调，要确保粮食能源安全，支持煤炭等能源资源增产增储。系列会议的明确要求，进一步凸显了煤炭的主体能源地位，为煤炭发挥能源安全"稳定器""压舱石"的作用增量加码。

地方政府全力执行政策释放产能。各地方政府严格落实增产保供政策，主要产煤省（自治区、直辖市）先后发布通告推进省内煤炭优质产能释放，拆解日均产量任务，明确新增产能目标。据统计，2021年9月至2022年年底，我国累计批复406处煤矿产能核增，核增产能约5.6亿吨/年；2022年我国原煤产量达到45.6亿吨，同比增长10.5%，圆满完成煤炭保供任务。

2. 稳价补量

创新煤炭价格形成机制和管控方式。2022年，为防止煤炭价格大幅波动，引导价格回归合理区间，国家发展改革委创新煤炭价格区间调控机制，连续发布煤价管控政策。2月24日，国家发展改革委发布《关于进一步完善煤炭市场价格形成机制的通知》（发改价格〔2022〕303号），明确秦皇岛港下水煤（5500千卡）中长期交易价格570～770元人民币/吨（含税）较为合理，并给出晋陕蒙相应煤炭出矿环节中长期交易价格合理区间。2022年，国家发展改革委发布《关于明确煤炭领域经营者哄抬价格行为的公告》（2022年第4号），明确了哄抬煤炭价格的具体行为表现。主要产煤省份相继公布各地煤炭价格合理区间（见表3-2）。此外，国家发展改革委密集开展政策宣传，连发系列解读，从限制中长期合同价格、各环节煤炭价格，到禁止捆绑销售现货、严禁不合理提高流通费用，再到界定动力煤品种热值基准，全面完整解读煤炭价格"新政"。

表3-2 秦皇岛港和重点地区煤炭出矿价格合理区间

地区	热值	中长期交易价格合理区间（元人民币/吨）	现货交易价格合理区间上限（元人民币/吨）
秦皇岛港	5500大卡	570～770	1155
山西	5500大卡	370～570	855
陕西	5500大卡	320～520	780
蒙西	5500大卡	260～460	690
蒙东	3500大卡	200～300	450
河北	5500大卡	480～680	1020
黑龙江	5500大卡	545～745	1118
山东	5500大卡	555～755	1133
辽宁	5000大卡	590～790	1185
安徽	5500大卡	545～745	1118
宁夏	4500大卡	280～445	668
河南	5000大卡	600～760	—
贵州	5000大卡	350～500	—
四川	4000大卡	445～595	893
湖南	4000大卡	480～630	945
广西	3000大卡	270～420	630

来源：由国家能源集团技术经济研究院整理。

持续开展煤炭市场价格监测与监督。 2022年，为确保价格调控政策落实落地，相关部门加大煤炭价格监测力度和违规惩处力度，3 月健全煤炭价格监测制度，对坑口、港口、到场煤炭现货价格开展日监测，对中长期煤炭交易价格开展周监测；4 月建立发电企业电煤采购合同月报制度，对数千份合同进行梳理排查；6 月落实煤炭价格政策拉网式调查，查阅重点燃煤发电企业煤炭采购合同和相关煤炭生产流通企业合同发票，及时处理发现的违规线索；7 月组成多个工作组赴山西、内蒙古、辽宁、河北、河南等煤炭重点产销省（自治区）实地调研，督导煤炭价格政策落地；8—12 月密切监测煤炭市场价格变化，持续抓好线索核查，对情节严重的 19 家企业进行公开通报。在煤炭价格调控监管系列措施的综合作用下，2022 年国内煤炭市场保持平稳，价格总体运行在合理区间。

严格执行中长期合同补签政策。2022 年迎峰度夏来临前，为增强电煤保供能力，国家发展改革委于 6 月 23 日印发《关于做好 2022 年电煤中长期合同补签换签和履约监管工作的通知》（发改办运行〔2022〕574 号），要求"煤炭生产企业签订的中长期合同数量应达到自有资源量的 80%以上，自有资源量原则上不得低于去年产量水平。去年 9 月份以后和今年新核增产能的保供煤矿核增部分全部签订电煤中长期合同。"中长期合同补签工作显著提升了电煤保障能力，切实发挥了煤炭保能源安全、煤电保电力稳定的兜底作用。

第四章　2023年煤炭市场展望

我国煤炭市场主要受宏观经济、产业政策、煤炭供应、下游驱动、气候及其他不确定性等因素影响，呈现不同的趋势变化。2023年，我国走出新冠疫情约束，在稳增长组合拳下，国民经济有望保持中高速增长，政府工作报告提出全年国内生产总值增长5%左右。煤炭产业政策面高度重视"保供给，增长协，稳价格，促转型"，守牢能源安全的底线。预计全年煤炭产量具备1亿吨以上的增量潜力，煤炭进口形势趋好，进口规模在3亿吨左右；煤炭消费有望继续增长，消费总量约达45.4亿吨，同比增长2%左右。全国气候年景总体偏差，极端天气气候事件仍然呈现多发强发态势，长江以南地区夏季高温热浪事件和汛期降水不足仍可能造成供电和供煤紧张局面。总体看，预计全年煤炭供需由基本平衡向略宽松转变，中长协煤价稳中趋降，现货煤价逐步向合理区间靠拢。同时，也需要防范在不利的国际环境、气候条件等因素影响下，出现区域性、时段性、结构性煤炭供需失衡和煤价剧烈波动的风险。

一、产业政策

煤炭产业政策面持续推进"保供给，增长协，稳价格，促转型"，守住能源安全的底线。

在保供给方面。煤炭在我国能源体系中的主体地位和"压舱石"作用短期不会改变。全国能源工作会议明确指出，要深入学习宣传贯彻党的二十大精神，积极谋划出台重大政策，统筹推进"十四五"规划实施；要全力提升能源生产供应保障能力，发挥煤炭兜底保障作用。此外，煤炭储备能力建设工作将持续推进。2023年政府工作报告提出，加强重要能源、矿产资源国内勘探开发和增储上产。国家发展改革委副主任在夯实能源储备工作中提出，建立健全能源储备体系，加强煤炭储备能力建设，构建稳定高效的油气储备系统，持续提升全国应急备用和调峰电源能力。

在增长协方面。国家发展改革委等有关部门高度重视电煤的稳定供应能力，着力提升电煤长协资源量和合同有效签订量。2022年10月，国家发展改革委印发《2023年电煤中长期合同签约履约工作方案》（发改办运行〔2022〕903号）（以下简称《方案》），明确电煤中长期合同供应方包括所有在产的煤炭生产企业，需求方包括所有发电、供热用煤企业。11月，国家发展改革委就做好2023年电煤中长期合同的签约工作，进一步明确9条措施、6个优先、3个挂钩（简称"963"新规），将之前确定的26亿吨煤炭保供资源增加到29亿吨，并选取国家能源集团、中煤集团、晋能控股等7家贸易商，作为中小煤矿和中小电厂的中长期合同代理；对完成中长期合同签订任务的企业，在铁路运力配置、专项资金支持、煤矿产能核增、产能置换指标减免、金融支持、产量指标保留等方面给予支持，并将中长期合同签订工作与电力中长期合同、顶峰发电量、三改联动挂钩。据国家发展改革委3月1日消息，2023年电煤中长期合同签订总量已超过25亿吨，基本实现签约全覆盖。

在稳价格方面。国家发展改革委等有关部门高度关注大宗商品稳价工作，继续推行煤价区间调控长效机制。《方案》对中长期电煤合同签约价格机制进行规定，以产地价格计算的电煤中长期合同必须严格按照《国家发展改革委关于进一步完善煤炭市场价格形成机制的通知》（发改价格〔2022〕303号）、地方人民政府和有关部门明确的价格合理区间签订与履约，以港口价格计算的电煤中长期合同原则上应按照"基准价+浮动价"价格机制签订和执行，不超过明确的合理区间。2023年3月6日，国家发展改革委副主任在能源保供稳价重点工作中提出，密切关注能源市场供需和价格变化，以煤炭为"锚"，做好能源保供稳价工作，多措并举抓好煤炭价格调控监管，通过稳煤价进而稳电价，努力稳住国内能源价格"大盘"。

在促转型方面。立足以煤为主的资源禀赋，推动煤炭清洁高效利用，是有效发挥煤炭兜底保障作用的现实路径,也是实现"双碳"目标的重要途径。党的二十大报告强调,"深入推进能源革命,加强煤炭清洁高效利用,加大油气资源勘探开发和增储上产力度,加快规划建设新型能源体系。"2023年政府工作报告再次提出,"推进能源清洁高效利用和技术研发,加快建设新型能源体系,提升可再生能源占比。"同时,煤炭与新能源融合发展,也将是煤炭产业转型发展的重要方向。

二、煤炭供应

近两年来,我国加大煤炭增产保供力度,煤炭有效产能得到显著提升,据不完全统计,截至2022年年底,我国生产和试生产煤矿产能约48.2亿吨/年,在建煤矿产能达9.6亿吨/年。其中,2022年年初国务院常务会议部署年内新增煤炭产能3亿吨的目标,主要通过优质煤矿产能核增和先进产能建设投产实现。在产能核增方面,有关部门先后确定多批具备安全核增产能条件的煤矿名单,2021—2022年核增规模达5.6亿吨,其中2022年核增规模约达2.5亿吨。在煤矿建设投产方面,据统计,2021年、2022年安排投产的煤矿产能分别约为9000万吨/年、6000万吨/年。

2023年我国煤炭供给能力将继续缓慢提升,原煤产量具备1亿吨以上的增量潜力。考虑3亿吨以上的煤炭进口量,全年煤炭供应保障度较高。

1. 煤炭产能仍将增长

预计在核增产能及在建煤矿投产的推动下,2023年我国煤炭产能仍将缓慢增长,但经过近两年的核增挖潜,新增潜力开始下降,综合考虑产能退出因素,2023年净增产能将在1亿吨以上。从晋陕蒙新主产区看,山西多数核增产能已基本投运,少数位于晋中南等资源条件欠佳地区的核增产能未投运。根据山西省能源局印发的《2023年全省电煤中长期合同签订履约工作方案》(晋能源信监发〔2022〕400号),全省84处保供煤矿核增产能后净增产能9450万吨/年。山西已连续两年增产煤炭1亿吨以上,产能挖潜空间趋小。内蒙古最新一轮拟增产能部分已提前投运，2023 年增量空间有限。内蒙古因煤炭资源条件优势，成为近两年我国煤炭产能核增的重地。2022 年 11 月，内蒙古继续发力煤炭产能核增，内蒙古自治区能源局印发《关于加快保供煤矿产能释放的通知》（内能煤运字〔2022〕1239 号），针对保供煤矿，提出"在确保安全的前提下，于 2022 年 11 月 20 日至 2023 年 3 月 31 日，可按照拟核增产能、拟调整建设规模组织生产，按照边生产边办手续要求释放产能"。冬季保供期间，该批核增产能已基本得到释放，2023 年核增产能增量空间有限。陕西煤炭产能挖潜告一段落，2023 年基本无核增空间。2022 年 11 月，陕西省发展改革委发布的《关于做好核增产能 2023 年度电煤中长期合同签订工作的通知》指出，根据陕西省 2021 年 9 月以来核增产能保供煤矿名单，上述保供煤矿共 66 座，原有产能 31420 万吨，核增产能 8950 万吨，核增后产能达到 40370 万吨（约占 2021 年陕西原煤产量的 57.7%）。该批核增产能已基本投运，2023 年继续核增的空间较小。新疆核增煤炭产能仍在陆续落地，但高度依赖行业景气度。新疆得益于良好的资源条件，是近两年我国煤炭产能核增的另一重地，由于手续问题和前期工作难度大，现阶段仍有一批核增煤炭产能尚未落地，预计在"十四五"后半程会陆续形成有效产能。由于运输成本高，新疆核增产能能否高效辐射内地市场，将主要取决于煤炭市场景气度。

2. 主产区继续发力煤炭保供

2023 年地方两会及有关政策相继提出新一年的煤炭产量目标，合计增量超亿吨。煤炭产量居全国前三的山西、内蒙古、陕西依然是煤炭保供重地，2023 年原煤产量目标分别达到 13.65 亿吨、12.5 亿吨、7.5 亿吨，较 2022 年分别增加约 4%、6%、1%，合计增加 1.05 亿吨。近年产量增幅最快的新疆提出，加快释放煤炭先进优质产能，推进"疆煤外运"北、中、南通道扩能提升，力争"疆煤外运"8800 万吨。其他省份 2023 年煤炭产量目标均以稳或增为主，其中贵州提出加快省级煤炭矿区规划修编，新建、技改扩能 30 处煤矿和 5 处以上露天煤矿，建成投产 40 处煤矿，原煤产量达 1.45 亿吨；安徽绘制了 2023 年煤矿安全生产和煤炭保供"路线图"，煤炭产量保持在 1.1 亿吨左右；河南提出努力实现全年原煤产量稳定在 1 亿吨；宁夏提出加快释放煤炭先进产能，加大矿产资源勘查力度，加快双马二矿、马儿庄、韦四、月儿湾等新建煤矿核准建设，新增煤炭产能 240 万吨，总产量达到 1 亿吨左右；山东提出在确保安全的前提下，优化矿井开拓布局，积极释放先进产能，全年煤炭产量稳定在 8600 万吨左右；黑龙江提出支持地方释放优质煤炭产能，以及 7100 万吨煤炭产量目标；云南提出释放优质产能，力争原煤产量达 7100 万吨；甘肃提出新增煤炭产能 1775 万吨（见表 4-1）。

表 4-1　2023 年有关省（自治区）原煤产量目标　　　　　　单位：亿吨

省（自治区）	2022 年规上煤炭产量	2023 年煤炭生产或外运目标
山西	13.07	13.65
内蒙古	11.74	12.5
陕西	7.46	7.5
新疆	4.13	疆煤外运 0.88 亿吨
贵州	1.28	1.45
安徽	1.12	1.1
河南	0.98	1
宁夏	0.94	1
山东	0.88	0.86
黑龙江	0.70	0.71
云南	0.67	0.71
甘肃	0.54	新增 1775 万吨

3. 煤炭进口有望恢复新冠疫情前水平

进口煤占我国煤炭消费量的 7% 左右，虽然绝对占比不高，但由于我国煤炭供需逆向分布，部分优质煤种稀缺，在用煤高峰期，东南沿海、东北地区容易出现供煤紧张局面，进口煤能够对我国煤炭市场形成有效的结构性补充。近年来，受新冠疫情、俄乌冲突等因素影响，我国煤炭进口格局发生深刻变化。澳大利亚长期作为我国第二大煤炭进口来源国，自 2020 年年底开始与我国煤炭贸易骤降，澳煤在我国进口煤中的占比由 2020 年的 26%，迅速降至 2021 年的 3.6%、2022 年的 1% 左右（主要为清关煤）。其间，印尼作为我国第一大煤炭进口来源国的地位继续巩固，在我国进口煤中的份额由 2020 年的 46.4% 升至 2022 年的 60% 左右；俄罗斯和蒙古国成为我国第二、第三大煤炭进口来源国，俄煤在我国进口煤中的份额由 2020 年的 13% 升至 2022 年的 23.2%，蒙煤受新冠疫情影响，份额先是由 2020 年的 9.4% 降至 2021 年的 5.1%，后升至 2022 年的 10.6%。

预计 2023 年我国煤炭进口有望恢复增长，维持在 3 亿吨左右。影响煤炭进口主要有三大因素。一是我国 2023 年 4 月 1 日至 2023 年 12 月 31 日继续对煤炭实施税率为零的进口暂定税率，仍将对煤炭进口产生积极影响。二是主要煤炭进口来源国对我煤炭出口形势向好，印尼拟出口 5.18 亿吨，超过 2022 年 4.94 亿吨的出口量；俄罗斯受地缘关系影响，仍将扩大对我国的煤炭出口，但也将经受运输瓶颈的考验；蒙煤进口逐步摆脱新冠疫情影响，有望维持恢复性增长，向新冠疫情前水平靠拢；中澳关系逐步正常化，经贸往来趋暖，澳煤进口将有所增长，但由于过去两年国内用户逐渐适应新的煤源结构，特别是山西、俄罗斯和蒙古国炼焦煤的搭配使用，逐渐对澳洲优质炼焦煤形成取代，叠加进口煤长协固化效应，澳煤进口增长将是一个缓慢过程。三是国内煤炭保障程度提升，长协覆盖范围扩大，煤炭进口意愿或有所减弱。总体来看，2023 年我国煤炭进口压力较 2022 年有所减轻，2023 年 1—2 月，我国煤炭进口量达 6064.2 万吨，同比增加 70.8%，预计全年进口规模将恢复至新冠疫情前水平以上。

三、下游需求

2023 年，在下游发展形势总体趋好的驱动下，**煤炭消费有望继续增长，预计同比增长 2% 左右，消费总量约达 45.4 亿吨**。其中，煤电继续发挥保电力稳定的作用，煤炭消费量同比增长 3% 左右，达到 25.4 亿吨；钢铁行业从稳经济中受益，有望实现行业修复，煤炭消费量增幅近 1%，增长至 6.84 亿吨左右；建材行业在基建继续发力、地产触底企稳的助力下，有望恢复增长，煤炭消费量增幅约为 1%，达到 5.28 亿吨左右；煤化工行业在高端化、多元化、低碳化发展和能耗双控政策优化的大背景下，煤炭消费量保持增长，达到 3.33 亿吨左右；其他行业耗煤保持减量趋势，但减量空间有限，用煤总量仍在 4.53 亿吨左右。

1. 煤电兜底保障作用凸显，电煤消费仍将增长

"十四五"以来，我国表现出以顶峰装机相对不足为主要特征的电力供应紧缺问题，主要原因在于前期存在煤电过剩风险的大环境下的煤电项目投资建设趋缓。"十三五"期间，我国煤电装机量年均增长4855万千瓦，累计新增装机量占全部新增装机量的43%。2016—2022年，我国煤电投运规模整体下滑，煤电装机年均增量仅为3200万千瓦，累计新增装机量占全部新增装机量的22%，年度煤电新增装机量占全部新增装机量的比重由2016年的38%降至2022年的8%（见图4-1）。尽管如此，煤电在保障电力稳定供应方面仍发挥着至关重要的作用。2021年煤电以47%的装机量贡献了全国60%的发电量，满足了超70%的用电高峰负荷需求，2022年煤电以44%的装机量贡献了全国58%的发电量。

图4-1 2011—2022年我国煤电装机增量及占全部装机增量的比重

来源：中国电力企业联合会。

为保障能源电力安全，我国正在优化煤电布局，加大电力基础保供能力建设。国家能源局已开始提前谋划"十四五"中后期电力保供措施，确保"十四五"期末全国及重点地区电力供需平衡，提出逐省份督促加快支撑性电源核准、加快开工、加快建设、尽早投运。2022年1—10月，我国煤电装机新投产1340万千瓦，新开工2100万千瓦，新增拟建8000万千瓦，新核准6000万千瓦。从地域分布看，我国新增核准煤电项目除部分分布于新疆、

河北、贵州等煤炭产地外，其余主要集中在东部尤其是沿海地区，如广东、江苏、安徽、江西、浙江等地，这将在一定程度上加大未来几年西煤东调、北煤南运的压力。

现阶段煤电仍将是我国发电增量的重要组成部分。2016—2022 年我国煤电发电增量在全部发电增量中的占比平均为 41%（见图 4-2），其间占比较高的年份为 2017 年、2018 年和 2021 年，占比均超过 50%，对应 3 个年份全社会用电量增速分别达到 6.6%、8.5% 和 10.3%。可见，尽管新能源装机规模快速增长，但因其具有一定的不稳定性，在当前技术条件下较难支撑用电需求的快速增长。随着煤电项目的恢复性建设和投产，煤电仍将是现阶段全社会用电量增长较快情况下的发电主力和供电增量的主体。预计在经济回暖等因素推动下，2023 年我国用电量将同比增长 5.5%~6%，按照 6% 的用电量增速测算，将增加约 5000 亿千瓦时，若其中 1/3 左右由煤电提供，则预计将增加电力耗煤 5000 万吨标准煤，折商品煤 7200 万吨，电力耗煤总量约达 25.4 亿吨（见图 4-3）。

图 4-2　2016—2022 年我国煤电发电增量及占全部发电增量的比重

来源：中国电力企业联合会。

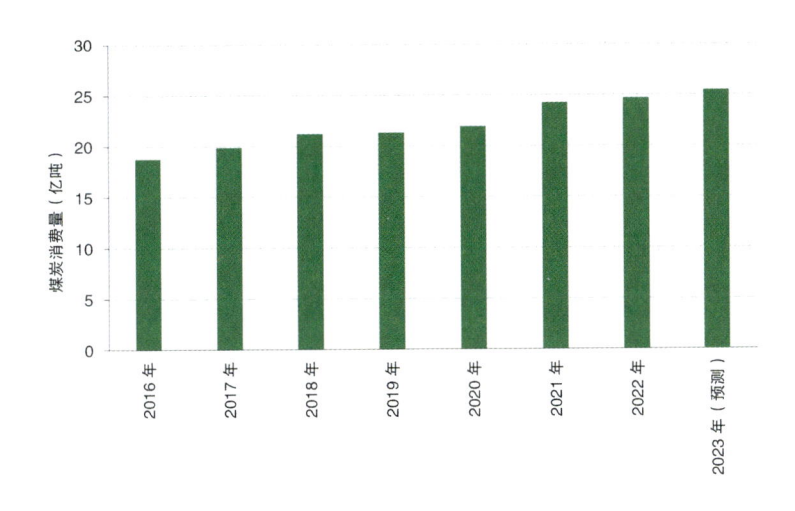

图 4-3　我国电力行业煤炭消费量及预测量

来源：由国家能源集团技术经济研究院整理。

2. 钢铁行业从稳经济中受益，耗煤量仍将处于高位平台期

钢铁行业是我国主要的能源消耗行业之一，煤炭占其能源消费量的 70% 左右；电力其次，占 25% 以上；燃料油和天然气的比重很小。"十三五"期间，受益于经济发展稳中有进、供给侧结构性改革持续推进、国家大规模基础设施建设持续发力，钢铁产量持续增长，在吨钢能耗持续降低的背景下，钢铁行业的耗煤量保持高位波动。2021 年，在粗钢产量压减任务的推动下，全国钢铁产量稳中有降，钢铁耗煤量有所下降。2022 年钢铁行业面对成本上升、价格下降、下游趋弱等极具挑战的发展环境，生铁产量维持稳中趋降，但受长短流程工艺结构变化等影响，行业耗煤量（焦炭产量）有所增加（见图 4-4）。

钢铁产品单位煤耗总体趋降，但短期存在波动。入炉焦比和喷煤比是衡量钢铁工业煤炭消费的主要指标。高炉喷煤可实现以煤代焦，使高炉炼铁焦比大幅度下降，从而使高炉吨铁焦炭消耗量降低。2016—2022 年，我国钢铁企业平均喷煤比由 142 千克/吨铁上升到 152 千克/吨铁（见图 4-5），年均增加约 1.7 千克/吨铁；平均入炉焦比由 360 千克/吨铁下降到 347 千克/吨

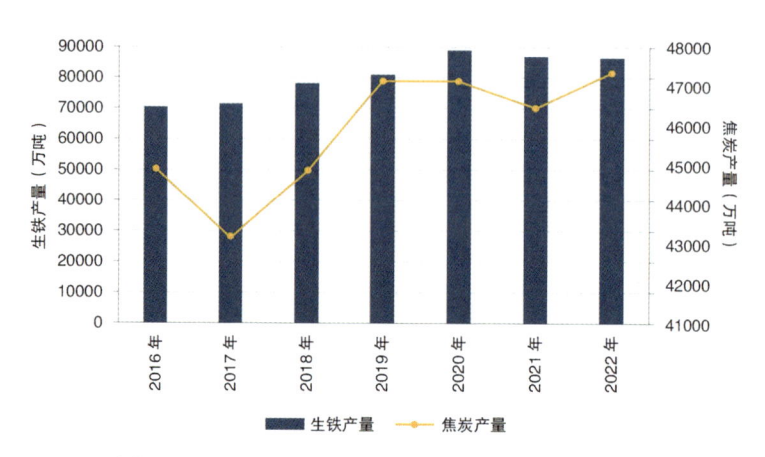

图 4-4　2016—2022 年我国生铁产量和焦炭产量变化

来源：国家统计局。

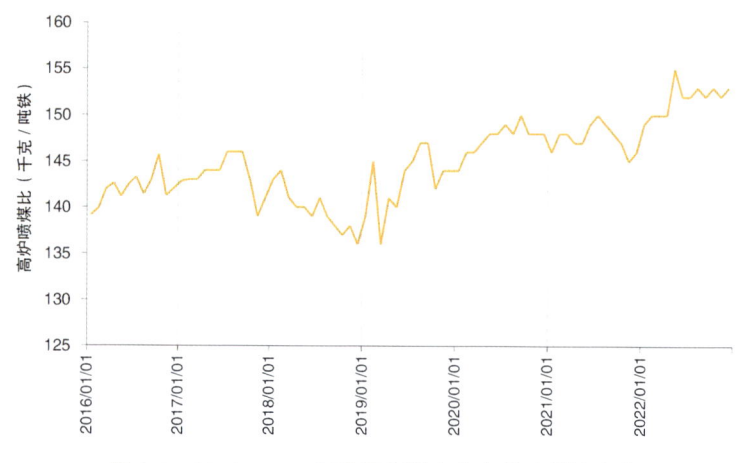

图 4-5　2016—2022 年我国钢铁企业高炉喷煤比变化

来源：由国家能源集团技术经济研究院整理。

铁（见图 4-6），年均下降约 2.2 千克/吨铁。为推动钢铁行业清洁低碳发展，我国大力推进钢铁生产工艺从长流程（高炉）向短流程（电弧炉）转变。但由于我国巨大的钢铁产能对原材料需求旺盛，废钢资源难以支撑原材料的需求，以致于我国炼钢工艺仍以长流程为主，短流程电炉产能占钢铁高炉总产能的比重仅在 10% 左右。2022 年，受废钢供应量、价格、用电成本等因素影响，短流程炼钢经营压力显著高于长流程，全年平均产能利用率同比下降 17.2 个百分点，降幅高出长流程 14.2 个百分点（见图 4-7），在一定程度上推高了总体的吨钢煤耗。

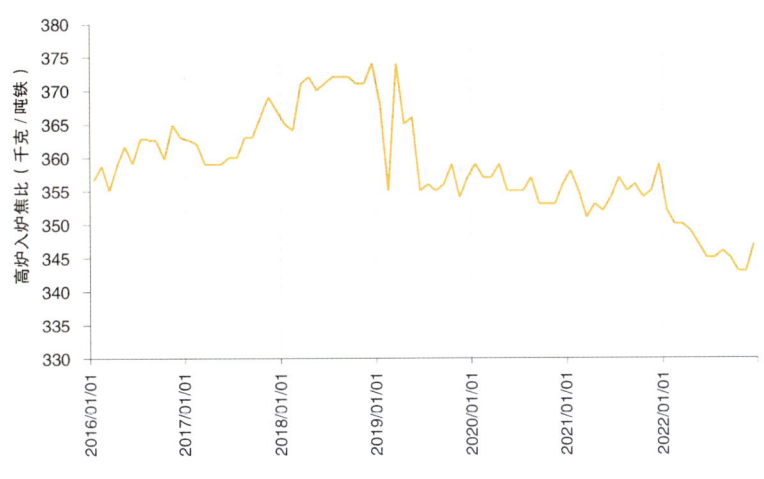

图 4-6　2016—2022 年我国钢铁企业高炉入炉焦比变化情况

来源：由国家能源集团技术经济研究院整理。

2023 年我国钢铁行业发展环境将有所改善，基建稳经济作用的发挥，工程机械业、汽车业的增长，以及房地产行业政策的回暖，有望推动钢铁消费实现修复。从行业政策看，2022 年 2 月，《工业和信息化部　国家发展和改革委员会　生态环境部关于促进钢铁工业高质量发展的指导意见》（工信部联原〔2022〕6 号）印发，提出"十四五"时期"坚持总量控制""严禁新增钢铁产能"的要求；同年 8 月，《工业和信息化部　发展改革委　生态环境部关于印发工业领域碳达峰实施方案的通知》（工信部联节〔2022〕88 号）印发，提出"严格落实产能置换和项目备案、环境影响评价、节能评估审查等相关规定，切实控制钢铁产能"。与此同时，随着钢铁行业供给侧结构性改革工作的深入推进，产业结构不断优化调整，技术装备水平稳步提升，入炉焦比、喷煤比指标及长短流程工艺结构仍有不断优化的空间。因此，预计 2023 年钢铁行业受益于行业发展环境好转，呈现弱复苏态势，总体产能利用率将有所上升，行业耗煤量小幅增长至 6.84 亿吨左右，增幅约 1%（见图 4-8）。

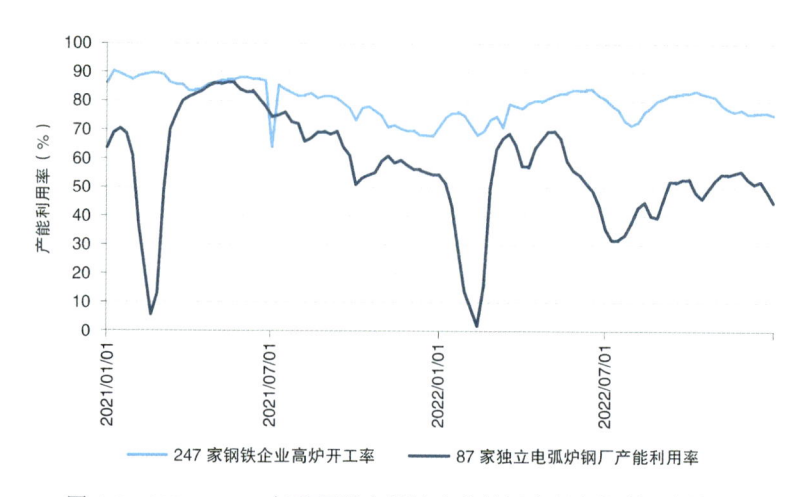

图 4-7 2021—2022 年我国样本钢铁企业长短流程产能利用率情况

来源：由国家能源集团技术经济研究院整理。

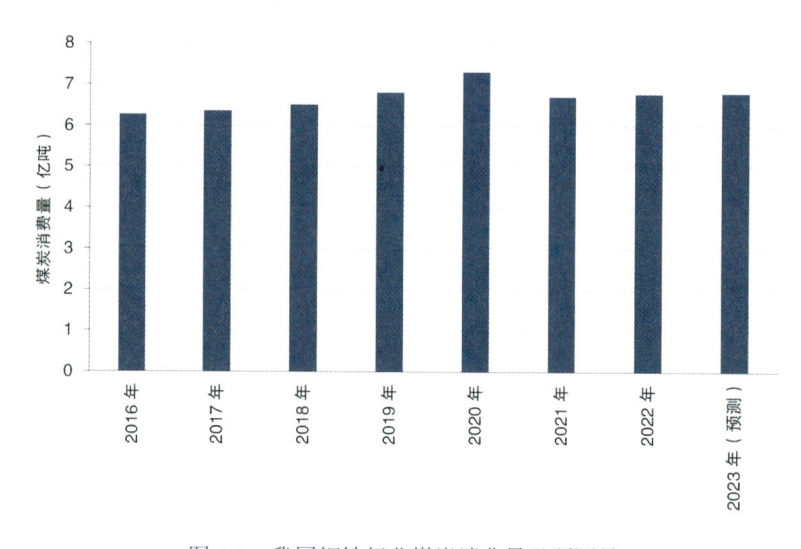

图 4-8 我国钢铁行业煤炭消费量及预测量

来源：由国家能源集团技术经济研究院整理。

3. 建材行业有望恢复增长，耗煤量维持高位

建材行业是重要的原材料和制品工业，是我国重要的基础性产业，作为主要耗煤产业之一为煤炭产业发展提供了有力支撑。建材产品大多需要进

第四章　2023年煤炭市场展望

行煅烧、烘烤、熔炼、焙烧等加工工艺过程，需要消耗大量煤炭，其中煤炭消耗较大的建材产品主要有水泥、墙体材料、石灰等产品，其煤炭消费量占建材工业煤炭消费量的90%左右。2022年，受地产投资、开工面积及竣工面积大幅下降等影响，叠加新冠疫情扰动，水泥生产企业效益低迷、停产停窑较多，产量同比下降10.4%，降至21.3亿吨（见图4-9），样本企业水泥熟料平均产能利用率同比下降3.2个百分点（见图4-10）。

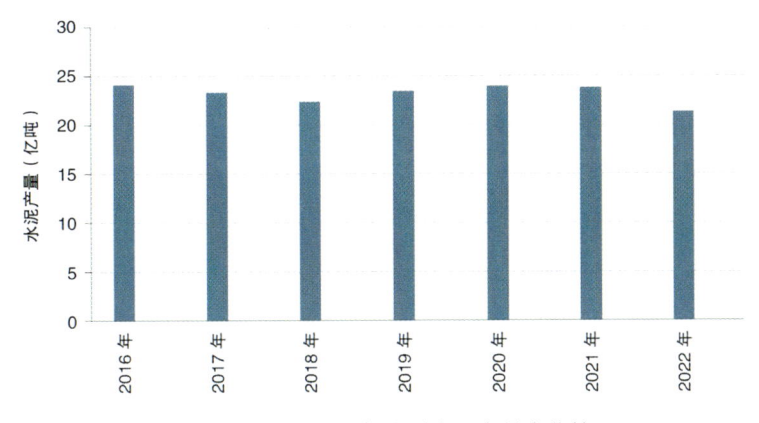

图4-9　2016—2022年我国水泥产量变化情况

来源：国家统计局。

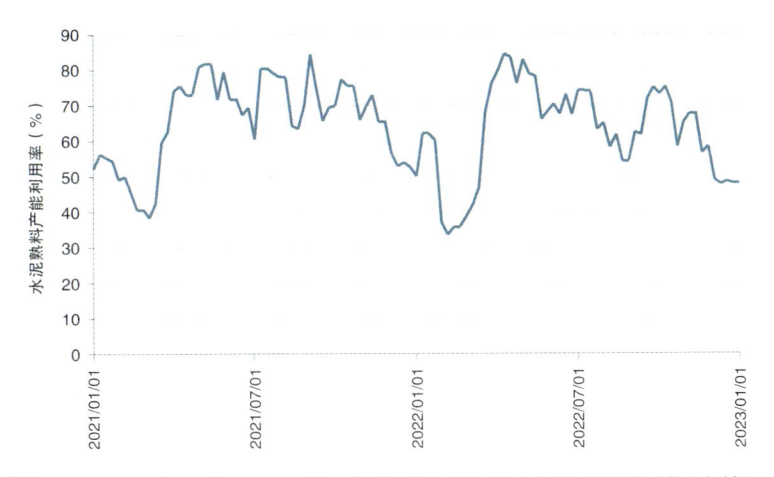

图4-10　2021年1月—2023年1月我国样本企业水泥熟料产能利用率情况

来源：由国家能源集团技术经济研究院整理。

2023 年基建继续发力、地产触底企稳，建材产品需求将总体改善。从行业政策看，2022 年 11 月工业和信息化部、国家发展改革委、生态环境部、住房和城乡建设部四部门联合印发的《建材行业碳达峰实施方案》（工信部联原〔2022〕149 号）提出，"严格落实水泥、平板玻璃行业产能置换政策，加大对过剩产能的控制力度，坚决遏制违规新增产能，确保总产能维持在合理区间"，同时，支持生物质燃料等可燃废弃物替代燃煤，提升水泥等行业燃煤的替代率。综合考虑稳增长预期下建材行业景气回升和绿色低碳转型，预计 2023 年建材行业煤炭消费量增幅在 1% 左右，行业煤炭消费量达到 5.28 亿吨左右（见图 4-11）。

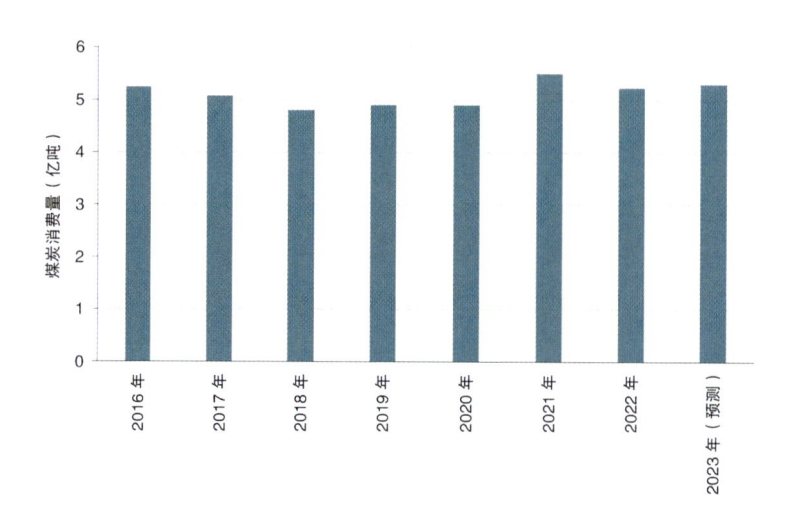

图 4-11　我国建材行业煤炭消费量及预测量

来源：由国家能源集团技术经济研究院整理。

4. 化工行业作为煤炭消费转型升级的重要阵地，行业耗煤处于上升期

化工行业是国民经济的重要支柱产业，经济总量大，产业关联度高，在我国工业体系中占有重要地位，同时也是能源消费大户。我国化学工业耗煤产品大致可分为两类，一类是包括生产合成氨、电石、烧碱、甲醇等的传统煤化工，另一类是包括煤制醇醚、煤制烯烃和煤制油等的现代煤化工。近年

第四章　2023年煤炭市场展望

来，随着现代煤化工技术取得新突破，以及一批示范项目的建设运行，我国煤化工产业规模增长较快，化工用煤整体呈现增长态势，占全国煤炭总消费量的比重逐步提升。截至2022年年底，我国煤制油产能达931万吨/年，煤制气产能达61亿立方米/年，煤（甲醇）制烯烃产能达1672万吨/年，煤制乙二醇产能达1155万吨/年，基本形成完整的现代煤化工技术和产业体系。

2023年，发展环境的改善将推动煤化工行业的用煤量继续增长。2021年12月，中央经济工作会议指出，新增可再生能源和原料用能不纳入能源消费总量控制。2022年出台的《"十四五"现代能源体系规划》提出，研究推进内蒙古鄂尔多斯、陕西榆林、山西晋北、新疆准东、新疆哈密等煤制油气战略基地建设；同年，中共中央、国务院印发的《扩大内需战略规划纲要（2022—2035年）》进一步明确，"稳妥推进煤制油气，规划建设煤制油气战略基地。"预计2023年，除国际油价的不确定性外，伴随煤价重心下移、终端消费好转，以及能耗"双控"政策优化，煤化工产业发展形势总体趋好，化工行业煤炭消费量将继续保持增长，预计煤炭消费量将增加1000万吨，达到3.33亿吨左右（见图4-12）。

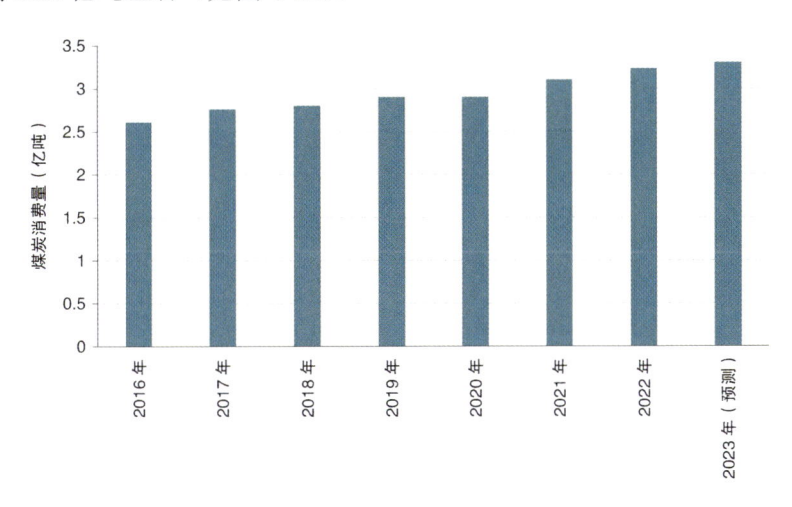

图4-12　我国化工行业煤炭消费量及预测量

来源：由国家能源集团技术经济研究院整理。

5. 其他行业耗煤保持减量趋势

其他行业耗煤主要包括生活、采掘业、交通运输仓储和邮政业、农林牧渔水利业、批发和零售业、住宿餐饮业及其他行业用煤。我国坚持推动用煤方式改变，以重点区域为主要抓手，在工业和民用两个方向持续推进散煤减量化和清洁替代，取得积极成效，2021年散煤消费量较2015年下降58.7%。目前，重点区域基本完成工业小窑炉散煤治理，工业小窑炉落后产能淘汰、清洁能源替代及改造升级等工作成效显著，散煤消费由过去以工业为主转变为以民用为主。随着散煤治理重心向民用转移、治理范围向非重点区域延伸，其他行业减煤难度正在逐步加大，减量空间正在逐步缩小。预计2023年其他行业的煤炭消费量将保持减少趋势，但减量有限，煤炭消费总量在4.53亿吨左右。

四、煤炭价格走势

综上所述，2023年我国煤炭消费量有望保持增长，原煤生产具备1亿吨以上增量潜力，煤炭进口形势趋好，总体供需由基本平衡向略宽松转变，有能力在复杂严峻的国际环境中稳住能源供应基本盘，并在全球煤炭市场发挥更为重要的影响力。煤炭中长协范围继续扩大、煤价"合理区间"认同度提升，将进一步对煤价起到有效引导作用。在中长协价格方面，下水煤合同基准价维持在5500大卡动力煤675元人民币/吨，2023年1—3月长协价格分别为728元人民币/吨、727元人民币/吨、724元人民币/吨，预计随供需环境变化，总体呈现稳中趋降态势；在现货价格方面，由于现货煤源占煤炭供应的比重下降，煤炭市场价格易受短期因素影响呈现较强的波动性，但在长协稳价和总体供应保障度提升的背景下，现货煤价将逐步向合理区间靠拢（见表4-2）。

第四章　2023年煤炭市场展望

表4-2　影响煤炭价格的主要因素分析

煤价 影响因素	煤价利多方面	煤价利空方面	煤价预测
经济	国内生产总值增长5%左右	外部环境不确定性加大，出口形势前景不明	煤炭中长协范围继续扩大、煤价"合理区间"认同度提升，将进一步对煤价起到有效引导作用。中长协价格总体呈现稳中趋降态势；现货价格呈现较强波动性，但在长协稳价和总体供应保障度提升的背景下，现货煤价将逐步向合理区间靠拢
政策	（1）下水煤合同基准价维持在5500大卡动力煤675元人民币/吨； （2）长协范围扩大，或将推高现货价格； （3）促转型，推进煤炭清洁高效利用，能耗双控向碳排放双控转变	（1）保供给，增强保供能力和韧性； （2）增长协，电煤基本实现全覆盖； （3）稳价格，多措并举抓好煤价调控监管	
供应	高强度保供面临采掘失调、安全生产等问题	（1）主产区继续发力煤炭保供，具备增产1亿吨的潜力； （2）进口形势总体向好	
需求	煤炭需求仍有增长，电煤、化工用煤增量较大	—	
气候及其他	预计长江以南大部地区气温较常年偏高，汛期降水偏少，不利于水电出力	（1）预计气候状态总体平稳； （2）加息大环境下国际能源等大宗商品价格趋降	

分阶段看，2023年春季面临较大的煤炭库存压力，煤价走势偏降；若去库存速度较快，则夏季煤价具备走强基础；秋季可能重新进入高库存状态，煤价趋降；冬季煤价走势将主要取决于库存状态、长协煤保供形势及市场煤炭的博弈程度。同时，也需要防范在不利国际环境、气候条件等因素影响下，出现区域性、时段性、结构性煤炭供需失衡和煤价剧烈波动的风险。

第五章 需要关注的几个问题

一、煤炭生产消费统计问题

我国煤炭"产运储销用"体系庞杂，目前煤炭供需统计体系主要由地方生产能力公告和生产、消费、进出口统计构成，存在供需数据难以闭合、难以反映煤质下降对煤炭消费的影响等问题。例如，2022年月度煤炭供需数据中，仅有产量、进出口量，缺少消费量；供应数据与消费数据之间存在一定的平衡差额；库存数据的连续性不足。为了宏观把握煤炭兜底保障能力、准确判断煤炭消费水平、科学调控煤炭市场，有必要开展煤炭有效产能摸底行动，加强煤炭供需分类统计，改革煤炭统计"度量衡"，推广标煤计量及运用。

二、长协与现货结构变化问题

我国高度重视煤炭中长期合同制度在煤炭保供稳价中的作用，长协煤炭供应量逐年提升。据统计，截至2023年2月底，2023年电煤中长期合同签订总量超过25亿吨，长协煤供应量再上新台阶。与之相反，我国市场煤供应量被大幅压缩，长协煤与市场煤结构失衡、市场煤供应量与需求量错配等问题逐渐显现，市场煤价格长期大幅高于长协煤价格，同时市场煤的价格弹性增强，市场煤"小份额"极易扰动煤炭"大市场"，市场煤价格涨跌幅度加大、速度加快。长协煤价与市场煤价之间的"价差"，可能导致少数用户将长协煤转售为现货煤，形成长协煤"外溢"的情况，影响现货市场。为引导长协和现货市场在合理区间平稳运行，应加强长协煤需求的统计工作，科学研判长协煤和市场煤供应比例，提高长协煤保供的精准性和市场煤供应的有效性，提升长协煤基础保障能力和市场煤灵活调节水平。

三、保供压力下安全生产风险问题

近两年，全球能源供需格局发生深刻变化，煤炭作为我国主体能源，保供任务日渐加重，特别是2022年以来，煤炭保供已从"阶段性"转为"常态化"，而持续性高强度增产增供造成部分煤矿采掘失衡、设备加速老化等，多轮产能核增对部分煤矿的可持续发展带来一定影响；一些地方落后产能"复活"，对煤矿安全生产提出挑战。据国家矿山安全监察局统计，截至2022年11月，我国已确定的采掘接续紧张煤矿共计367处，涉及山西、内蒙古、贵州等22个省（自治区）。科学合理的采掘接续是煤矿持续协调发展、实现安全高效生产的关键，一旦出现采掘失调的情况，极有可能酿成重大安全生产事故，同时也可能导致煤炭产量"断崖式"下降，大幅削弱煤矿保供能力。为提升我国煤矿安全保供水平，煤炭企业须统筹保供和安全生产两个方面，科学制订生产计划，合理组织采掘接续；安全监管部门应加大安全生产检查力度，督促采掘接续紧张的煤矿调整生产布局，严惩有违规违法生产活动的企业；坚持产业结构优化，持续推进煤矿智能化建设，加大快速掘进技术装备科技攻关和推广应用，安全快速提升煤矿掘进速度；积极推动新能源加快发展，为煤炭"减负"。

四、极端天气气候影响问题

在能源消费规模提升和新能源发电装机比例增加过程中，极端天气气候与我国能源供应和安全息息相关，直接或间接地对我国区域性和阶段性煤炭供需产生重要影响。一是极端天气气候直接造成煤炭供应受阻或煤炭需求大幅提升，如 2021 年 10 月，特大暴雨造成山西省 60 座煤矿停产，涉及煤炭产能超 7000 万吨/年，煤炭生产和外运能力显著下降；2022 年 8 月，南方持续高温天气推动沿海八省电厂日均耗煤升至 235 万吨，比 2021 年同期升高 8.3%，达到近年来高位水平。二是极端天气气候限制水电、风电、太阳能发电等发挥作用，间接造成煤炭供需紧张，如 2022 年 8 月，四川持续极端高温干旱又遇水电反季节走弱，单日电量缺口超过 3.7 亿千瓦时，火电需求量大幅增加，当月煤炭消费同比增加 15.8%，煤炭保供压力陡增。据气象部门预计，2023 年厄尔尼诺等不利气候现象的发生概率升高，局部高温干旱和强降雨天气可能对我国煤炭供应产生不利影响。为保障国家能源安全，须强化气象灾害预警，提升应急防范处置能力；研判极端天气气候对能源供应的影响程度，提前做好电力调配预案；加强煤炭应急储备能力，增强煤炭兜底能力。

五、百年未有之大变局下的重大不确定性

煤炭作为我国的主体能源，现阶段在增产保供政策的保障下和多元化进口煤的补充下，基本实现了供需平衡，有效支撑了我国经济社会平稳发展。但当今世界百年未有之大变局加速演进，在国际环境错综复杂、世界经济陷入低迷期、全球产业链供应链面临重塑的背景下，我国煤炭保供和市场运行仍面临着较大的不确定性。一方面，我国经济恢复向好的基础仍不牢固，对内面临需求收缩、供给冲击、预期转弱三重压力，对外以美国为主的西方国家在科技、经济、军事领域对我国进行打压，产业链供应链脱钩断链的风险加大，若经济复苏不及预期，能源消费需求滞胀，则煤炭行业可能面临供给过剩的风险。另一方面，我国油气资源对外依存度高，且进口通道安全强烈依赖地缘政治稳定，若地缘政治不稳定因素增多，则油气资源进口可能受阻，煤炭保供压力将进一步凸显。因此，须加快构建煤炭弹性产能制度，完善应急储备制度，降低煤炭供给过剩风险，提升煤炭应急保障能力；加大油气资源勘查和增储上产力度，拓展多元化油气进口渠道，提升通道安全保障水平。

六、更好发挥煤炭市场的决定性作用

从 2021 年下半年开始,面对煤炭市场价格非理性上涨的情况,国家有关部门采取了一系列调控措施,加强市场价格调控监管,引导煤炭市场理性回归。煤炭是关系国计民生的重要战略资源,是我国能源供应的主体。当市场调节失灵时,适度的政府调控对于有效防范煤炭市场价格异常波动风险、促进煤电上下游行业协调稳定发展、保障我国能源供应的基本稳定等具有十分重要的意义。与此同时,煤炭商品属性的本质,要求煤炭价格应由市场决定,对煤炭市场的过度干预,会影响煤炭市场机制作用的发挥,如市场价格不能如实反映煤炭供需情况,供需双方放弃市场化的合作方式,过度依赖政府协调等,不利于煤炭市场的健康发展。为充分发挥市场的决定性作用,确保煤炭市场平稳有序运行,要保证有效市场与有为政府的有机结合,将市场化方向作为完善煤炭市场价格形成机制的出发点,遵循市场供需的基本规律;同时创新政府对市场的调控方式和监管方式,避免采用简单化的直接价格干预方式,采用符合市场经济要求的市场化、法治化调控手段,弥补市场机制的缺陷,保障市场机制发挥有效作用。

七、进口煤对我国煤炭市场可能产生的影响

进口煤是我国煤炭市场的重要补充,为我国东南沿海煤炭供需平衡持续发挥作用。近年来,受国际能源供需格局调整、区域煤炭禁运政策限制等影响,我国进口煤数量、种类和来源国结构发生了深刻的变化。2023 年,在国际煤炭价格理性回归、俄煤出口贸易流向转变、澳煤进口政策松绑、煤炭零进口暂定税率延续等背景下,我国进口煤环境有望继续保持相对宽松,须关注进口煤对我国煤炭市场运行的影响。一是进口煤市场宽幅波动可能传导至国内煤炭市场,现阶段国际能源供需格局仍处于深度调整中,区域冲

突和极端天气等因素有可能继续刺激国际煤炭市场宽幅波动。从近两年情况来看，进口煤市场宽幅波动会为国内市场煤的平稳运行带来一定影响；二是进口煤增量可能影响国内煤炭供需和调运格局，东南沿海是我国进口煤的主要消费地之一，也是"西煤东运、北煤南调"的主要承接地之一。进口煤增量对东南沿海内贸煤的替代作用，将为核心区煤炭调出流向和环渤海港口下水煤流向带来较大影响。因此，须加强对主要进口来源国煤炭供需、市场和政策等的研究，科学预判煤炭进口数量、种类和来源国结构，根据进口煤情况灵活调整国内煤炭调运流向。

第三篇 电力市场篇

2022年，全国电力供需总体紧平衡，受新冠疫情及多次出现大范围雨雪、极端高温少雨天气的影响，叠加经济恢复增长的因素，全社会用电量达到8.64万亿千瓦时，同比增长3.6%，共有27个省（自治区、直辖市）用电量实现正增长。截至2022年年底，全口径发电装机量达25.6亿千瓦，同比增长7.8%，非化石能源发电装机量占总装机量的比重接近50%，绿色低碳转型成效显著。全国新增发电装机量达2亿千瓦，其中新增非化石能源发电装机量达1.6亿千瓦，新投产的总发电装机量及非化石能源发电装机量均创历史新高。全口径煤电发电量同比增长0.7%，占全口径总发电量的比重为58.4%，同比降低1.7个百分点，煤电仍是当前我国电力供应的最主要电源。在来水明显偏枯的三季度，全口径煤电发电量同比增长9.2%，较好地弥补了水力发电量的缺口，充分发挥了兜底保供作用。

预计2023年年底全国发电装机量达到28.1亿千瓦左右，全年新增发电装机量有望达到2.5亿千瓦左右，全年全社会用电量增长约为5.5%~6%。预计2023年新增火电、水电、风电、光电和核电装机量分别达到7000万千瓦、1000万千瓦、6500万千瓦、1亿千瓦和289万千瓦。在电力供需方面，迎峰度夏期间华东、华中、南方区域可能出现高峰时段电力供需偏紧情况；迎峰度冬期间华北区域电力供需紧平衡，华东、华中、南方、西北区域电力供需偏紧。

第六章 电力消费

一、总体情况

1. 全年电力消费需求增长但增速放缓

2022年，全国全社会用电量达8.64万亿千瓦时，同比增长3.6%。全年坚持稳中求进工作总基调，高效统筹疫情防控和经济社会发展，经济总量再上新台阶，GDP同比增长3.0%。受新冠疫情扰动、投资及消费低迷及2021年同期高基数等因素影响，用电量增速自2021年大幅上涨后迅速回落，2022年用电量增速比2021年同期减少6.7个百分点（见图6-1）。

图6-1 2013—2022年全国全社会用电量及同比增速

来源：中国电力企业联合会。

2. 用电量增速呈现逐季波动明显态势

2022 年，一至四季度全社会用电量同比分别增长 5.0%、0.8%、6.0% 和 2.5%，受新冠疫情等因素的影响，二、四季度电力消费增速回落，三季度在稳增长政策落实及持续极端高温天气等影响下，用电量增速环比明显回升，全年呈现逐季波动明显态势。3 月用电量增速下滑，4 月用电量与 2021 年同期基本持平。随着夏季用电高峰的到来及新冠疫情形势趋稳，5—8 月用电量增速快速恢复增长，8 月恢复至 10% 以上。9 月，高温天气结束叠加多地疫情反复压制需求，增速再度下滑，10 月用电量增速微增，最后两个月增速连续下滑，12 月增速下滑至负增长（见图 6-2）。

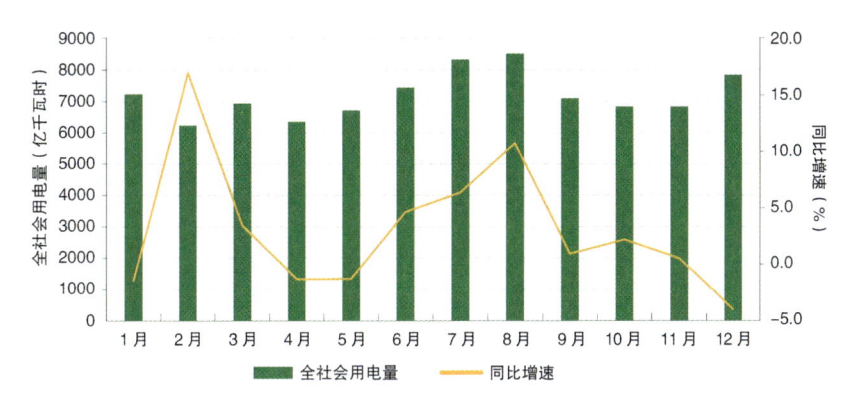

图 6-2 2022 年 1—12 月全国全社会用电量及同比增速

来源：中国电力企业联合会。

二、各产业电力消费

1. 各产业用电量均同比增长，第一产业和城乡居民生活用电量保持两位数增长

2022 年，第一、二、三产业和城乡居民生活用电量分别为 1146 亿千瓦时、57001 亿千瓦时、14859 亿千瓦时和 13366 亿千瓦时，分别同比增长 10.4%、1.2%、4.4% 和 13.8%。随着乡村振兴战略的全面推进、近年来乡村

用电条件的明显改善及电气化水平的持续提升，第一产业用电量快速增长。第二产业受新冠疫情等因素导致的开工率不足、房地产投资下行等影响，用电需求增速放缓较多。四个季度的城乡居民用电量均实现同比大幅增长。8月全国大范围持续高温，12月全国大范围强降温，分别拉动当月居民生活用电量同比增长 33.5%和 35.0%，成为用电量持续增长的重要拉动力。

2. 电力消费结构呈现积极变化，第三产业和城乡居民生活用电量占全社会用电量的比重不断提高

2013—2022 年电力消费结构情况如图 6-3 所示，2022 年我国持续推动高质量发展、经济结构不断转型，电力消费结构持续优化，第一、二、三产业及城乡居民生活用电量占全社会用电量的比重分别为 1.3%、66.0%、17.2% 和 15.5%。其中，第二产业用电量在全社会用电量中仍占据绝对比重，但由于四大高载能行业用电量比重逐年降低等，第二产业用电量占全社会用电量的比重同比降低 1.5 个百分点；在以大数据、互联网、人工智能为代表的战略性新兴产业的推动下，第三产业用电量持续提升，占全社会用电量的比重同比提高 0.1 个百分点；此外，在 2022 年，随着城乡居民消费水平的提高，城乡居民生活用电量占全社会用电量的比重持续提升，同比提高 1.4 个百分点，各产业用电和城乡居民生活用电内部结构持续优化。

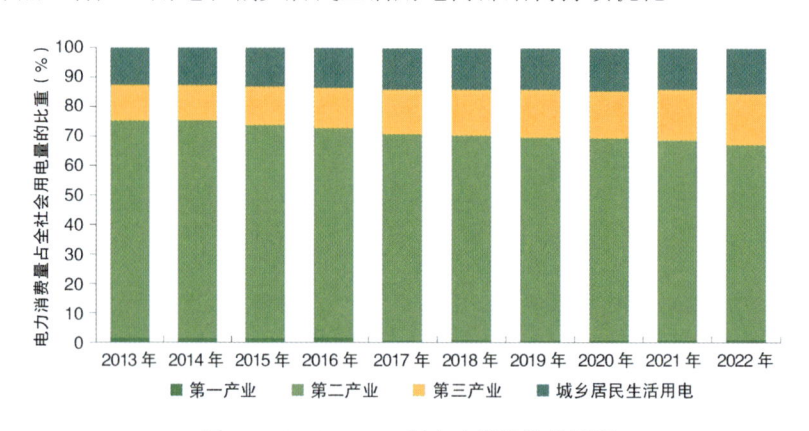

图 6-3 2013—2022 年电力消费结构情况

来源：中国电力企业联合会。

三、各区域电力消费

1. 各区域电力消费均正增长，东部地区用电量居首，中部地区用电量增速领先

2022年，极端天气频发叠加经济恢复等因素，拉动用电负荷增长，导致多地电力供需形势紧张。分区域看，东、中、西部和东北地区用电量分别为40305亿千瓦时、16488亿千瓦时、25037亿千瓦时和4542亿千瓦时，同比分别增长2.4%、6.7%、4.2%和0.8%（见图6-4）。从用电量占比看，东、中、西部和东北地区用电量占全社会用电量的比重分别为46.7%、19.0%、29.0%和5.3%，东部地区用电量居首位。从用电量增速看，中部经济复苏明显，湖北、安徽和湖南等省份用电量高速增长，带动中部增速保持领先；西部地区在"东数西算"产业布局及高耗能行业拉动等影响下，用电量增速实现较快增长；东部、东北地区受新冠疫情等因素影响，用电量增速低于全国平均水平。

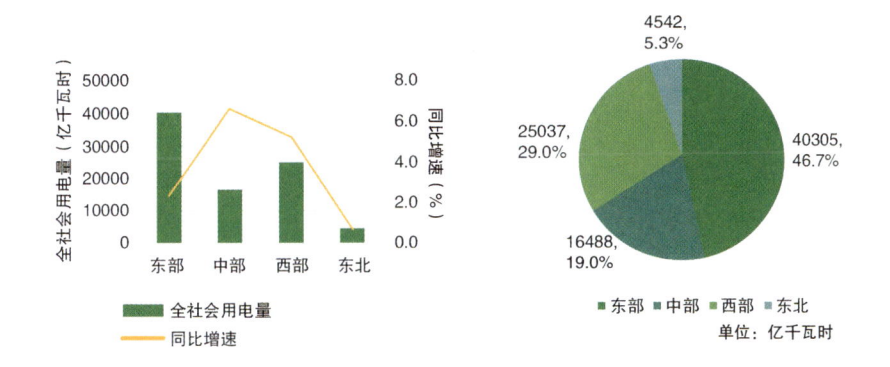

图6-4 2022年全国全社会用电量区域分布情况

来源：中国电力企业联合会。

2. 全国共有 27 个省（自治区、直辖市）用电量正增长，18 个省（自治区、直辖市）用电量增速超过全国平均水平

2022 年，除辽宁、广西、新疆和上海外，其他省（自治区、直辖市）全社会用电量实现正增长。全国 31 个省（自治区、直辖市）中，广东、山东、江苏、浙江作为全国经济总量前四强省份，用电量也稳居全国前四位，河北、内蒙古、河南、新疆、四川、安徽 6 个省（自治区）用电量分别排在全国第五至十位。其中，安徽用电量超越福建，成功跻身全国前十。全社会用电量增速排名全国前十的省份，全部来自中西部地区，其中西藏、云南和安徽 3 个省（自治区）的用电量增速实现 10% 以上增长，宁夏、青海、河南、湖北、江西、陕西、内蒙古、四川和浙江 9 个省（自治区）用电量增速均超过 5%（见图 6-5）。受产业结构调整、工业转型升级等因素的影响，北京、上海、湖南、重庆和湖北等省（直辖市）的单位 GDP 电耗较低，新疆、宁夏和青海的单位 GDP 电耗较高。

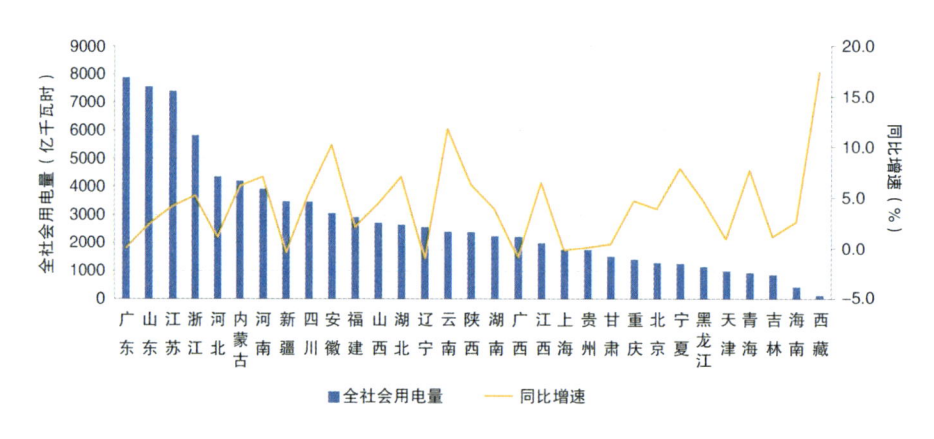

图 6-5 2022 年全国各省（自治区、直辖市）全社会用电量及同比增速

来源：中国电力企业联合会。

四、重点行业电力消费

1. 全国工业和制造业用电量实现同比增长，用电量增速均低于全社会平均水平

2022年，全国工业用电量为5.60万亿千瓦时，同比增长1.2%，低于全社会用电量的平均水平2.4个百分点，占全社会用电量的比重为64.8%；全国制造业用电量为4.24万亿千瓦时，同比增长0.9%，低于全社会用电量平均水平2.7个百分点。其中，四大高载能行业、高技术及装备制造业和其他制造业用电量合计分别为23019亿千瓦时、9159亿千瓦时和4734亿千瓦时，分别同比增长0.3%、2.8%和3.5%；消费品制造业用电量为5501亿千瓦时，同比下降1.7%。2022年，在其他制造业中，石油/煤炭及其他燃料加工业、废弃资源综合利用业的用电量分别同比增长11.7%和9.4%。四大高载能行业用电量增速同比降低，高技术及装备制造业用电量增速持续上升，反映出我国电力消费结构继续调整优化。

2. 高技术及装备制造业用电量增速领先制造业平均水平，尤其是四季度逆势上升

2022年，高技术及装备制造业用电量保持同比增长，增速高于同期制造业平均水平1.9个百分点。其中，三、四季度增速分别为3.3%和4.4%，尤其四季度增速逆势提升，表现亮眼。2022年高技术及装备制造业分类别用电量及增速如图6-6所示，电气机械和器材制造业，医药制造业，计算机、通信和其他电子设备制造业分别同比增长20.4%、8.2%和5.8%，反映出当前制造业转型升级的内生发展动力较为强劲。其中，电气机械和器材制造业中，光伏设备及元器件制造用电量同比增长118.2%；汽车制造业中，新能源车整车制造用电量同比增长71.1%；专用设备制造业中，医疗仪器设备及器械制造用电量同比增长13.4%；铁路、船舶、航空航天和其他运输设备制

造业中，航空、航天器及设备制造用电量同比增长 13.1%。此外，光伏设备及元器件制造、新能源车整车制造行业全年用电量同比增长超过 70%，部分新型服务业表现突出，如近几年电动汽车行业高速发展，充换电服务业用电量持续高增长，2022 年同比增速高达 38.1%，电信、广播电视和卫星传输服务业用电量也继续保持两位数以上的增长。

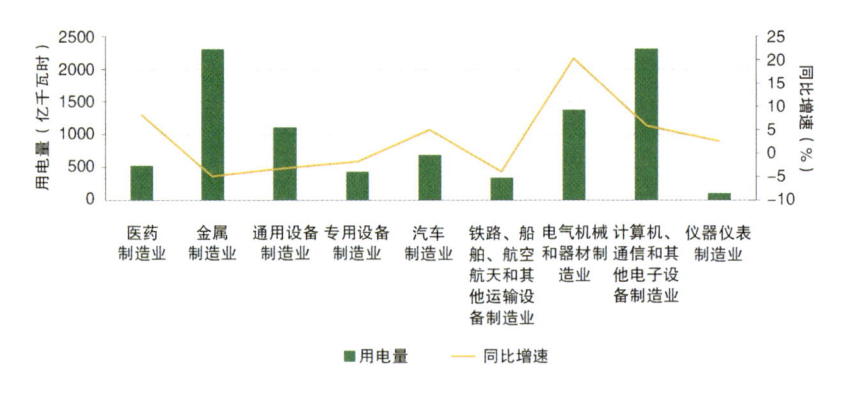

图 6-6　2022 年高技术及装备制造业分类别用电量及同比增速

来源：中国电力企业联合会。

3. 四大高载能行业用电量增速降低，化工和有色金属冶炼行业正增长，建材和黑色金属冶炼行业负增长

2022 年四大高载能行业用电量增速低于同期制造业平均水平 0.6 个百分点，比 2021 年同期降低 6.1 个百分点。其中，化工行业、有色金属冶炼行业用电量分别为 5461 亿千瓦时和 7452 亿千瓦时，分别同比增长 5.2% 和 3.3%；建材行业、黑色金属冶炼行业用电量分别为 4017 亿千瓦时和 6090 亿千瓦时，分别同比下降 3.2% 和 4.8%（见图 6-7）。由于行业景气度降低及产业政策导向等因素，高载能行业用电量持续下滑，说明我国工业体系正在稳步转型升级、提质增效。在"双碳"目标背景下，水泥等行业积极探索新技术和新思路，努力降低生产电耗和污染物排放，不断加速行业升级。

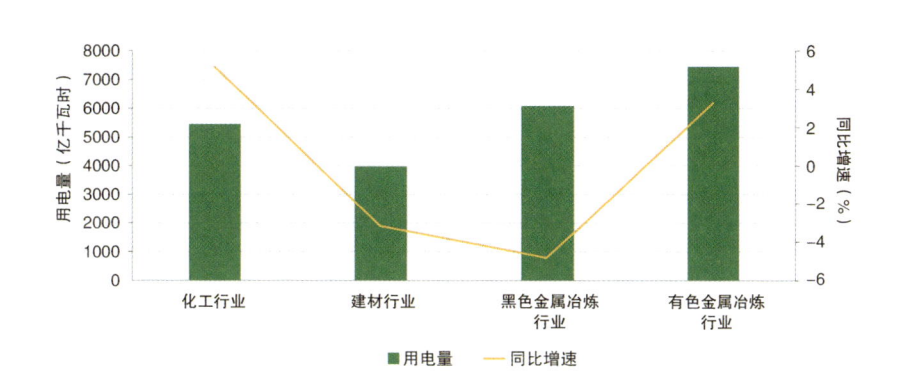

图 6-7　2022 年四大高载能行业用电量及同比增速

来源：中国电力企业联合会。

第七章　电力生产与供应

一、总体情况

1. 新增装机量实现两位数增长，累计装机量十年翻番

2022 年，全国新增发电装机量达 2 亿千瓦，同比增长 11.5%，比 2021 年同期提高 19.4 个百分点。截至 2022 年年底，全国累计发电装机量达到 25.6 亿千瓦，同比增长 7.8%，增速比 2021 年同期降低 0.1 个百分点（见图 7-1）。近年来，受环保、清洁能源发展等政策影响，国内风能、太阳能等新能源发展势头强劲，装机量保持快速增长，为我国经济社会发展提供更绿色的动力。火电在当前和今后仍然具有许多独特的优势，是其他新能源发电在相当长时期内无法替代的，装机量持续增长。从整体来看，全年新投产发电装机量及发电总装机量均创历史新高，全国累计发电装机量保持了比较平稳的增速，2022 年总装机量达到 2013 年总装机量的两倍以上。

2022 年，发电装机量超过 1 亿千瓦的省（自治区）有山东、广东、内蒙古、江苏、河北、四川、新疆、山西、河南、浙江和云南，装机量合计达 15.3 亿千瓦，占全国总装机量的 59.8%（见图 7-2）。2022 年，山东发电装机量达到 1.9 亿千瓦，自 2017 年以来始终居全国首位。在装机增速上，海南、吉林、广西等 15 个省（自治区）的装机增速超过全国平均水平；西藏、天津等 15 个省（自治区、直辖市）的装机增速低于 2021 年同期水平。

2022 年，全国新增发电装机量前十的省（自治区）是山东、河北、广东、内蒙古、浙江、安徽、河南、四川、云南和江苏，新增发电装机量合计达 1.1 亿千瓦，占全国新增发电装机量的 56.2%，其中山东、河北、广东和内蒙古

新增发电装机量超过 1000 万千瓦（见图 7-3）。山东太阳能发电、河北太阳能发电、广东火电加太阳能发电、内蒙古火电加风电的新增发电装机量，分别占本省（自治区）新增发电装机量的 48.7%、68.2%、74.8% 和 87.0%。

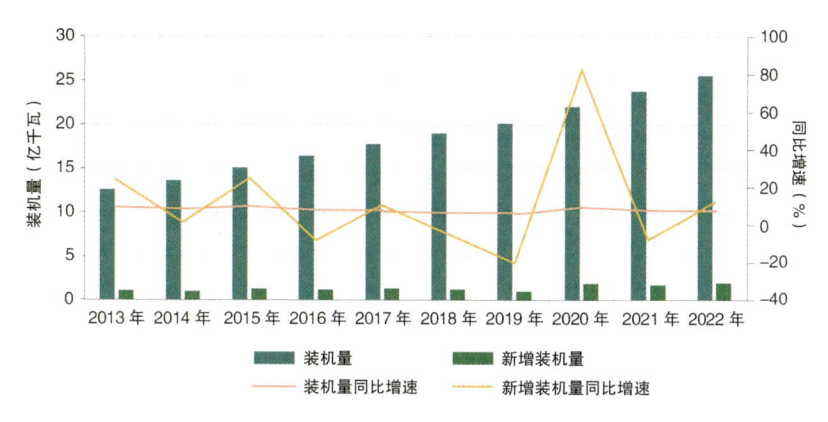

图 7-1　2013—2022 年全国装机量、新增装机容量及同比增速

来源：中国电力企业联合会。

图 7-2　2022 年各省（自治区、直辖市）发电装机量及同比增速

来源：中国电力企业联合会。

2. 发电量同比增长，风力发电量和太阳能发电量大幅增加

2022 年，全国发电量 8.69 万亿千瓦时，同比增长 3.6%，同比增速比 2021 年同期减少 6.2 个百分点（见图 7-4）。从分类型占比看，水力发电量、

火力发电量、核能发电量、风力发电量和太阳能发电量分别占全国发电量的 15.6%、65.9%、4.8%、8.8%和 4.9%，其中核能发电量同比持平，水力发电量和火力发电量分别同比降低 0.4 个百分点和 1.6 个百分点，风力发电量和太阳能发电量同比均提高 1.0 个百分点。风力发电量和太阳能发电量共达到 1.19 万亿千瓦时，同比增长 21.1%，能源电力绿色发展的趋势越来越明显。

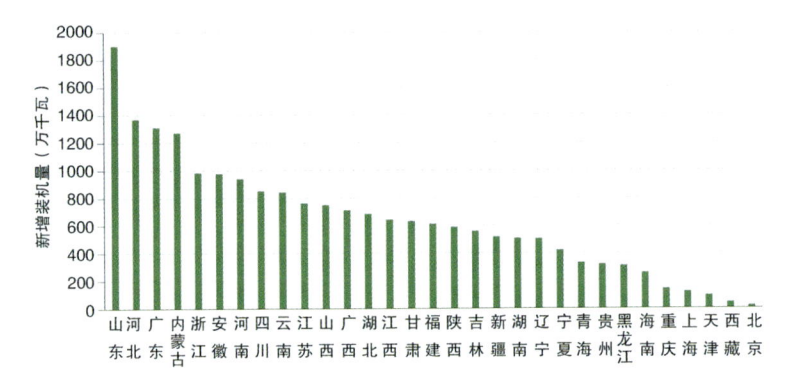

图 7-3　2022 年各省（自治区、直辖市）新增发电装机量

来源：中国电力企业联合会。

图 7-4　2013—2022 年全国发电量及同比增速

来源：中国电力企业联合会。

2022 年，发电量超过 5000 亿千瓦时的省（自治区）是内蒙古（6479 亿千瓦时）、山东（6241 亿千瓦时）、广东（6229 亿千瓦时）和江苏（5949 亿

第七章 电力生产与供应

千瓦时），西藏仅为 127 亿千瓦时。吉林、云南、河南、河北 4 个省份发电量增速较 2021 年回升，湖北、上海、天津、贵州、北京、辽宁 6 个省（直辖市）发电量下降，其中湖北同比减少 5.6%（见图 7-5）。

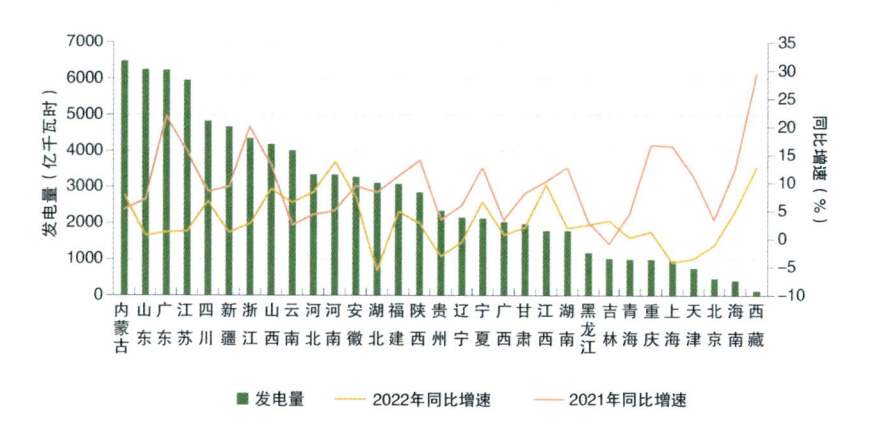

图 7-5　2022 年各省（自治区、直辖市）发电量及同比增速

来源：中国电力企业联合会。

3. 发电设备平均利用小时降低，太阳能发电设备平均利用小时同比提高

2022 年，全国 6000 千瓦以上电厂发电设备平均利用小时为 3687 小时，比 2021 年同期减少 125 小时，创下近 10 年来的最低值。受新能源装机量占发电总装机量的比重不断提高及电力供需状况等因素的影响，发电设备平均利用小时总体呈逐年下降趋势，2015 年以后均降至 4000 小时以内。分类型看，除太阳能发电设备平均利用小时同比提高外，其他类型发电设备均同比降低，其中火电设备同比下降 1.5%，水电设备同比下降超过 5%。2013—2022 年发电设备利用小时及增速如图 7-6 所示。

2022 年，全国 13 个省（自治区、直辖市）的发电设备利用小时超过全国平均水平，其中福建、浙江、四川、新疆、内蒙古 5 个省（自治区）的发电设备利用小时超过 4000 小时。24 个省（自治区、直辖市）的发电设备利用小时为负增长，其中湖北、广东、上海、海南、广西等 15 个省（自治区、直辖市）的发电设备利用小时同比减少超过 200 小时，河南的发电设备利用小时同比增长超过 200 小时（见图 7-7）。

图 7-6　2013—2022 年发电设备利用小时及同比增速

来源：中国电力企业联合会。

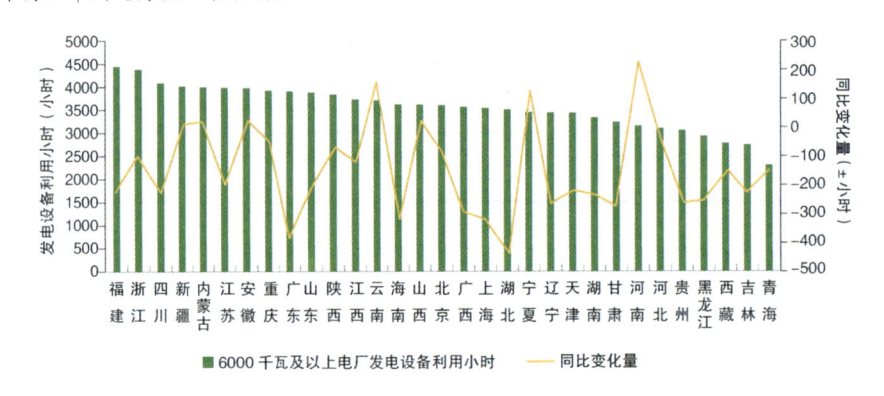

图 7-7　2022 年各省（自治区、直辖市）发电设备利用小时及同比变化量

来源：中国电力企业联合会。

4. 供应结构持续优化，非化石能源装机量占发电总装机量的比重接近 50%

截至 2022 年年底，全口径非化石能源发电装机量达到 12.7 亿千瓦，同比增长 13.8%，占发电总装机量的比重上升至 49.6%，比 2021 年同期提高

2.6 个百分点；煤电装机量为 11.2 亿千瓦，同比增长 1.3%，占发电总装机量的比重为 43.8%，比 2021 年同期降低 2.9 个百分点；可再生能源新增发电装机量为 1.52 亿千瓦，占全国新增装机量的 76.2%，可再生能源发电总装机量首次超过煤电，我国水电、风电、太阳能发电、生物质发电装机量均居世界首位。非化石能源发电装机量占发电总装机量的比重接近 50%，全国电力装机量凸显绿色低碳发展趋势。2022 年和 2021 年装机量结构情况如图 7-8 所示。

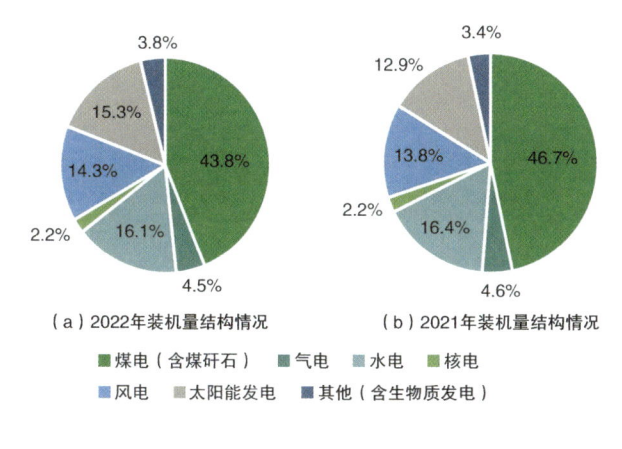

图 7-8 2022 年和 2021 年装机量结构情况

来源：中国电力企业联合会。

2022 年和 2021 年发电量结构情况如图 7-9 所示。2022 年，全口径非化石能源发电量为 3.1 万亿千瓦时，同比增长 7.0%，占全口径总发电量比重为 36.2%，同比提高 1.6 个百分点；煤电发电量为 5.08 万亿千瓦时，同比增长 0.7%，占全口径总发电量的比重为 58.4%，同比降低 1.6 个百分点；可再生能源发电量稳步增长，达到 2.73 万亿千瓦时，占全口径发电量的 31.4%。无论从装机量看还是从发电量看，煤电仍然是我国电力供应的最主要电源，也是保障我国电力安全稳定供应的基础电源。在来水明显偏枯的三季度，全口径煤电发电量同比增长 9.2%，较好地弥补了水力发电量的下降，充分发挥了兜底保供的作用。可再生能源在能源和电力清洁低碳转型中发挥了重要作用，我国清洁能源供给能力不断提升，电力供应结构持续优化。

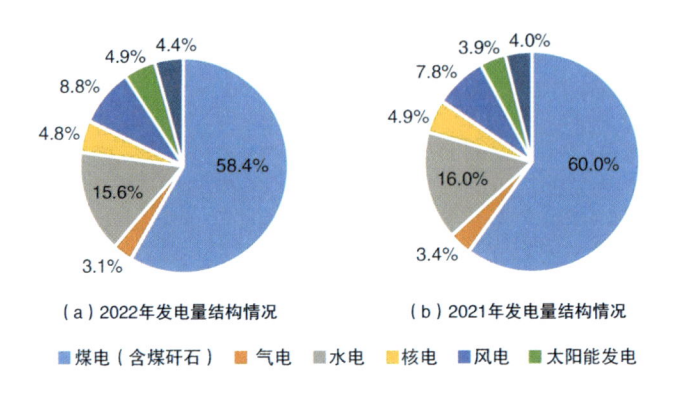

图 7-9　2022 年和 2021 年发电量结构情况

来源：中国电力企业联合会。

二、火电生产

1. 累计装机量持续增长但增速有所放缓

截至 2022 年年底，全国全口径火电装机量为 13.3 亿千瓦，同比增长 2.7%，占总装机量的 52.0%，比 2021 年降低 2.6 个百分点。其中，煤电（含煤矸石）装机量为 11.2 亿千瓦，同比增长 1.3%；气电装机量为 11485 万千瓦，同比增长 5.4%（见图 7-10）。近年来，随着火电项目的陆续投产，火电装机量持续增长，但受国家煤电厂停、缓建政策影响，装机量增速逐渐放缓。

2013—2022 年火电、煤电、气电新增装机量及增速如图 7-11 所示。2022 年，全国全口径火电新增装机量为 4471 万千瓦，同比降低 9.5%。其中，煤电新增装机量为 2823 万千瓦，同比降低 3.9%；气电新增装机量为 634 万千瓦，同比降低 17.8%。近年来，我国火电新增装机量与全部新增装机量仍保持着较高比重，国内电源结构在较长时间内仍将以火电为主。但受电力市场化改革持续推进及"双碳"目标等因素的影响，电源结构将逐步向绿色低碳转型，火电新增装机量占新增总装机量的比重呈逐年下降态势，且该趋势将长期持续。

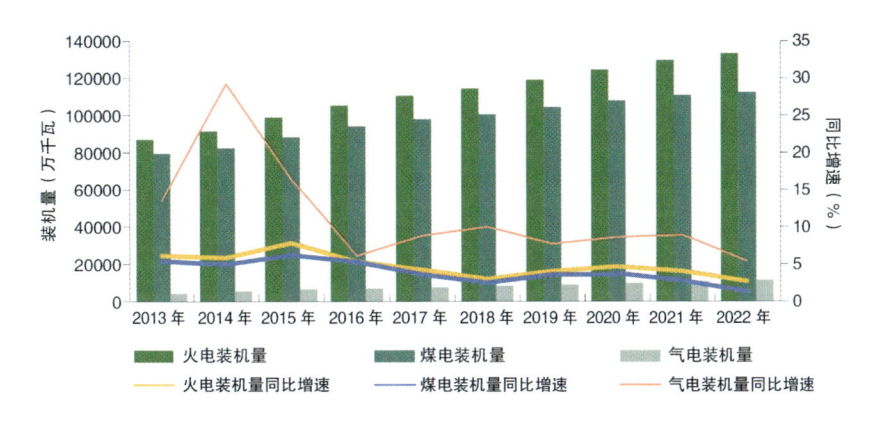

图 7-10　2013—2022 年火电、煤电、气电装机量及同比增速

来源：中国电力企业联合会。

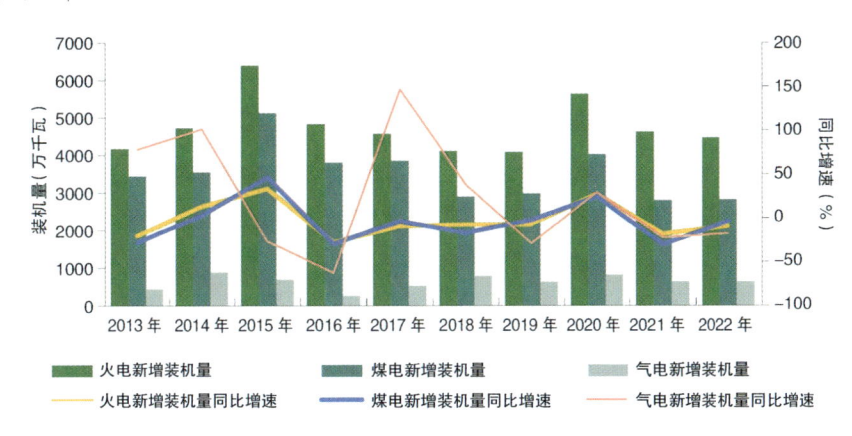

图 7-11　2013—2022 年火电、煤电、气电新增装机量及同比增速

来源：中国电力企业联合会。

截至 2022 年年底，全国前十大火电装机省（自治区）分别是山东、江苏、广东、内蒙古、山西、河南、新疆、浙江、安徽和河北，火电装机量合计 8.1 亿千瓦，约占全国火电装机量的 62.7%，其中山东、广东、内蒙古和江苏的火电装机量超过 1 亿千瓦。有 10 个省（自治区）的火电装机增速超过全国平均水平，其中江西、广西和海南 3 个省（自治区）的火电装机量增速实现两位数以上增长（见图 7-12）。

图 7-12　2022 年各省（自治区、直辖市）火电装机量及同比增速

来源：中国电力企业联合会。

2. 煤电发电量同比增长，气电发电量同比降低

2022 年，受电力消费增速回落、可再生能源发电量持续快速增长等因素的影响，火力发电量为 5.7 万亿千瓦时，同比小幅增长 1.2%。其中，煤电发电量为 5.08 万亿千瓦时，同比增长 0.7%；天然气发电量为 2694 亿千瓦时，同比降低 6.1%（见图 7-13）。

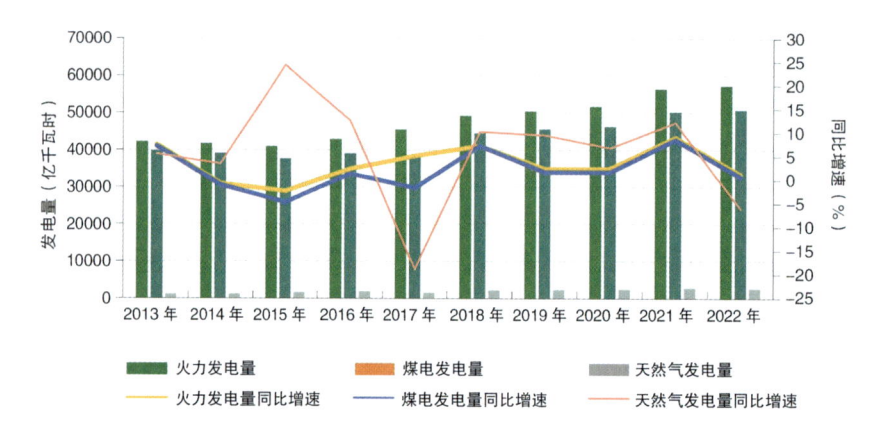

图 7-13　2013—2022 年火力、煤炭、天然气发电量及同比增速

来源：中国电力企业联合会。

第七章　电力生产与供应

分省（自治区、直辖市）看，山东、内蒙古2个省（自治区）的火力发电量超过5000亿千瓦时，分别达到5126亿千瓦时、5115亿千瓦时。四川、重庆、河南和山西4个省（直辖市）的火力发电量增速超过10.0%，同比分别增长17.9%、12.0%、11.4%和10.1%。广西、西藏、辽宁、黑龙江等15个省（自治区、直辖市）的火力发电量同比降低（见图7-14）。

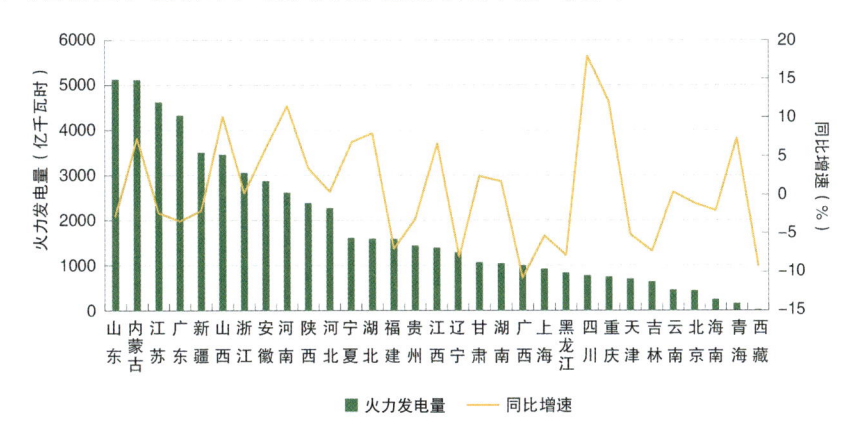

图7-14　2022年各省（自治区、直辖市）火电发电量及同比增速

来源：中国电力企业联合会。

3. 火电设备利用小时大幅增长后下滑

2022年，全国6000千瓦及以上电厂发电设备利用小时为4379小时，同比减少65小时（见图7-15）。其中，煤电设备利用小时为4594小时，同比减少8小时；气电设备利用小时为2429小时，同比减少258小时。受可再生能源大规模发展，叠加新冠疫情等多重因素的影响，火电设备利用小时自2021年激增后有所下降，降幅为1.5%。

分省（自治区、直辖市）看，全国有19个省（自治区、直辖市）的火电设备利用小时超过4000小时，其中新疆、甘肃、内蒙古超过5000小时，分别为5126小时、5081小时和5007小时。重庆、青海等14个省（自治区、直辖市）的火电设备利用小时同比增加，广西、海南等17个省（自治区、直辖市）的火电设备利用小时同比降低（见图7-16）。

图 7-15　2013—2022 年火电设备利用小时及同比变化量

来源：中国电力企业联合会。

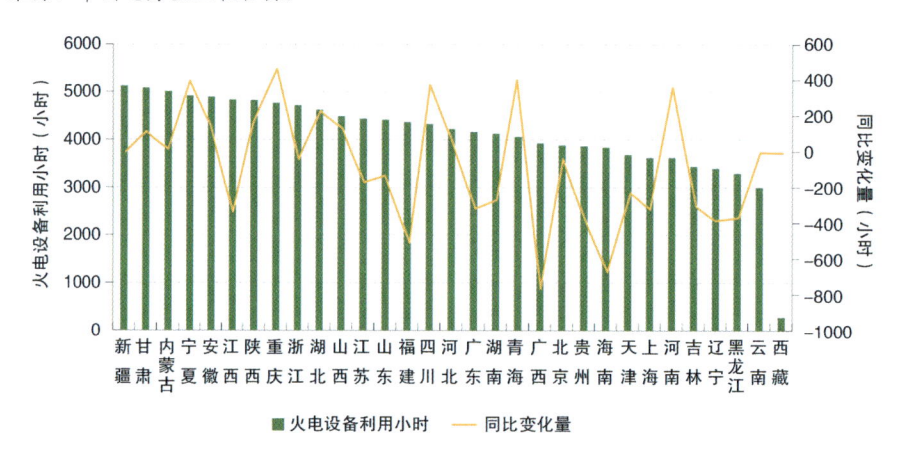

图 7-16　2022 年各省（自治区、直辖市）火电设备利用小时及同比变化量

来源：中国电力企业联合会。

4. 火力发电量占全国发电量的比重整体逐渐降低，但局部地区有所上升

2022 年，火力发电量占全国总发电量的比重为 65.9%，较 2021 年降低 1.5 个百分点（见图 7-17）。分省（自治区、直辖市）看，上海、北京和天津火力发电量占本地总发电量的比重超过 90%，分别为 95.6%、94.9% 和

93.4%。重庆、湖北、四川的火力发电量占本地总发电量的比重较 2021 年分别提高 7.2 个百分点、6.5 个百分点、1.5 个百分点，而黑龙江、吉林、福建的火力发电量占本地总发电量的比重较 2021 年分别下降 7.9 个百分点、7.2 个百分点、6.5 个百分点（见图 7-18）。

图 7-17　2013—2022 年火力发电量占全国总发电量的比重

来源：中国电力企业联合会。

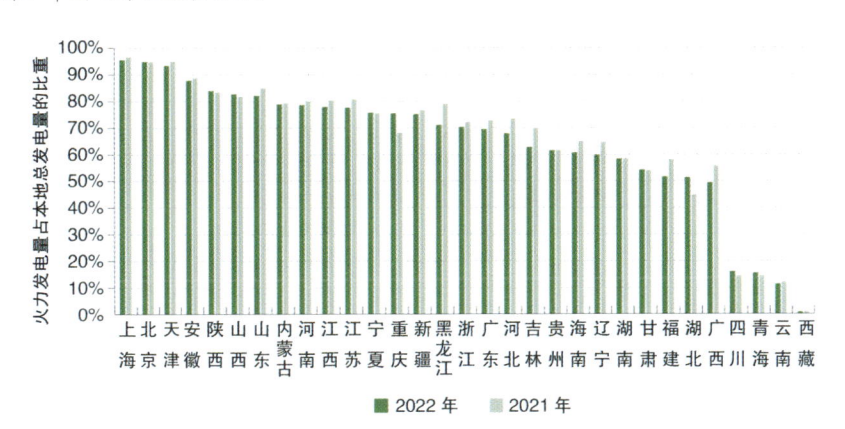

图 7-18　2021—2022 年各省（自治区、直辖市）火力发电量占本地总发电量的比重

来源：中国电力企业联合会。

三、水电生产

1. 水电创"十三五"以来投产新高

2022年，全国新增水电并网装机量2387万千瓦，同比增长1.6%，其中抽水蓄能装机量同比增长69.2%。截至2022年年底，全国水电累计装机量约为4.1亿千瓦，同比增长5.8%，占全部装机量的16.1%，其中抽水蓄能装机量为4579万千瓦，同比增长25.8%。2013—2022年水电装机量、新增装机量及增速如图7-19所示。

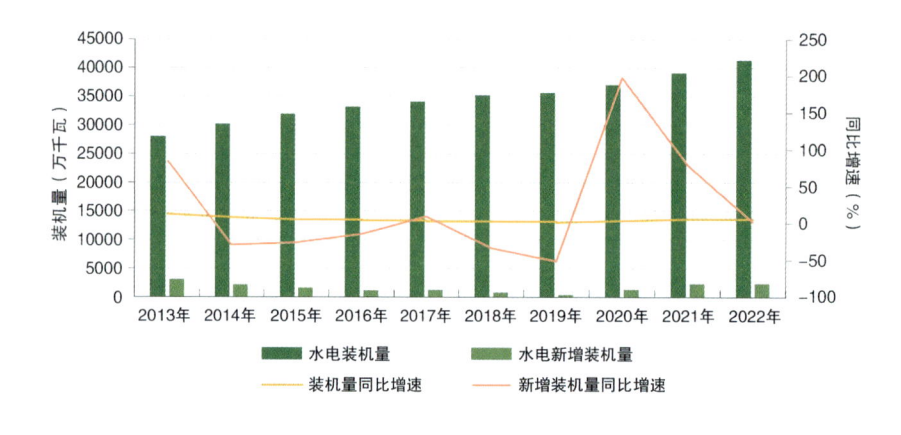

图7-19　2013—2022年水电装机量、新增装机量及同比增速

来源：中国电力企业联合会。

在"双碳"目标的指引下，水电行业发展进程提速。全年新增水电装机量较多的省份为四川（731万千瓦）、云南（507万千瓦），占全国新增水电装机量的51.9%，2022年各省（自治区、直辖市）水电装机量及同比增速如图7-20所示。

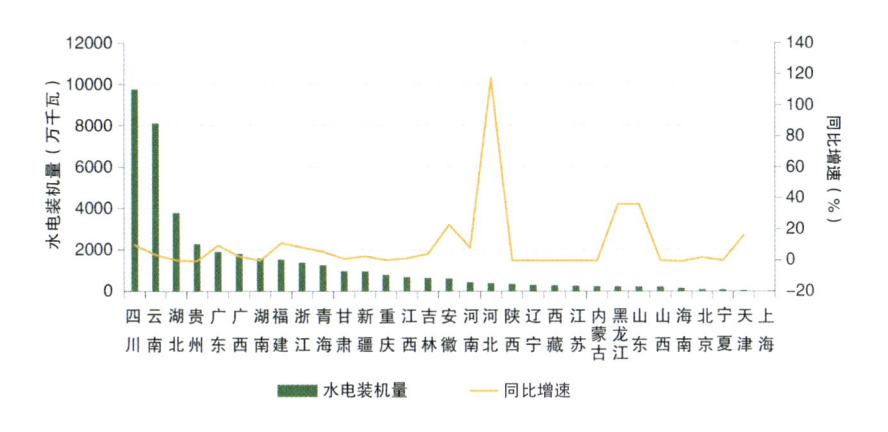

图 7-20　2022 年各省（自治区、直辖市）水电装机量及同比增速

来源：中国电力企业联合会。

2. 水力发电量同比小幅增长

2022 年，受长时间极端高温少雨天气等因素的影响，水力发电量为 1.36 万亿千瓦时，同比小幅增长 1.1%，低于装机量增幅（见图 7-21）。分省（自治区、直辖市）看，四川、云南、湖北、贵州和广西的水力发电量位居全国前 5，其合计发电量占全国水电发电量的 62.5%（见图 7-22）。2022 年，全国主要流域水能利用率约为 98.7%，同比提高 0.8 个百分点。

图 7-21　2013—2022 年水力发电量及同比增速

来源：中国电力企业联合会。

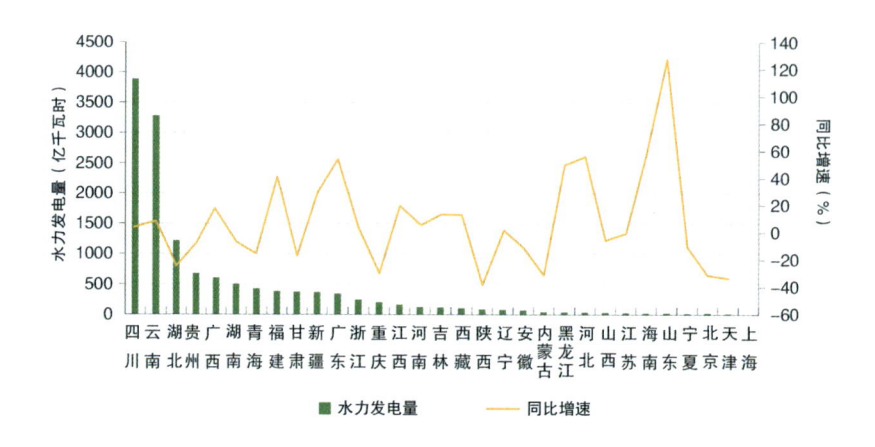

图 7-22　2022 年各省（自治区、直辖市）水力发电量及同比增速

来源：中国电力企业联合会。

3. 水电设备利用小时同比降低

2022 年，全国水电设备平均利用小时为 3412 小时，同比降低 194 小时（见图 7-23）。分省（自治区、直辖市）看，全国有 4 个省（自治区）的水电设备利用小时超过 4000 小时，分别是宁夏（4358 小时）、四川（4213 小时）、云南（4132 小时）和新疆（4025 小时）。2022 年，广西、福建和新疆的水电利用小时增长较多，分别同比增加了 519 小时、552 小时和 686 小时；湖北、

图 7-23　2013—2022 年水电设备利用小时及同比变化量

来源：中国电力企业联合会。

第七章 电力生产与供应

重庆和陕西的水电利用小时降低较多，分别同比降低了 1028 小时、1052 小时和 1409 小时（见图 7-24）。

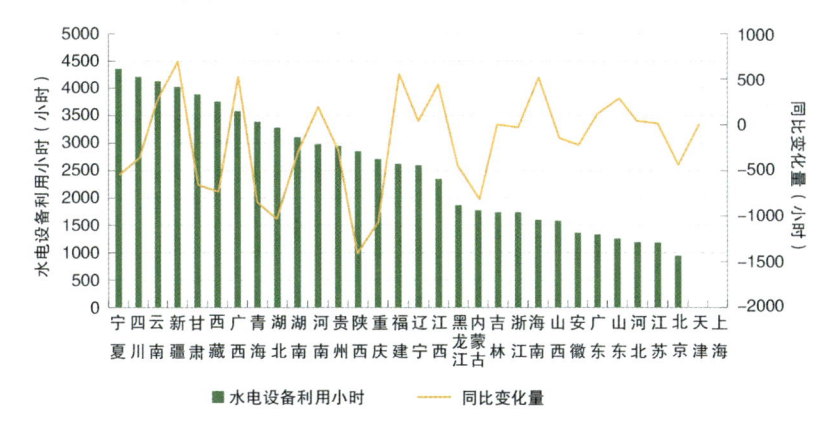

图 7-24　2022 年各省（自治区、直辖市）水电设备利用小时及同比变化量

来源：中国电力企业联合会。

4. 水力发电量占全国总发电量的比重小幅下降

2022 年，水力发电量占全国总发电量的比重为 15.6%，较 2021 年降低 0.4 个百分点（见图 7-25）。分省（自治区、直辖市）看，西藏、云南和四川的水力发电量占本地总发电量的比重最高，分别为 83.1%、81.9% 和 80.6%。

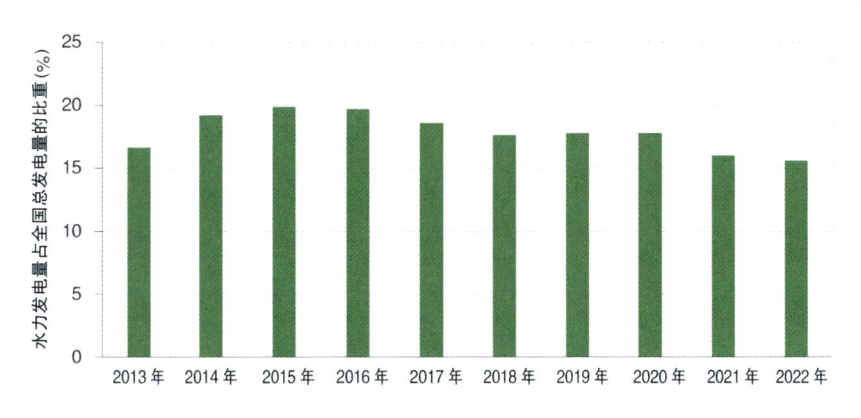

图 7-25　2013—2022 年水力发电量占全国总发电量的比重

来源：中国电力企业联合会。

广西、福建、海南的水力发电量占本地总发电量的比重较 2021 年分别提高 4.1 个百分点、3.2 个百分点、2.3 个百分点，而湖北、重庆、青海较 2021 年分别下降 9.3 个百分点、8.4 个百分点、8.0 个百分点（见图 7-26）。

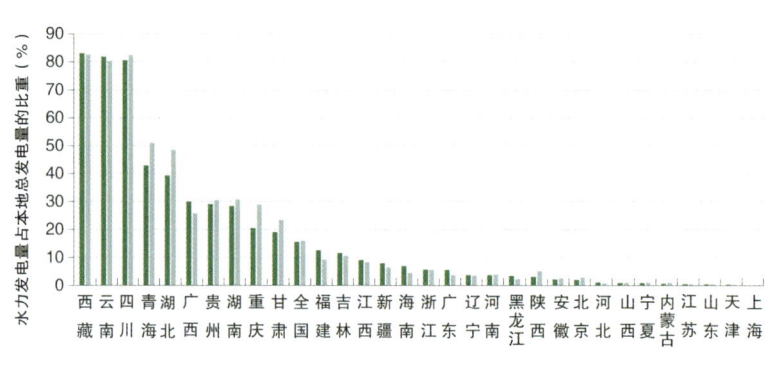

图 7-26　2021—2022 年各省（自治区、直辖市）水力发电量占本地总发电量的比重

来源：中国电力企业联合会。

四、核电生产

1. 核电装机规模继续增长

2022 年，全国新增核电装机量为 228 万千瓦。截至 2022 年年底，全国核电装机量为 5553 万千瓦，同比增长 4.3%，占全部装机量的 2.2%（见图 7-27）。截至 2022 年年底，全国八大核电装机省（自治区）分别是广东（1614 万千瓦）、福建（1101 万千瓦）、浙江（913 万千瓦）、江苏（661 万千瓦）、辽宁（668 万千瓦）、山东（250 万千瓦）、广西（217 万千瓦）和海南（130 万千瓦）。

2. 核电全年发电量同比增长

2022 年，全国核电发电量为 4178 亿千瓦时，同比增长 2.5%。核电发电量的增长受全国不断增长的电力需求、不断加强的环保意识、化石燃料价格及供应波动等因素的影响。由于近几年新建核电项目的减少，核能发电量增速自 2015 年以来整体呈持续下降趋势（见图 7-28）。分省（自治区）看，广东核能发电量同比降低 4.6%，但仍保持在千亿千瓦时水平，达到 1149 亿千瓦时；江苏、辽宁核能发电量增长较快，较 2021 年分别同比增长 8.3%和 12.9%。2022 年各省（自治区）核能发电量及同比增速如图 7-29 所示。

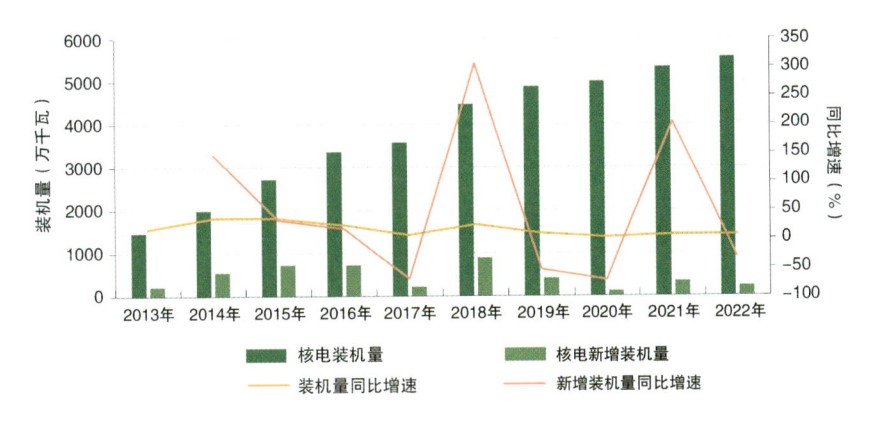

图 7-27　2013—2022 年核电装机量、新增装机量及同比增速

来源：中国电力企业联合会。

图 7-28　2013—2022 年核能发电量及同比增速

来源：中国电力企业联合会。

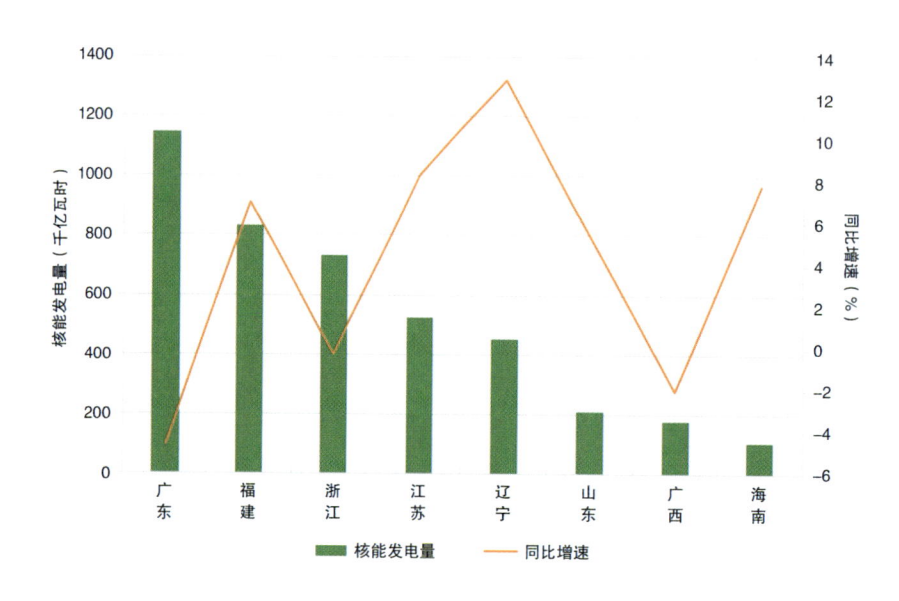

图 7-29　2022 年各省（自治区）核能发电量及同比增速

来源：中国电力企业联合会。

3. 核电设备利用小时同比减少

2022 年，核电设备利用小时为 7616 小时，同比减少 186 小时（见图 7-30）。分省（自治区）看，山东、广西、海南和浙江的核电设备利用小时都超过 8000 小时，分别为 8263 小时、8177 小时、8095 小时和 8005 小时；辽宁、江苏、福建、广东的核电设备利用小时分别为 7276 小时、7954 小时、7700 小时和 7118 小时。辽宁、广东的核电设备利用小时减少较多，分别减少 751 小时、344 小时；海南、山东的核电设备利用小时增加较多，分别增加 586 小时、396 小时（见图 7-31）。

4. 核能发电量占全国总发电量的比重小幅下降

2022 年，核能发电量占全国总发电量的比重为 4.8%，较 2021 年降低了 0.1 个百分点（见图 7-32）。分省（自治区）看，福建、海南、辽宁和广东的核能发电量占本地总发电量的比重最高，分别为 27.1%、25.7%、21.0% 和 18.4%。辽宁的核能发电量占本地总发电量的比重较 2021 年提高了 2.5 个百分点，而广东、浙江、广西较 2021 年则分别下降了 1.1 个百分点、0.5 个百分点、0.3 个百分点（见图 7-33）。

图 7-30　2013—2022 年核电设备利用小时及同比变化量

来源：中国电力企业联合会。

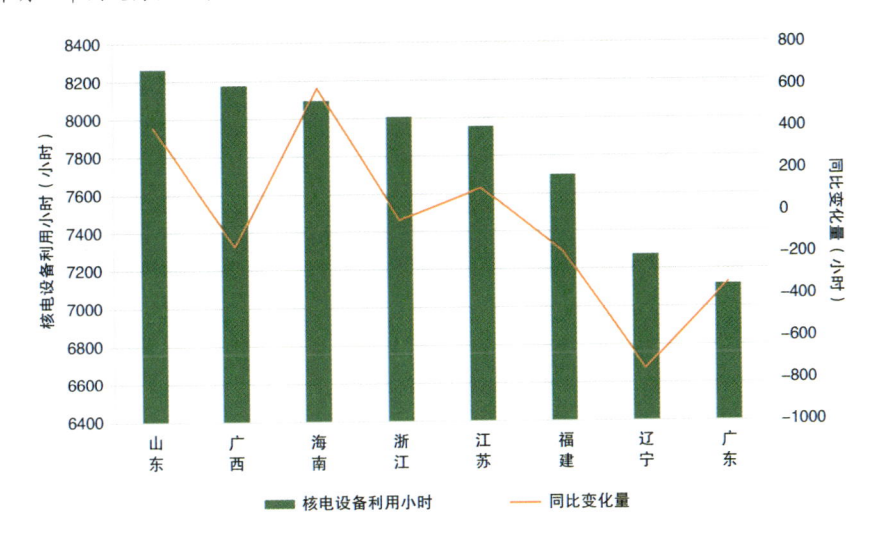

图 7-31　2022 年各省（自治区）核电设备利用小时及同比变化量

来源：中国电力企业联合会。

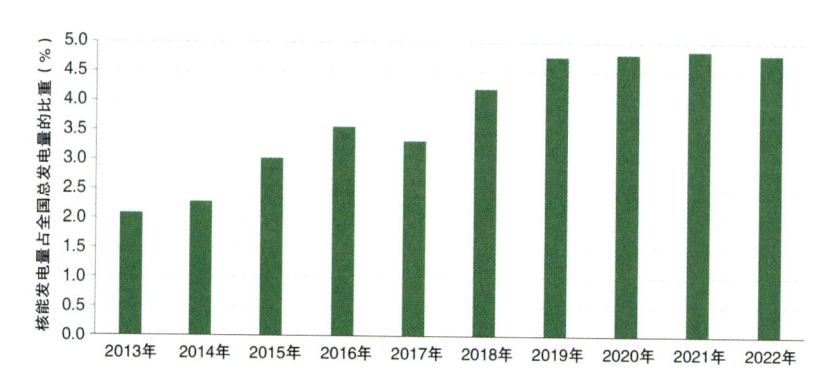

图 7-32　2013—2022 年核能发电量占全国总发电量的比重

来源：中国电力企业联合会。

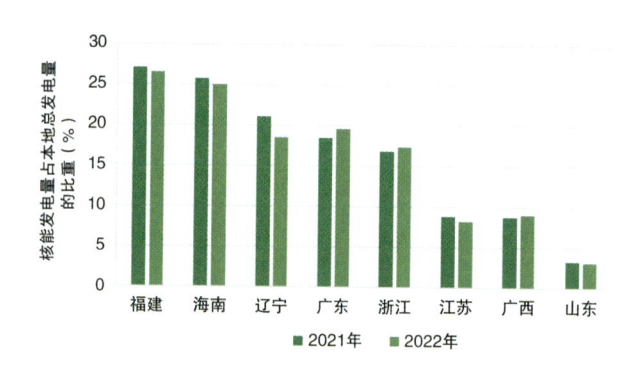

图 7-33　2021—2022 年各省（自治区）核能发电量占本地总发电量的比重

来源：中国电力企业联合会。

五、风电生产

1. 风电装机量保持两位数增长，新增并网规模有所回落

截至 2022 年年底，全国并网风电装机量达 3.7 亿千瓦（含陆上风电装机量 33498 万千瓦、海上风电装机量 3046 万千瓦），同比增长 11.2%，占全部装机量的 14.3%，风电装机量保持世界第一。2022 年，全国风电新增并

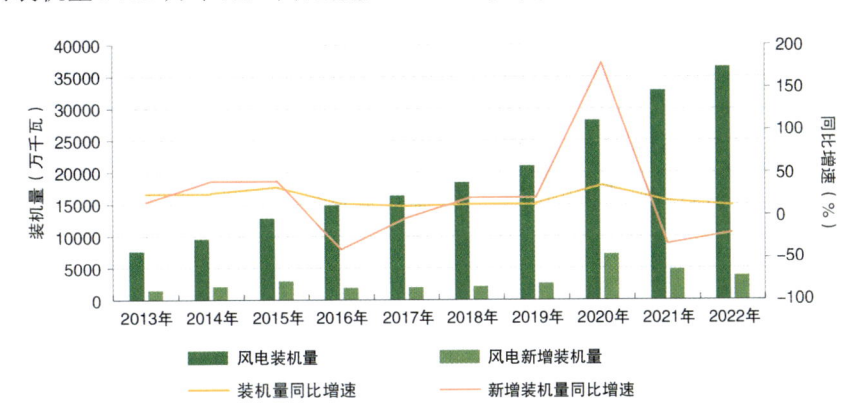

网装机量 3763 万千瓦，同比减少 21.0%（见图 7-34）。

图 7-34　2013—2022 年风电装机量、新增装机量及同比增速

来源：中国电力企业联合会。

从新增风电装机分布看，中东部和南方地区风电新增装机量占风电总新增装机量的比重约 36%，"三北"地区约占 64%，风电开发布局进一步转向风资源富集地区。截至 2022 年年底，全国前十大风电装机省（自治区）分别是内蒙古（4548 万千瓦）、河北（2797 万千瓦）、新疆（2614 万千瓦）、山西（2318 万千瓦）、山东（2302 万千瓦）、江苏（2254 万千瓦）、甘肃（2073 万千瓦）、河南（1903 万千瓦）、宁夏（1457 万千瓦）、广东（1357 万千瓦）（见图 7-35）。

2. 风力发电量大幅提升，平均利用率略降

2022 年，风力发电量为 7624 亿千瓦时，同比增长 16.3%（见图 7-36）。分省（自治区）看，内蒙古风力发电量突破 1000 亿千瓦时，达到 1077 亿千瓦时；江苏、河北和新疆风力发电量都超过 500 亿千瓦时，分别达到 513 亿千瓦时、587 亿千瓦时和 588 亿千瓦时；发电量增速方面，浙江、广东和西藏增速较快，较 2021 年同期分别增长了 93.6%、96.8% 和 520.5%（见图 7-37）。

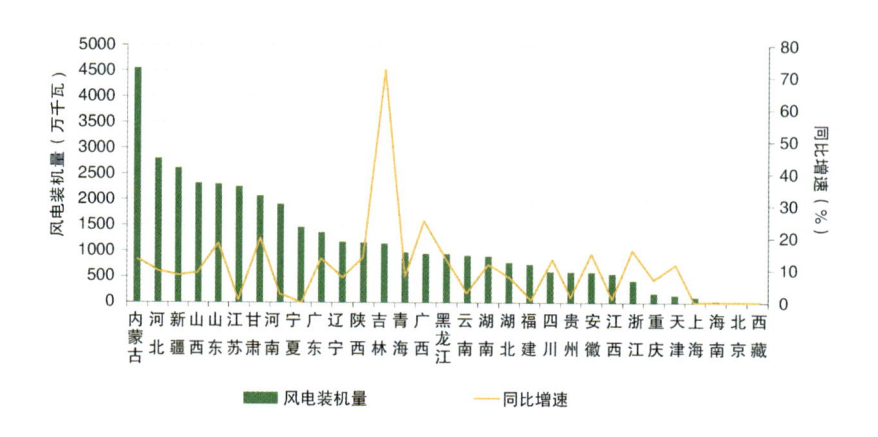

图 7-35　2022 年各省（自治区、直辖市）风电装机量及同比增速

来源：中国电力企业联合会。

图 7-36　2013—2022 年风电发电量及同比增速

来源：中国电力企业联合会。

2022 年，全国风电平均利用率为 96.8%，比 2021 年同期下降 0.1 个百分点。新疆、青海和蒙西地区的风电利用率同比显著提升，分别达到 92.9%、95.4%、92.7%，分别同比提升 1.8 个百分点、2.7 个百分点和 3.4 个百分点；甘肃和蒙东地区的风电利用率下降较多，分别为 93.8% 和 90.0%，分别同比下降 2.1 个百分点和 7.6 个百分点（见图 7-38）。

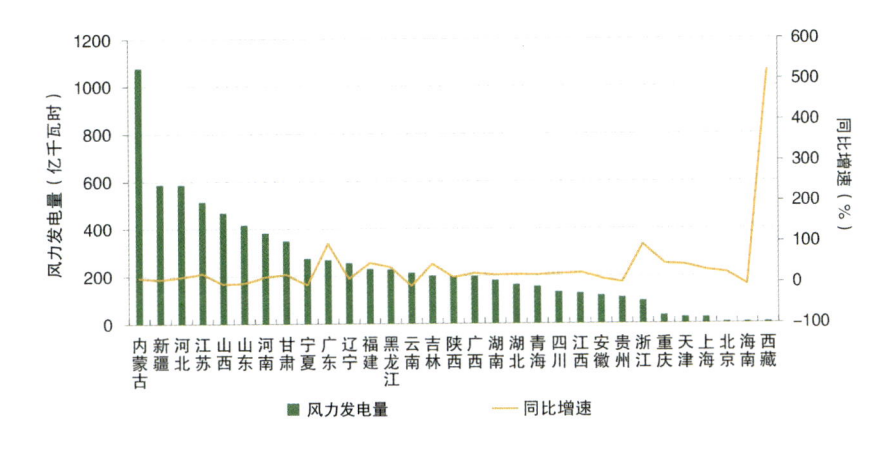

图 7-37　2022 年各省（自治区、直辖市）风力发电量及同比增速

来源：中国电力企业联合会。

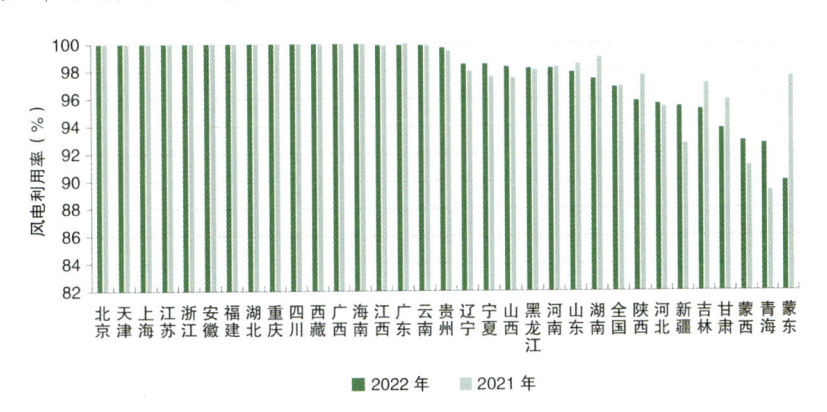

图 7-38　2022 年和 2021 年各省（自治区、直辖市）风电利用率

来源：全国新能源消纳监测预警中心。

3. 风电设备利用小时同比下降

2022 年，全国风电设备利用小时为 2221 小时，同比减少 9 小时（见图 7-39）。全国风电设备利用小时较高的省（自治区）分别是福建（3132 小时）、西藏（3044 小时）。西藏风电设备利用小时增长最快，同比增长 1115 小时；山西风电设备利用小时下降最快，同比下降 303 小时（见图 7-40）。

图 7-39 2013—2022 年风电设备利用小时及同比变化量

来源：中国电力企业联合会。

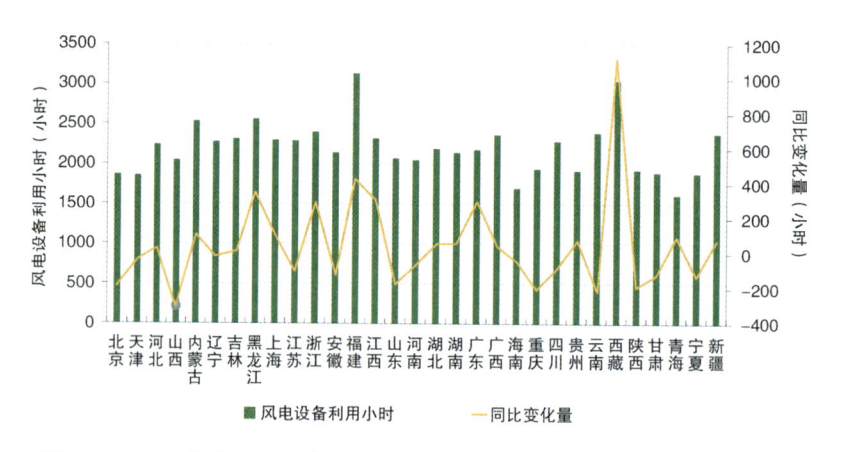

图 7-40 2022 年各省（自治区、直辖市）风电设备利用小时及同比变化量

来源：中国电力企业联合会。

4. 风力发电量占全国总发电量的比重稳步提升

2022 年，风力发电量占全国总发电量的比重为 8.8%，较 2021 年提高 1 个百分点（见图 7-41）。分省（自治区）看，吉林、黑龙江、甘肃和河北的风力发电量占本地总发电量的比重最高，分别为 19.8%、19.4%、17.7% 和 17.6%。吉林、黑龙江、甘肃、青海的风力发电量占本地总发电量的比重提升较快，分别较 2021 年提高 5.7%、5.3%、2.7% 和 2.6%（见图 7-42）。

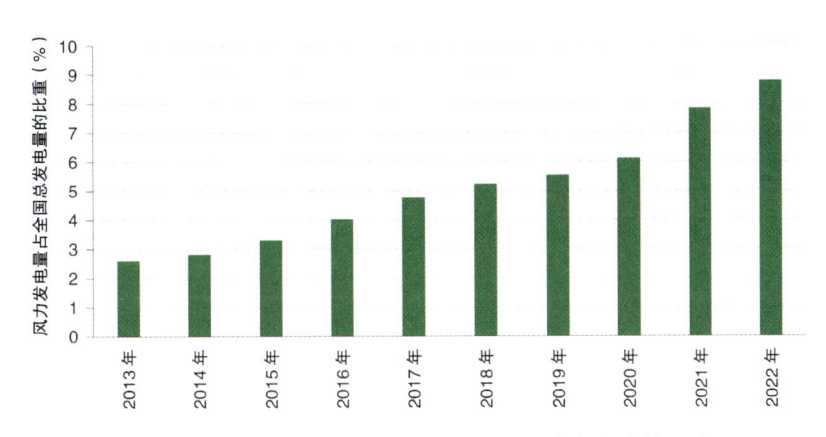

图 7-41　2013—2022 年风力发电量占全国总发电量的比重

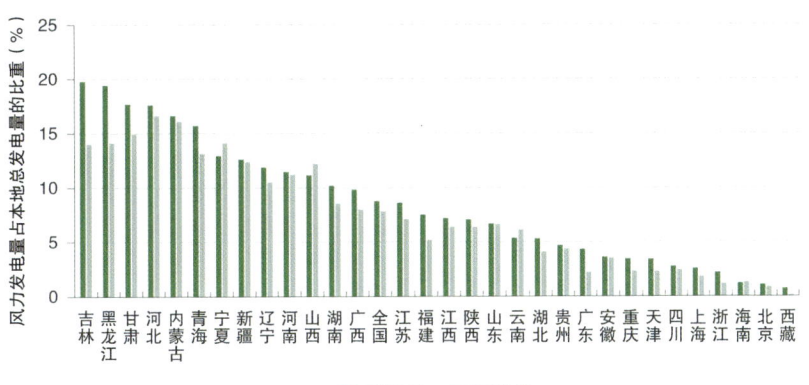

来源：中国电力企业联合会。

图 7-42　2022 年和 2021 年各省（自治区、直辖市）风力发电量占本地总发电量的比重

来源：中国电力企业联合会。

六、太阳能发电生产

1. 光伏新增装机量为历年最高

2022 年，太阳能发电新增装机量为 8741 万千瓦。截至 2022 年年底，

全国太阳能发电装机量为 3.9 亿千瓦（含光热发电装机量 57 万千瓦），同比增长 25.8%，占全部装机量的 15.3%（见图 7-43）。2021 年 6 月国家能源局正式启动的整县屋顶分布式光伏试点，拉开了分布式光伏大发展的序幕，2022 年光伏新增装机量为历年最高。从新增装机量布局来看，华北、华东和华中地区新增装机量较高，分别占全国新增装机量的 26%、16% 和 15%。

图 7-43 2013—2022 年太阳能发电装机量、新增装机量及同比增速

来源：中国电力企业联合会。

截至 2022 年年底，全国前十大太阳能发电装机省（自治区）分别是山东（4270 万千瓦）、河北（3855 万千瓦）、浙江（2539 万千瓦）、江苏（2508 万千瓦）、河南（2333 万千瓦）、安徽（2154 万千瓦）、青海（1842 万千瓦）、山西（1696 万千瓦）、广东（1590 万千瓦）、宁夏（1584 万千瓦）（见图 7-44）。

2. 太阳能发电量增长提速，平均利用率略增

2022 年，太阳能发电量为 4276 亿千瓦时，同比增长 30.8%（见图 7-45）。分省（自治区、直辖市）看，河北、山东的太阳能发电量突破 400 亿千瓦时，分别达到 443 亿千瓦时和 462 亿千瓦时；增速方面，广西、河南、福建、湖北和河北的太阳能发电量增速较快，较 2021 年分别增长 50.4%、51.7%、52.4%、55.4% 和 58.5%（见图 7-46）。

图 7-44　2022 年各省（自治区、直辖市）太阳能发电装机量及同比增速

来源：中国电力企业联合会。

图 7-45　2013—2022 年太阳能发电量及同比增速

来源：中国电力企业联合会。

2022 年，全国光伏平均利用率为 98.3%，比 2021 年增长 0.3 个百分点（见图 7-47）。蒙西、青海的光伏利用率同比提升较多，分别达到 97.4%、91.1%，分别同比提高 0.9 个百分点和 4.9 个百分点；蒙东、新疆的光伏利用率下降较多，分别为 98.6%、97.2%，分别同比下降 0.8 个百分点和 1.1 个百分点。

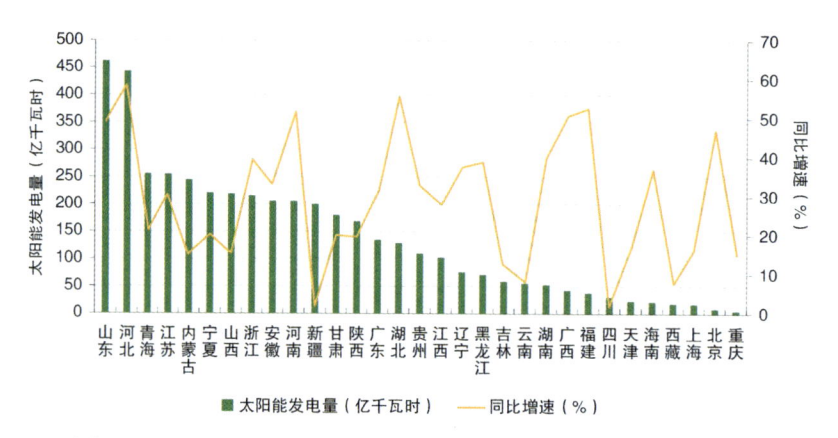

图 7-46　2022 年各省（自治区、直辖市）太阳能发电量及同比增速

来源：中国电力企业联合会。

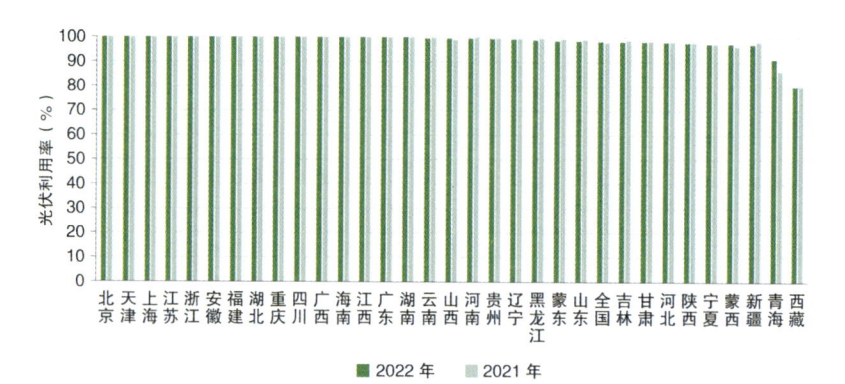

图 7-47　2021—2022 年各省（自治区、直辖市）的光伏利用率

来源：全国新能源消纳监测预警中心。

3. 太阳能发电设备利用小时同比增长

2022 年，太阳能发电设备利用小时为 1337 小时，同比增长 56 小时（见图 7-48）。分省（自治区、直辖市）看，黑龙江、吉林和内蒙古的太阳能发电设备利用小时超过 1600 小时。河北的太阳能发电设备利用小时增长最快，同比增长 222 小时；广东的太阳能发电设备利用小时下降最快，同比降低 241 小时（见图 7-49）。

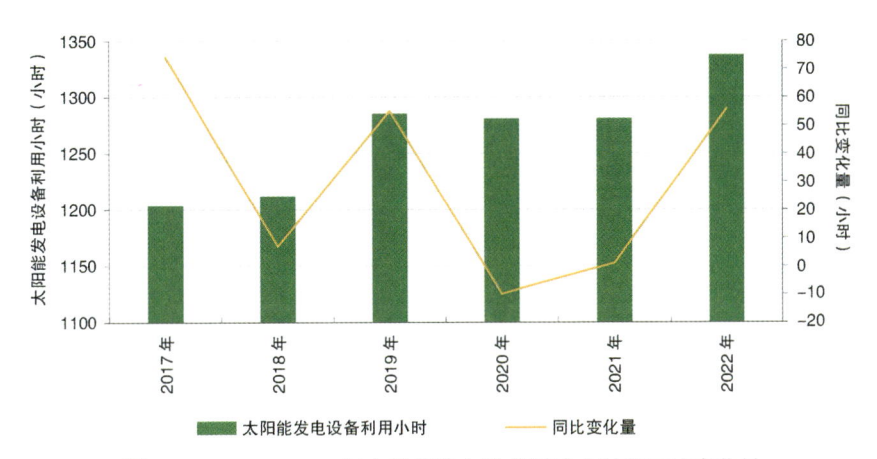

图 7-48 2017—2022 年太阳能发电设备利用小时及同比变化量

来源：中国电力企业联合会。

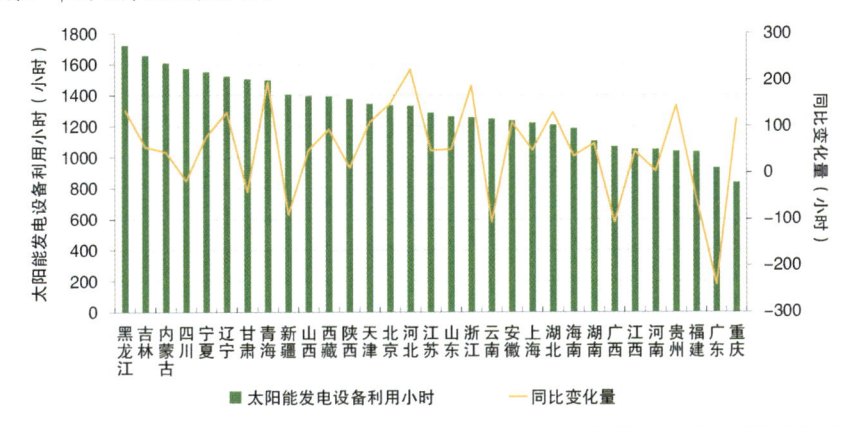

图 7-49 2022 年各省（自治区、直辖市）太阳能发电设备利用小时及同比变化量

来源：中国电力企业联合会。

4. 太阳能发电量占全国总发电量的比重稳步提升

2022 年，太阳能发电量占全国总发电量的比重为 4.9%，较 2021 年提高 1 个百分点（见图 7-50）。分省（自治区、直辖市）看，青海、西藏、河北和宁夏的太阳能发电量占本地总发电量的比重均超过 10%，分别为 25.8%、14.6%、13.3% 和 10.4%。青海、河北、山东的太阳能发电量占本地总发电量的比重提升较快，分别 2021 年提高 4.5 个百分点、4.2 个百分点和 2.4 个百分点（见图 7-51）。

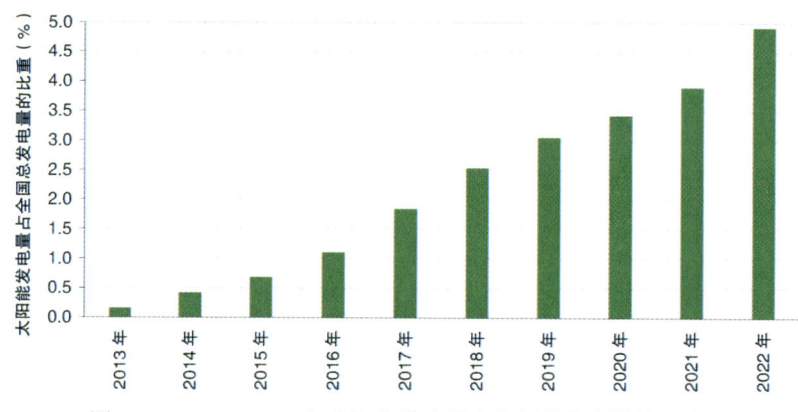

图 7-50 2013—2022 年太阳能发电量占全国总发电量的比重

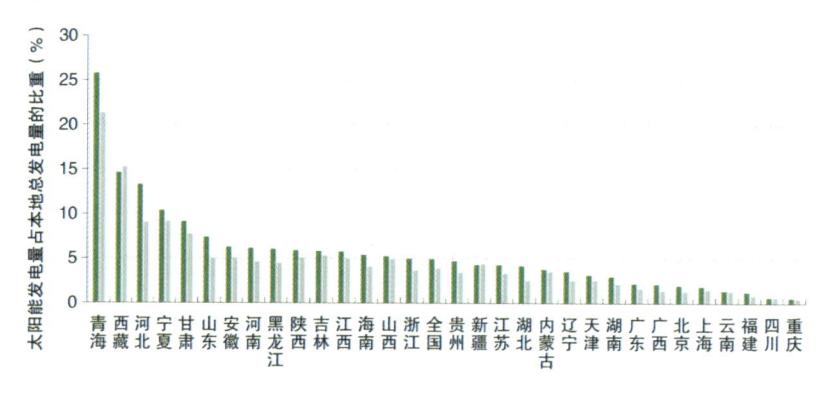

来源：中国电力企业联合会。

图 7-51 2022 年和 2021 年各省（自治区、直辖市）太阳能发电量占本地总发电量的比重

来源：中国电力企业联合会。

七、生物质发电生产

1. 发电装机量不断扩大

2022 年，生物质发电新增装机量为 385 万千瓦，占全国新增可再生能

源发电装机量的 2.5%；截至 2022 年年底，生物质发电累计装机量达 4132 万千瓦，同比增长 8.5%，占全国可再生能源发电装机量的 3.4%。其中，生活垃圾焚烧、农林生物质和沼气发电累计装机量分别达 2386 万千瓦、1623 万千瓦和 122 万千瓦。政府出台的多项行业配套政策提供强有力的支持，技术成熟度逐步上升，这些都促进了生物质发电的扩张建设。生物质发电累计装机量排名前五的省份是广东、山东、江苏、浙江和黑龙江，分别为 422 万千瓦、411 万千瓦、297 万千瓦、284 万千瓦和 259 万千瓦；新增装机量排名前五的省（自治区）是广东、黑龙江、辽宁、广西和河南，分别为 45 万千瓦、37 万千瓦、33 万千瓦、26 万千瓦和 24 万千瓦。

2. 年发电量继续稳步增长

2022 年，生物质发电量为 1838 亿千瓦时，同比增长 10.9%。其中，生活垃圾焚烧、农林生物质和沼气发电累计发电量分别为 1268 亿千瓦时、517 亿千瓦时和 39 亿千瓦时，分别同比增长 17.0%、0.2% 和 5.0%。受益于乡村振兴注入发展活力、"双碳"目标助推全额消纳及新型电力系统赋能等多重利好，生物质发电地位不断提高。生物质发电量占可再生能源发电量的比重从 2012 年的 3.4% 上升至 2022 年的 6.8%，占比呈逐年稳步上升态势，生物质发电正逐渐成为我国可再生能源发电中的新生力量。年发电量排名前五的省份是广东、山东、浙江、江苏和安徽，分别为 217 亿千瓦时、185 亿千瓦时、145 亿千瓦时、136 亿千瓦时和 124 亿千瓦时。

第八章　电力工程建设与投资

近 10 年来，在市场需求导向下，我国电力工程建设投资规模总体呈现稳步上升趋势，"十二五"期间年均投资约 7800 亿元人民币，"十三五"期间年均投资约 8800 亿元人民币。2019 年以来，电力工程建设投资额连续增长，2022 年全国全口径电力工程建设投资额达 1.22 万亿元人民币，同比增长 13.3%，投资额及增速均达到近十多年来的最高水平（见图 8-1）。

图 8-1　2013—2022 年电力工程建设投资情况及同比增速

来源：中国电力企业联合会。

第八章 电力工程建设与投资

一、电源工程建设

1. 电源工程建设扎实推进

2022年，全年电源工程建设投资额达7208亿元人民币，同比增长22.8%，其中水电投资额863亿元人民币，同比降低26.5%；火电投资额909亿元人民币，同比增长28.4%；核电投资额677亿元人民币，同比增长25.7%；风电投资额1960亿元人民币，同比降低24.3%。2017年以来，电源工程建设投资额连续增长，自2020年起，电源工程建设投资额在电力总投资额中的占比超过电网工程建设，2022年电源工程建设投资额占电力总投资额的比重为59.0%，较2021年增加6.2个百分点。

2. 火电及核电投资额保持两位数增长

2013—2022年电源工程建设投资情况及同比增速如图8-2所示。由于限电等电力系统安全性问题逐步暴露，传统电源的"压舱石"地位重新被人

图8-2　2013—2022年电源工程建设投资情况及同比增速

来源：中国电力企业联合会。

们认识，电力系统新旧转换期间需要传统电源和绿电互补协同发展，煤电投资及核电投资重新提速。水电开发程度已经处于较高水平，再加上"十二五"期间开发力度超预期，水电投资额大幅下降。风电经历 2021 年年底海上风电抢装潮之后，海上风电建设有所减退，受产业链部分环节供应偏紧等因素影响，2022 年风电装机不及预期，导致风电投资额下滑显著。

二、电网工程建设

1. 电网工程建设稳定恢复

2022 年，电网工程建设投资额达 5012 亿元人民币，同比增长 2.0%，电网工程建设投资额占电力总投资额的比重为 41.0%，较 2021 年降低 6.2 个百分点（见图 8-3）。从近 10 年数据看，电网工程建设投资额在电力总投资额中的占比在"十二五"期间整体呈上升趋势，"十三五"期间整体呈下降趋势。2022 年随着国内疫情防控形势趋于缓和、全面复工复产，特高压工程、抽水蓄能等项目实现大规模重启，电网工程建设投资额创近 3 年新高。

图 8-3　2013—2022 年电网工程建设投资情况及同比增速

来源：中国电力企业联合会。

2. 特高压工程建设持续加速

受新冠疫情等多种因素影响，2022 年特高压投资不及预期。但从 2016 年至 2022 年来看，特高压工程建设不断提速，累计线路长度由 16937 千米快速提升至 446134 千米。据国家电网数据统计，2016—2022 年国家电网特高压跨区跨省输送电量逐渐增长，增长幅度有所加大，2022 年国家电网特高压跨区跨省输送电量达 28346.11 亿千瓦时。作为打破我国资源禀赋约束、构建新型电力系统的重要一环，特高压未来发展可期。

3. 电网更大范围内优化资源配置的能力显著增强

截至 2022 年年底，全国电网 220 千伏及以上输电线路回路长度、公用变电设备容量分别为 87.6 万千米和 51.3 亿千伏安，分别同比增长 2.6% 和 3.4%。其中，输电线路回路直流部分和交流部分同比分别增长 6.3% 和 2.4%（见图 8-4），公用变电设备容量的直流部分和交流部分分别同比增长 3.7% 和 3.4%。2022 年，全国基建新增 220 千伏及以上输电线路长度和变电设备容量分别为 3.9 万千米和 2.6 亿千伏安，分别同比增长 21.2% 和 6.3%，其中，新增输电线路长度直流部分同比减少 21.7%、交流部分同比增长 25.4%。

图 8-4　2013—2022 年线路回路长度、公用变电设备容量及同比增速

来源：中国电力企业联合会。

三、重点投产工程

2022年3月,国家能源局发布《2022年能源工作指导意见》,提出"积极推进输电通道规划建设""有序推进水电核电重大工程建设"。安徽、广东、贵州、海南、河北、山东、四川等多个省份发布重大项目投资计划清单,建设单位涉及国家电网等多家大型企业。从年初开始,建设单位克服新冠疫情形势、极端天气、电力保供压力等不利影响,统筹发展与安全,统筹保供与转型,统筹疫情防控和复工复产,加快推进电力工程建设,助力稳住经济基本盘,一大批重点工程在年底前实现建设目标(见表8-1)。

其中,世界在建规模最大、综合技术难度最高的大型水电工程白鹤滩水电站全部投产发电,标志着世界最大清洁能源走廊全面建成;500千伏雄安东变电站、220千伏眘西输变电工程、220千伏雄东—眘西线路等工程相继建成投运,雄安新区发展用电需求得到充分保障;建成青海郭隆至甘肃武胜第Ⅲ回750千伏线路工程,不断强化地区电网主网架。此外,服务"双碳"目标重点工程、大型风光基地送出工程、特高压配套工程,以及服务乡村振兴、京津冀协同发展、长三角一体化、东北振兴等重点工程均按计划有序推进。

表8-1 2022年我国投产重点电力工程概况

名称	容量(万千瓦)	投资(亿元人民币)	地点	项目特色	目前状态
白鹤滩水电站	1600	2200	四川、云南交界	装机量全球第二的水电站,我国在长江之上全面建成的世界最大的清洁能源走廊	全部机组投产发电
白鹤滩—江苏±800千伏特高压直流输电工程	800	307	途经四川、重庆、湖北、安徽、江苏	全球首个混合级联特高压直流工程,在世界上首次研发"常规直流+柔性直流"的混合级联特高压直流输电技术	竣工投产

第八章 电力工程建设与投资

续表

名称	容量（万千瓦）	投资（亿元人民币）	地点	项目特色	目前状态
白鹤滩—浙江±800千伏特高压直流输电工程	800	299	途经四川、重庆、湖北、安徽、浙江	"十四五"期间国家重点工程，白鹤滩水电站电力外送通道工程全部竣工投产	竣工投产
闽粤电力联网工程	200	32	福建、广东	福建、广东两省电网首次实现互联互通	竣工投产
荆门—武汉1000千伏交流特高压输变电工程	—	65	湖北	推动湖北电网向送受端并存、交直流混联的大电网转型升级	投产送电
雄东—昝西220千伏线路工程、昝西220千伏变电站新建工程	—	15	河北	首条长期服务雄安新区的电力主送通道，国内最长、容纳电压等级最多、土方开挖量最大的明挖双舱电缆隧道工程	正式投运
青海郭隆至甘肃武胜第三回750千伏线路工程	—	8.08	途经青海、甘肃	进一步强化西北电网网架结构	建成投运
山东能源渤中海上风电A场址工程	50	66.85	山东	全国首批、山东首个平价海上风电项目，首次实现海缆与油气管道交越，为国内单体规模最大、一次性建成的智慧化、数字化风场	全容量并网发电
雅砻江两河口水电站	300	约85	四川	我国第一高土石坝水电站，我国海拔最高的百万千瓦级水电站	全部机组投产发电
苏洼龙水电站	120	178.9	西藏、四川交界	共安装4台单机容量为30万千瓦的立轴混流式发电机组	全部机组投产发电
中核集团华龙一号示范工程	232.2	—	福建	全指标和技术性能达到国际三代核电技术的先进水平，具有完整自主知识产权	全面建成投运
红沿河核电站	671	约800	辽宁	东北地区首座核电站，我国目前在运装机量最大的核电站	一期和二期工程机组全面投产

续表

名称	容量（万千瓦）	投资（亿元人民币）	地点	项目特色	目前状态
南阳—荆门—长沙1000千伏特高压交流工程	—	5.8	起于南阳1000千伏变电站，终至唐河县与枣阳市交界	工程投运后将显著提升鄂豫、鄂湘断面省间电力交换能力，对促进华中地区经济社会发展意义重大	正式投运
钦州产业园区孔雀湾大道中段（金鼓江东支流北岸—马莱大道）工程	366	39	起于孔雀湾大道，终至锦绣大道	建设220千伏茶花、金秀等44项工程，新建线路1499千米	竣工投产
防城港市生活垃圾焚烧发电项目二期工程	5000	2.65	广西防城港市	二期项目在一期项目的基础上新建一条500吨/天的垃圾焚烧生产线，采用国际先进的炉排炉焚烧工艺及烟气净化技术，垃圾焚烧处理能力为1000吨/天	竣工投产
金上—湖北±800千伏特高压直流输电工程，通山抽蓄电站	400	427	西藏、四川、重庆、湖北4省（直辖市、自治区）	采用我国自主研发的特高压直流多端级联新技术，第一个进入川藏高原腹地的特高压直流工程，首次面临地域"无人区"和技术"无人区"的双重挑战，需要突破国际现有高压输电技术、设备和施工能力的极限，使川藏高原清洁能源大开发成为可能	新开工
甘孜—天府南—成都东1000千伏特高压工程	1205	288	起于康定市呷巴乡甘孜1000千伏变电站，终至泸定县	工程包含甘孜—天府南、天府南—成都东、天府南—铜梁3段1000千伏线路，新建双回特高压线路658千米	新开工

来源：由国家能源集团技术经济研究院整理。

第九章 电力市场交易

一、市场运行情况

市场主体数量快速增加，市场交易电价上浮。 2022年，在全国各电力交易机构注册的市场主体数量超过60万家，同比增长29.0%，市场主体数量创历史新高；2022年，全国燃煤发电机组市场平均交易价格达0.449元人民币/千瓦时，较全国平均基准电价（约0.4元人民币/千瓦时）上浮约18.3%，部分缓解了煤电企业亏损局面。

全国市场交易电量继续保持快速增长。 2022年，全国各电力交易中心累计组织完成市场交易电量约5.3万亿千瓦时，同比增长39%，占全社会用电量的比重为60.8%，同比提高15.4个百分点（见图9-1）。省内交易电量合计约4.2万亿千瓦时，其中电力直接交易电量4.01万亿千瓦时（含绿色电力交易电量227.8亿千瓦时、电网代理购电电量8086.2亿千瓦时）、发电权交易电量1908.4亿千瓦时、抽水蓄能交易电量9.6亿千瓦时、其他交易电量122.4亿千瓦时；省间交易电量合计约1.0万亿千瓦时，其中省间电力直接交易电量1266.7亿千瓦时、省间外送交易电量8999.8亿千瓦时、发电权交易电量95.7亿千瓦时。2022年全国电力市场交易结构如图9-2所示。

三大电网市场交易电量创历史新高。 2022年，国家电网区域各电力交易中心累计组织完成市场交易电量4.2万亿千瓦时，同比增长42.7%，占该区域全社会用电量的比重为60.8%，其中北京电力交易中心组织完成省间交易电量合计9609亿千瓦时，同比增长50.6%。南方电网区域各电力交易中心累计组织完成市场交易电量8536.3亿千瓦时，同比增长50.6%，占该

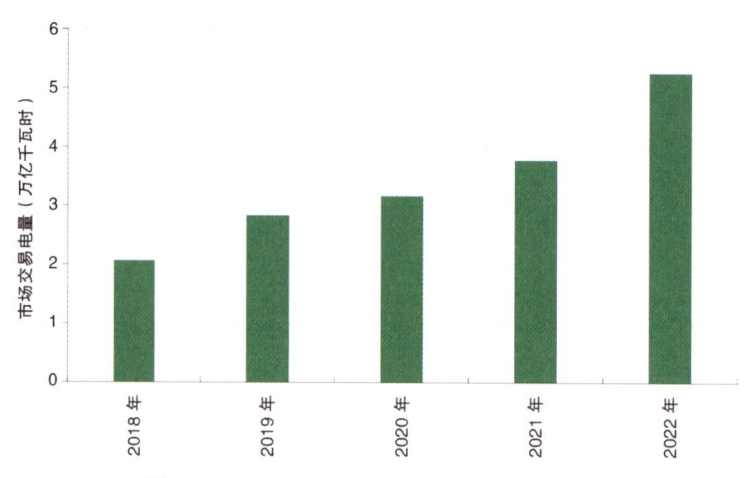

图 9-1　2018—2022 年全国电力市场交易规模

来源：中国电力企业联合会。

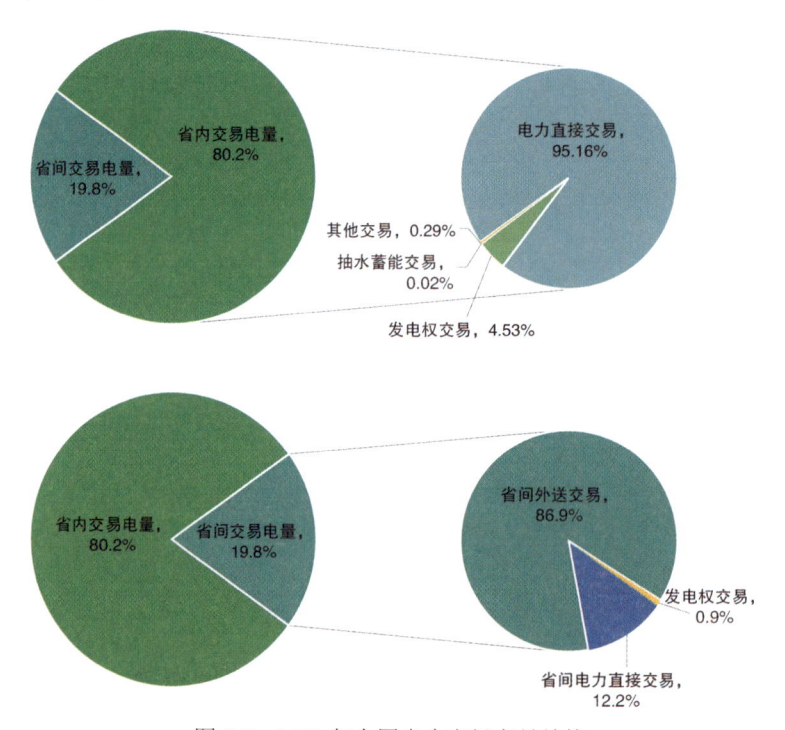

图 9-2　2022 年全国电力市场交易结构

来源：中国电力企业联合会。

第九章 电力市场交易

区域全社会用电量的比重为58.3%,其中广州电力交易中心组织完成省间交易电量合计为753.1亿千瓦时,同比增长50.6%。内蒙古电力交易中心累计组织完成市场交易电量2388.9亿千瓦时,同比增长50.6%,占该区域全社会用电量的比重为71.9%(见图9-3)。浙江、海南、黑龙江、上海、冀北等地市场交易电量增长明显,同比增长100%以上。

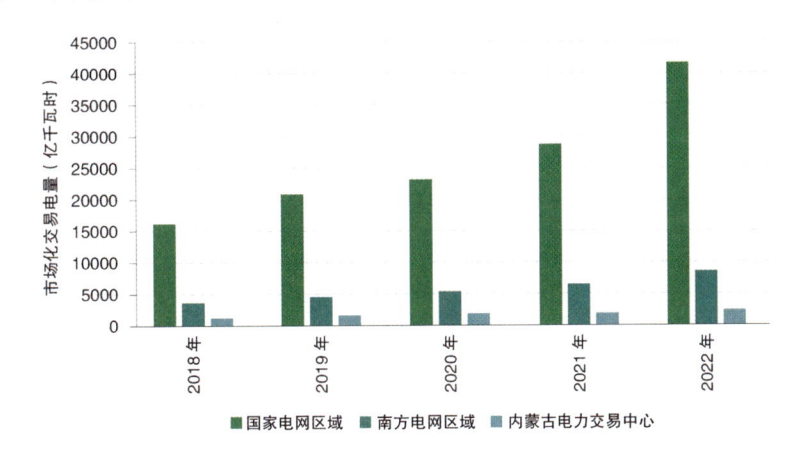

图 9-3　2018—2022 年各区域市场交易规模

来源:中国电力企业联合会。

中长期直接交易电量同比增长超35%。2022年,全国电力市场中长期直接交易电量合计约4.1万亿千瓦时,同比增长36.2%。其中,省内电力直接交易电量合计约4.0万亿千瓦时,省间电力直接交易(外受)电量合计1266.5亿千瓦时,分别占全国电力市场中长期电力直接交易电量的96.9%和3.1%。1—12月,国家电网区域中长期电力直接交易电量合计约3.2万亿千瓦时,同比增长38.5%;南方电网区域中长期电力直接交易电量合计约7367.5亿千瓦时,同比增长28.3%;蒙西电网区域中长期电力直接交易电量合计约2044.7亿千瓦时,同比增长31%(见图9-4)。

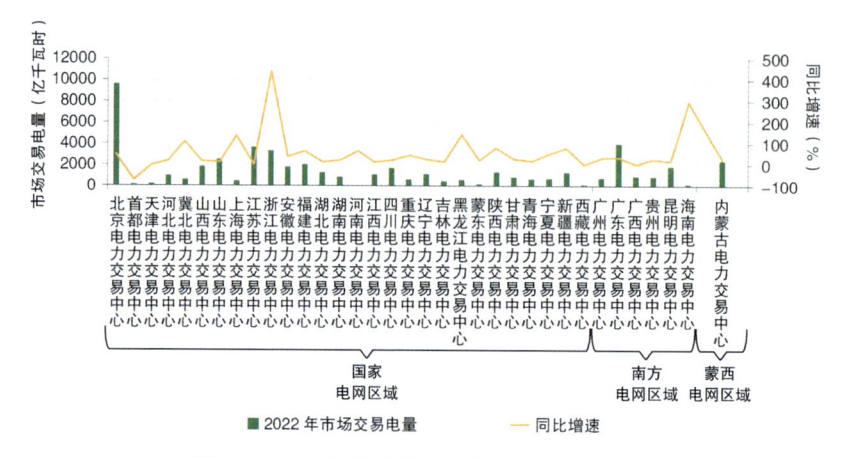

图 9-4　2022 年各电力交易中心市场交易情况

来源：中国电力企业联合会。

二、市场建设成效

1. 全国统一电力市场建设提速

2022 年 1 月 28 日，《国家发展改革委 国家能源局关于加快建设全国统一电力市场体系的指导意见》（以下简称《意见》）发布，《意见》确定总体目标为，到 2025 年，全国统一电力市场体系初步建成，国家市场与省（区、市）/区域市场协同运行，电力中长期、现货、辅助服务市场一体化设计、联合运营，跨省跨区资源市场化配置和绿色电力交易规模显著提高，有利于新能源、储能等发展的市场交易和价格机制初步形成。到 2030 年，全国统一电力市场体系基本建成。2022 年 7 月 23 日，南方电网区域电力市场启动试运行，开启了更短周期、更高频次的跨省跨区电力直接交易，并首次组织海南发电企业与广东售电公司"点对点"中长期交易电量 0.2 亿千瓦时。

2. 电力现货市场管理逐步规范

2022 年 2 月 24 日，国家发展改革委、国家能源局出台《关于加快推进电力现货市场建设工作的通知》，要求"2022年3月底前，第一批试点地区，参与中长期交易的用户侧应全部参与现货交易"。11月25日，国家能源局发布《电力现货市场基本规则（征求意见稿）》（以下简称《规则》），是2017年开启电力现货试点以来的首个国家层面的规则，《规则》旨在规范电力现货市场的运营和管理，依法维护电力市场主体的合法权益，推进统一开放、竞争有序的电力市场体系建设。

3. 绿色电力交易日趋繁荣

2022年1月18日，国家发展改革委等七部门联合发布《促进绿色消费实施方案》，重点指出鼓励行业龙头企业、大型国有企业、跨国公司等消费绿色电力，发挥示范带动作用，推动外向型企业较多、经济承受能力较强的地区逐步提升绿色电力消费比例。国家能源局数据显示，2022年，我国全年核发绿证2060万个，对应电量206.0亿千瓦时，2021年增长135.0%；交易数量达到969万个，对应电量96.9亿千瓦时，2021年增长15.8倍。截至2022年年底，全国累计核发绿证约5954万个，累计交易数量达1031万个，有力推动经济社会绿色低碳转型和高质量发展。

4. 分时电价机制更加合理

自《国家发展改革委关于进一步完善分时电价机制的通知》（发改价格〔2021〕1093号）印发以来，全国各地结合实际，优化分时电价政策。据悉，截至2022年年底，全国绝大部分地区已经更新了分时电价相关政策，江西、河南、山东、湖北、上海等地调整了分时电价政策，优化峰谷电价时间段，进一步扩大峰谷价差。合理拉大峰谷电价价差，引导用户实现错峰用电。用户在低谷时段用电成本会下降，在高峰时段用电成本会有所上升，这符合"谁受益、谁承担"的原则。同时，部分省份的分时电价新规指出，鼓励工商业用户通过配置储能、开展综合能源利用等方式降低高峰时段用电负荷、增加低谷用电量，通过改变用电时段来降低用电成本，进一步利好储能的发展。

5. 辅助服务市场进一步完善

在 2021 年年底国家能源局出台新版"两个细则"之后，2022 年各地能源监管部门着手修订地方的"两个细则"，主要修订内容可以总结为以下几个方面。一是拓宽了"两个细则"的适用范围。参与主体从发电厂扩展为各类并网主体。在调节能力提供方，地方新版"两个细则"引入了用户侧主体，如负荷聚合商、可中断负荷、虚拟电厂、电储能等，提供调峰、调频、备用等辅助服务。二是新增了多种适应新型电力系统需求的辅助服务品种。为适应高比例新能源、高比例电力电子设备接入系统的需要，各地方新版"两个细则"新引入了转动惯量、爬坡、稳定切机、稳定切负荷等辅助服务新品种。三是将电力用户全面纳入辅助服务费用分摊主体。将电力用户纳入辅助服务分摊主体，落实了"谁受益、谁分摊"的辅助服务费用分摊基本原则，使辅助服务成本得到了有效传导，有利于辅助服务市场的健康运行。

第十章 主要政策

一、行业发展政策

1. 增强能源供应链安全性和稳定性，加强能源自主供给能力建设

2022年3月22日，国家发展改革委、国家能源局印发《"十四五"现代能源体系规划》（发改能源〔2022〕210号），提出要推动电力系统向适应大规模高比例新能源方向演进。统筹高比例新能源发展和电力安全稳定运行，加快电力系统数字化升级和新型电力系统建设迭代发展，全面推动新型电力技术应用和运行模式创新，深化电力体制改革。以电网为基础平台，增强电力系统资源优化配置能力，提升电网智能化水平，推动电网主动适应大规模集中式新能源和量大面广的分布式能源发展。加大力度规划建设以大型风光电基地为基础、以其周边清洁高效先进节能的煤电为支撑、以稳定安全可靠的特高压输变电线路为载体的新能源供给消纳体系。建设智能高效的调度运行体系，探索电力、热力、天然气等多种能源联合调度机制，促进协调运行。以用户为中心，加强供需双向互动，积极推动源网荷储一体化发展。

2. 推动可再生能源发展，加快构建新型电力系统

2022年6月1日，国家发展改革委、国家能源局等九部门联合印发的《"十四五"可再生能源发展规划》（发改能源〔2021〕1445号）指出，加快建设可再生能源存储调节设施，强化多元化智能化电网基础设施支撑，提升新型电力系统对高比例可再生能源的适应能力。加强可再生能源发终端直接利用，扩大可再生能源多元化非电利用规模，推动可再生能源规模化制氢利用，促进乡村可再生能源综合利用，多措并举提升可再生能源利用水平。

2022年1月，《国家发展改革委等部门关于进一步提升电动汽车充电基础设施服务保障能力的实施意见》（发改能源规〔2022〕53号）印发，围绕加快推进居住社区充电设施建设安装、提升城乡地区充换电保障能力、加强充电设施运维和网络服务、做好配套电网建设与供电服务等七个方面提出了具体意见，对于指导"十四五"时期充电基础设施发展、推进新型电力系统建设具有重要意义。2022年8月，工业和信息化部等五部门联合印发通知，公布《加快电力装备绿色低碳创新发展行动计划》，以推进能源生产清洁化、能源消费电气化，推动新型电力系统建设，加快电力装备绿色低碳创新发展。2022年12月，中共中央、国务院印发《扩大内需战略规划纲要（2022—2035年）》，提出要加强能源基础设施建设。提升电网安全和智能化水平，优化电力生产和输送通道布局，完善电网主网架布局和结构，有序建设跨省跨区输电通道重点工程，积极推进配电网改造和农村电网建设，提升向边远地区输配电能力。统筹推进现役煤电机组超低排放和节能改造，提升煤电清洁高效发展水平。

2022年2月10日，《国家发展改革委 国家能源局关于完善能源绿色低碳转型体制机制和政策措施的意见》（发改能源〔2022〕206号）发布，文件提出，加强新型电力系统顶层设计。推动电力来源清洁化和终端能源消费电气化，适应新能源电力发展需要制定新型电力系统发展战略和总体规划，鼓励各类企业等主体积极参与新型电力系统建设。加强新型电力系统基础理论研究，推动关键核心技术突破，研究制定新型电力系统相关标准。推动互联网、数字化、智能化技术与电力系统融合发展，推动新技术、新业态、新模式发展，构建智慧能源体系。加强新型电力系统技术体系建设，开展相关技术试点和区域示范。

二、价格与市场政策

1. 全国统一能源市场建设有序推进，电力市场化改革逐步深入

2022年1月，《国家发展改革委 国家能源局关于加快建设全国统一电力市场体系的指导意见》（发改体改〔2022〕118号）发布，提出到2025年，全国统一电力市场体系初步建成，国家市场与省（区、市）/区域市场协同运行，电力中长期、现货、辅助服务市场一体化设计、联合运营，跨省跨区资源市场化配置和绿色电力交易规模显著提高，有利于新能源、储能等发展的市场交易和价格机制初步形成。到2030年，全国统一电力市场体系基本建成，适应新型电力系统要求，国家市场与省（区、市）/区域市场联合运行，新能源全面参与市场交易，市场主体平等竞争、自主选择，电力资源在全国范围内得到进一步优化配置。2022年4月，《中共中央 国务院关于加快建设全国统一大市场的意见》发布，提出建设全国统一的能源市场。在有效保障能源安全供应的前提下，结合实现碳达峰碳中和目标任务，有序推进全国能源市场建设。

2. 深化完善区域电力市场机制，加快推进区域电力市场建设

为贯彻落实区域协调发展重大战略，充分发挥电力市场在促进资源优化互济及应急状态下余缺调节的平衡作用，国家能源局于2022年先后启动川渝一体化辅助服务市场和南方区域电力市场试运行，充分发挥市场机制在保障能源安全稳定供应的重要作用。其中，川渝一体化调峰市场共计促进消纳四川低谷富裕水电电量451.5万千瓦时，跨区支援最大调峰电力20万千瓦，川渝两地调峰资源优化配置利用水平得到有效提升。随着《南方区域跨区跨省电力中长期交易规则》的发布，2022年全国各省（自治区、直辖市）电力市场中长期交易规则也基本尘埃落定。南方区域电力市场对跨省跨区电力直接交易进行了有效探索，实现了区域电力现货交易与电力生产运行的有序衔接。

3. 促进煤电转型发展，完善电力辅助服务市场

可再生能源大规模发展是电力系统低碳转型的基本路径，煤电转型发展是电力系统消纳新能源的重要支撑。其中，起到关键作用的就是电力辅助服务市场机制。截至 2022 年年底，我国电力辅助服务实现了 6 个区域、33 个省区电网全覆盖，统一的辅助服务规则体系基本形成。2022 年，通过辅助服务市场化机制，全国共挖掘全系统调节能力超过 9000 万千瓦，年均促进清洁能源增发电量超过 1000 亿千瓦时；煤电企业因为辅助服务获得补偿收益约 320 亿元人民币，有效激发了煤电企业灵活性改造的积极性，推动了煤电由常规主力电源向基础保障性和系统调节性电源并重转型。

4. 坚持差别化电价政策，完善分时电价政策

2022 年，有新能源参与的现货市场省份的电价在不同季度、不同日内、不同时段和省内不同区域呈现出明显的差异，这也是现货市场中电力商品的时间价值和空间价值的展现，短期来看现货价格会给市场主体的交易行为和用电计划带来挑战，而长期的现货价格信号将引领电源、负荷及输电线路投资建设方向，从而实现电力资源配置优化。全国当前新能源参与现货市场的省份中，现货价格最高的是蒙西电网区域，而最低的是甘肃。从现货价格上限来看，蒙西电网区域有着全国最高的 5000 元人民币/兆瓦时的价格上限，在试运行期间也在多个高峰时段产生过接近 2000 元人民币/兆瓦时的高价。但随着后续各省新能源大规模并网及各省现货价格的进一步放开，现货电价的高低名次也在继续变化。

为适应新能源大规模发展、电力市场加快建设、电力系统峰谷特性变化等新形势、新要求，更好地引导用户削峰填谷，2022 年，江西、山东、山西等多个省份进一步完善分时电价机制，促进新能源消纳，为构建适应新能源占比逐渐提高的新型电力系统，保障电力系统安全、稳定、经济地运行提供支撑。2022 年 2 月，国家发展改革委、国家能源局等多部门联合发布《关于印发促进工业经济平稳增长的若干政策的通知》（发改产业〔2022〕273 号），提出要坚持绿色发展，整合差别电价、阶梯电价、惩罚性电价等差别化电价政策，建立统一的高耗能行业阶梯电价制度。

第十一章　电力供需展望

一、电力消费需求预测

在第一产业方面。 习近平总书记在 2022 年 12 月召开的中央农村工作会议上强调，"要锚定建设农业强国目标，科学谋划和推进'三农'工作""要实施新一轮千亿斤粮食产能提升行动""要一体推进农业现代化和农村现代化，实现乡村由表及里、形神兼备的全面提升""要瞄准'农村基本具备现代生活条件'的目标，组织实施好乡村建设行动，特别是要加快防疫、养老、教育、医疗等方面的公共服务设施建设，提高乡村基础设施完备度、公共服务便利度、人居环境舒适度，让农民就地过上现代文明生活"。2022年，国务院发布《"十四五"推进农业农村现代化规划》，提出"实施农村电网巩固提升工程，因地制宜发展农村地区电供暖、生物质能源清洁供暖，加强煤炭清洁化利用，推进散煤替代""加强乡村清洁能源建设。提高电能在农村能源消费中的比重"。近年来，在乡村振兴战略的全面推进下，农业农村生产方式的转型升级，农村电网的持续改造升级，将推动农业农村电气化水平持续提升，第一产业用电量连续 3 年保持两位数增长，预计 2023 年第一产业用电量仍将保持较快增长，但增速有所回落。

在第二产业方面。 2022 年 12 月召开的中央经济工作会议指出，"要把恢复和扩大消费摆在优先位置""要通过政府投资和政策激励有效带动全社会投资，加快实施'十四五'重大工程""要继续发挥出口对经济的支撑作用""加快建设现代化产业体系""提升传统产业在全球产业分工中的地位和竞争力""要大力发展数字经济""要推进高水平对外开放，提升贸易投资合作质量和水平"。同时，在《国家发展改革委 国家能源局关于完善能源绿色低碳转型体制机制和政策措施的意见》（发改能源〔2022〕206 号）和《工业和信息化部 发展改革委 生态环境部关于印发工业领域碳达峰实施方案的通知》（工信部联节〔2022〕88 号）等多项政策联合驱动下，我国电能替代范围将继续扩大，力度将继续加大，电气化水平将进一步提升。预计 2023 年第二产业总体仍将保持一定增长水平，但产业内部用电增长形势分化，高技术及装备制造业等新兴产业用电量增速将继续呈现高增长局面，化工建材等传统高载能行业用电或将保持低增长态势。

在第三产业方面。 2022 年，受多地新冠疫情多发散发等因素影响，第三产业用电量增速下降较为明显。2023 年，随着疫情防控政策做出根本性调整，预计社会生产和生活秩序将逐步恢复常态，消费需求回升向好将进一步拉动服务业，同时 2022 年中央经济工作会议强调，"加大现代服务业领域开放力度""支持战略性新兴产业和现代服务业发展"。综合判断，预计 2023 年第三产业用电量将实现较快增长。

在城乡居民生活方面。 2022 年，国务院发布的《"十四五"推进农业农村现代化规划》指出，"鼓励有条件的地区开展农村家电更新行动、实施家具家装下乡补贴和新一轮汽车下乡，促进农村居民耐用消费品更新换代。完善县城和中心镇充换电基础设施建设。"2022 年 12 月，中共中央、国务院印发《扩大内需战略规划纲要（2022—2035 年）》，提出要"全面促进消费，加快消费提质升级"。上述政策将成为助力 2023 年城乡居民生活用电量持续较快增长的主要因素。

综上分析，考虑国内外经济形势、政策发力、气候条件、电气化水平、2022 年基数前后变化等因素，结合国际能源机构（IEA）、中国电力企业联合会、国网能源研究院等机构的预测结果（见表 11-1），预计 2023 年全社会用电量将增长 5.5%～6.0%。

表 11-1　各机构对 2023 年电力需求增速预测

机构	2023 年电力需求增速预测	来源
IEA	5.2%	*Electricity Market Report* 2023
中国电力企业联合会	6.0%	《2023 年度全国电力供需形势分析预测报告》
国网能源研究院	5.5%~6.0%	《国网能源院对一季度以及全年用电量发展增速的初步预判》

来源：由国家能源集团技术经济研究院整理。

二、电力生产供应展望

1. 电力装机规模

2023 年是我国"十四五"能源发展的关键之年，随着新冠疫情的消退，我国经济韧性增强、各产业逐渐复苏，有望推动能源消费持续增长。同时，我国绿色低碳转型发展仍处于过渡时期，国家将在着力提升能源生产保供能力的前提下，不断优化调整能源结构，加强风力发电、太阳能发电项目建设，统筹水力发电开发和生态保护，推动主要流域水风光一体化开发建设，积极安全有序发展核电，加强民生用能工程建设，积极推动屋顶光伏、农光互补、渔光互补等分布式光伏和分散式风电建设。

考虑到 2023 年我国第一批风光大基地项目全面建成投产，2022 年部分风电、光电项目受新冠疫情影响未能建成并网等因素，结合国家能源局、中国电力企业联合会等机构披露的数据和预测，预计 2023 年我国新增发电装机量有望达到 2.5 亿千瓦左右，其中非化石能源发电装机投产 1.8 亿千瓦。预计 2023 年年底，全国发电装机量达 28.1 亿千瓦左右，其中非化石能源发电装机量合计 14.8 亿千瓦，占全国发电总装机量的比重将首次超过 50%，上升至 52% 左右。预计 2023 年年底，我国水电装机量将达到 4.2 亿千瓦左右，并网风电装机量将达到 4.3 亿千瓦左右，并网太阳能发电装机量将达到 4.9 亿千瓦左右，核电装机量将达到 5846.0 万千瓦左右，生物质发电装机量将达到 4500.0 万千瓦左右，太阳能发电及风电装机量将首次超过水电装机量。各类电源新增装机量如表 11-2 所示，2023 年各类电源预计装机量占全国发电总装机量的比重如图 11-1 所示。

表 11-2 各类电源新增装机量　　　　　　　　　　　　单位：万千瓦

电源类型	2019 年	2020 年	2021 年	2022 年	2023 年（预计低值）	2023 年（预计正常）	2023 年（预计高值）
火电新增装机量	3236	4030	2937	2823	6500	7000	7000
水电新增装机量	445	1313	2349	2387	900	1000	1100
风电新增装机量	2574	7167	4757	3763	6000	6500	7000
光电新增装机量	3011	4821	5437	8741	9500	10000	10000
核电新增装机量	408	115	340	228	289	289	289

来源：由国家能源局、中国电力企业联合会，国家能源集团技术经济研究院整理。

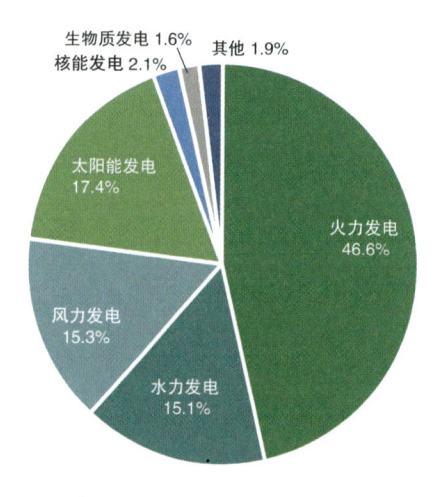

图 11-1 2023 年各类电源预计装机量占全国发电总装机量的比重

来源：由国家能源局、中国电力企业联合会，国家能源集团技术经济研究院整理。

2. 电力生产要素

全国电煤供需总体平衡，部分地区用电高峰季节可能存在供应紧张情况。在需求方面，2023 年将成为我国经济基本面筑底回升之年。随着新冠疫情影响的逐渐消退，人们的生产生活将逐步恢复正常；2022 年年底及 2023 年年初国家出台的一系列稳增长政策，将有效推动企业逐步复工复产，2023 年我国第二、三产业有望逐渐恢复，带动相关产业用电量增加，电煤消耗有望抬升；在供给方面，增产保供政策将继续发力，前期新批复建设的产能将陆续投产，转化为实际产量，优质先进产能继续释放。此外，国家能源局表示，2023 年，电煤中长协供应量将进一步提升，覆盖面将超过 85%，电煤保供水平将得到进一步提升。总的来看，考虑到国际局势、经济形势、极端天气等不确定因素，2023 年我国电煤供应总体有保障，但在部分地区用电高峰季节可能出现短时供应紧张的局面。

发电用天然气供需偏紧形势趋缓。在需求方面，我国能源结构持续绿色低碳转型叠加经济复苏，有望推动发电用天然气需求量的上升。但考虑到国内经济缓慢复苏、煤电和非化石能源发电增长及国际 LNG 现货价格仍处于高位，预计 2023 年国内天然气需求缺乏快速增长的动力；在供给方面，根据 2022 年增产情况及国家增储上产的政策要求，预计 2023 年可实现增量 100 亿立方米以上；在管道气方面，中俄东线建设进程将持续推进，管道气进口量也会继续稳步增加。在进口方面，我国近两年新签署了一批 LNG 长协合同，预计 2023 年新增长协量 800 万~1000 万吨。但考虑到美欧通胀、地缘冲突等不确定因素，国际 LNG 价格仍将保持高位震荡态势，影响进口天然气需求。总体而言，2023 年我国天然气资源供应将更有保障，供需偏紧形势趋缓。迎峰度冬期间，受极端天气用气量增加、现货进口价格上涨等不确定因素影响，时段性供气紧张的情况仍可能出现。

全年极端天气呈多发强发态势，春季水电供应形势偏紧。根据国家气候中心、国家海洋环境预报中心的研判和会商结果，2023 年我国气候年景总体偏差，极端天气气候事件仍然呈现多发强发态势。连续 3 年的拉尼娜事件于 2023 年春季结束，不排除秋冬季发生厄尔尼诺事件的可能性。同时，

2023年春季全国大部地区气温偏高，降水总体偏少。东北、华中西部、西南东北部、西北大部、新疆东北部等地降水较常年同期偏多，其中湖北西部、湖南西北部、重庆、四川东北部、陕西南部、甘肃南部、青海东部等地偏多2~5成；全国其余大部地区降水接近常年同期到偏少，其中山东、广东南部、广西中部和南部、海南、云南大部等地偏少2~5成。考虑到2022年下半年来水偏枯及全国主要水电厂蓄水值偏低的情况，2023年春季水电供应形势仍然偏紧。南方地区在夏季仍须重点防范持续性极端高温干旱天气，确保迎峰度夏能源供应。

三、电力供需形势展望

随着我国非化石能源装机量的不断提升，新型电力系统不断完善，非化石能源出力增加，电力供需偏紧的形势将得到一定程度的缓解，但供需方面的诸多不确定因素仍将给2023年我国电力供需形势造成影响。在供应方面，极端天气气候影响可能导致局部区域时段性电力供应紧张。在电力需求方面，我国宏观经济恢复可能不及预期，用电增长存在不确定性。总体而言，2023年我国电力供需偏紧形势有所缓和，但在迎峰度夏、迎峰度冬等用电高峰时段仍存在电力和电量缺口，可能出现时段性供电紧张局面。

结合中国电力企业联合会、电力规划设计总院等机构的分析和预测，迎峰度夏期间，在来水、燃料供应和机组运行总体正常情况下，东北、华北、西北区域电力供需基本平衡；华东、华中、南方区域可能出现高峰时段电力供需偏紧的情况。省级电网中，江苏、浙江、安徽、江西、湖南、四川、重庆、广东、云南、贵州等在用电高峰时段存在电力缺口。

迎峰度冬期间，在燃料供应和机组运行总体正常的情况下，东北区域电力供需基本平衡，华北区域电力供需紧平衡，华东、华中、南方、西北区域电力供需偏紧。省级电网中，山东、江苏、浙江、江西、陕西、四川、广西、云南、贵州等地在用电高峰时段存在电力缺口。

第四篇　碳市场篇

2022年，全球共有25个强制碳市场处于运行状态，各国碳市场政策整体趋严，主要碳市场制度日趋成熟。受国际局势变化和能源供应短缺的影响，各国碳价出现一定程度的分化。欧盟碳市场受到能源危机及地缘政治冲突的影响，交易活跃度有所降低，碳价围绕80.0欧元/吨的水平高位震荡，碳价水平在全球继续领跑。北美碳市场政策稳步推进，市场进展平稳，碳价小幅提升。新西兰碳市场政策整体偏松，加之突发能源事件的影响，碳价波动下跌。韩国碳市场交易活跃度有所提升，但仍存在明显的"潮汐"现象，由于配额供大于求，碳价大幅下跌。此外，国际碳市场中出现了一些新机制和新方向，包括《巴黎协定》第6条、全球独立自愿减排市场和欧盟碳边境调节机制，这些机制发挥着链接各国碳市场的作用。

中国碳市场总体稳中有进，在制度框架初步建立的基础上，多项实施细则进一步优化完善。自2021年7月启动以来，全国碳市场累计成交额突破100.0亿元人民币大关，碳价稳中有升，2022年成交均价达55.3元人民币/吨，同比上涨29.1%。试点碳市场继续发挥促进地方减排的作用，年内配额交易总额近30.0亿元人民币，各试点碳价普遍抬升，市场间价格差异较大，全年价格区间位于4.7~149.0元人民币/吨。

展望2023年，欧盟碳市场紧缩的政策将继续支撑欧盟碳价高位运行，欧盟碳价与能源市场价格的关联度有望加强。中国碳市场的制度建设将进一步推进，全年市场交易量和市场活跃度预计将会稳步提升，但市场总体还将维持以履约目标为主的运行格局，临近第二履约期截止日，市场主体集中交易的特点仍将较为显著；与此同时，第二履约期配额收紧将使得买方需求增加，或将支撑全国碳价呈稳中趋涨走势；CCER项目备案签发有望重启。

第十二章　全球碳市场概览

　　碳定价发挥着促进经济绿色转型的功能。根据世界银行对碳定价的定义，碳定价是一种获取和计算碳排放外部成本的工具，通过估算二氧化碳排放价格的方式将碳排放外部成本与其来源绑定。

　　碳定价的核心是碳排放控制。图 12-1 展示了全球碳定价体系的全景图。碳定价机制可分为显性碳定价和隐性碳定价两类，针对温室气体排放最多的行业，创建碳市场和碳税等显性碳定价模式，以及碳排放双控、市场准入机制、补贴等隐形碳定价模式，以此控制全球温室气体排放量，实现经济的绿色转型。显性碳定价方式又可分为碳市场与碳税两大类，分别以市场定价和政府定价方式实施。目前，全球主流碳定价方式主要为碳市场。我们通常所说的碳市场主要指强制型碳市场，即针对控排企业的强制履约碳市场，目前存在超国家碳市场（如欧盟碳市场）、国家级碳市场（如中国碳市场）和区域碳市场（如中国试点碳市场）等；还有联合国自愿减排机制（如 CDM）、政府自愿减排机制（如 CCER）、独立自愿减排机制（如 VCS）等自愿减排市场。

　　在碳定价体系控制范围方面，2022 年全球主要温室气体排放总量约为 590 亿吨二氧化碳当量。碳排放控制范围可分为温室气体种类和覆盖行业两种。在温室气体种类方面，全球主要温室气体控制类型包括二氧化碳、甲烷、一氧化二氮和氟化气体，占全球总排放比例依次为 71.6%、20.7%、5.1% 和 2.6%。在覆盖行业方面，全球主要温室气体覆盖行业包括发电、石化、化工、建材、钢铁等直接产生温室气体排放的行业，也包括建筑等其他以间接排放为主的行业或部门。

第十二章 全球碳市场概览

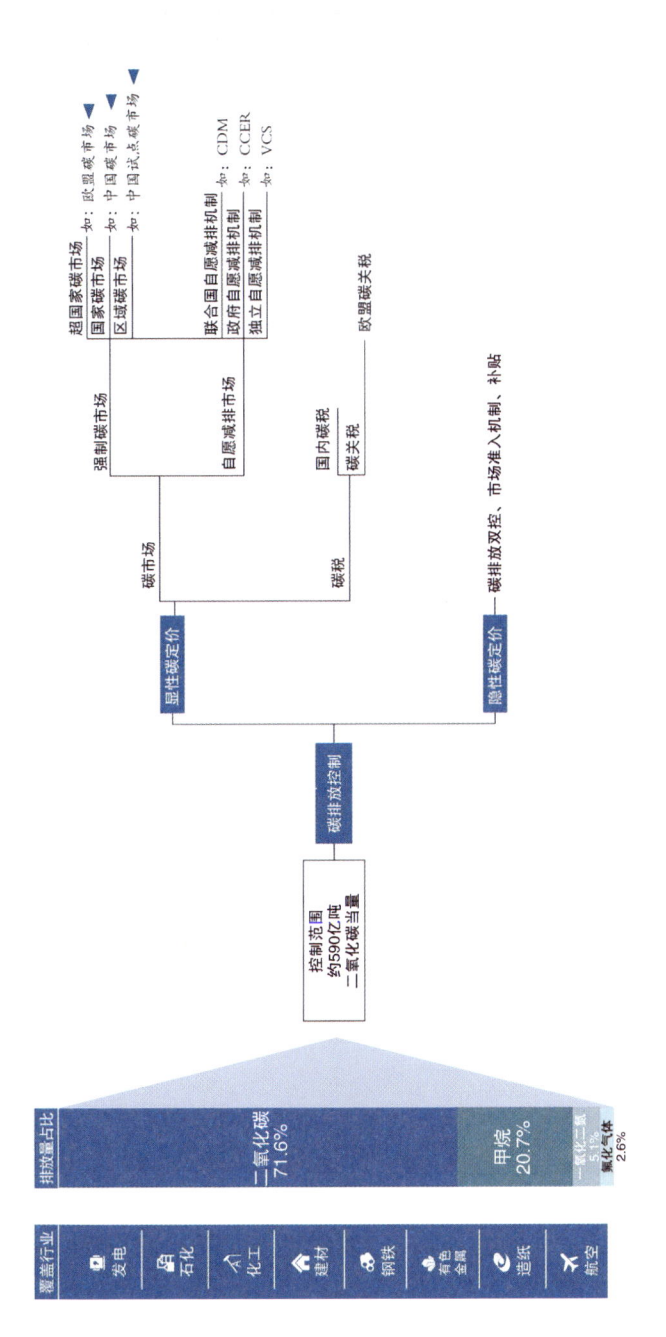

图 12-1 全球碳定价体系的全景图

在全球各大碳市场中，欧盟碳市场起步最早且最成熟，从交易价格、交易量、交易额来看都占据全球碳市场引领者的地位，2022年欧盟碳市场交易额达到了全球碳市场总额的87%。中国碳市场覆盖排放量约达45亿吨，是全球控排规模最大的碳市场，而在交易量和交易额上仍然与欧盟碳市场存在较大差距。其他国际碳市场如英国、新西兰、北美RGGI和加州一魁北克碳市场发展均较为成熟，并且达到了一定的市场规模（见表12-1）。

表12-1 国际主要碳市场情况一览表

国际主要碳市场	启动时间	控排规模	2022年行情		
			平均碳价（元人民币/吨）	交易量（亿吨）	交易额（亿元人民币）
中国碳市场	2021年	约45.0亿吨	55.0	0.5	28.1
欧盟碳市场	2005年	约16.0亿吨	593.0	92.8	55040.0
英国碳市场	2021年	约1.5亿吨	667.0	5.1	3415.0
韩国碳市场	2015年	约6.0亿吨	115.0	0.4	45.0
北美RGGI碳市场	2010年	约1.0亿吨	105.0	4.9	518.0
加州一魁北克碳市场	2012年	约3.0亿吨	202.0	20.1	4072.0
新西兰碳市场	2008年	约0.3亿吨	347.0	0.6	208.0
中国试点碳市场	2013年	约9.0亿吨	25.0～93.0	0.5	25.5

本篇重点分析2022年碳定价机制中的碳市场这一主流模式，聚焦全球各大碳市场的机制设计及政策进展、2022年行情和2023年发展趋势，关注到国际自愿减排市场等最新进展情况。

第十三章 国外碳市场

2022年，全球碳市场政策整体趋严，不同区域由于政策与经济形势不同，碳市场表现呈现出分化的特征。总体来看，欧洲碳市场受激进政策、能源价格上涨、俄乌冲突等多重因素的影响，碳市场活跃度降低，碳价保持高位震荡，碳价水平在全球继续领跑。北美碳市场政策稳步推进，市场进展平稳，市场活跃度受外界干扰较小，碳价水平小幅提升。亚洲碳市场受供需不平衡的持续影响，"潮汐"现象显著，虽然活跃度不断提升，但碳价上升有限，部分碳市场交易价格甚至出现下滑。大洋洲碳市场政策整体偏松，受突发能源事件的影响较大，碳价波动幅度较其他碳市场更大，整体碳价水平呈现下跌走势。

一、超国家碳市场——欧盟碳市场

2022年，欧盟碳市场的政策演变和运行均受到俄乌冲突及能源市场剧烈波动的影响，年内市场活跃度有所降低，成交量同比下降25.0%；欧盟碳配额期货价格宽幅波动，总体仍保持高位，年均碳价上涨44.7%。

1. 碳市场建设和发展历程回顾

欧盟碳市场于2005年启动，已经经历了四个发展阶段，是全球启动最早的碳市场，也是目前全球发展最为成熟和交易最为活跃的碳市场。欧盟碳市场纳入了电力行业、制造业和航空业等，覆盖了欧盟经济区内约40.0%的排放量，在全球碳市场中占据举足轻重的地位，未来将继续扩展到建筑业、交通运输业，还将温室气体的种类从单一的二氧化碳，扩展到一氧化二氮、全氟化碳等其他种类。

欧盟碳市场是欧盟应对气候变化的政策基石，也是欧盟实现其减排目标的关键政策手段。自 2005 年启动以来，欧盟碳市场的交易政策发展经历了四个阶段，分别是第一阶段试运行（2005—2007 年）、第二阶段正式运行（2008—2012 年）、第三阶段（2013—2020 年）和第四阶段（2021—2030 年），不同阶段的控排企业范围、配额总量确定方法、配额分配方法等都经历了从探索到成熟的发展过程。第一、二阶段欧盟碳市场配额以免费分配为主（90%以上），拍卖分配为辅；进入第三、四阶段，配额拍卖分配比例逐步提高，总量限额年度下降率进一步加大，根据欧盟最新"Fit for 55"一揽子气候计划，第四阶段总量限额的线性折减系数将从原定的 2.2%提升到 4.2%（见图 13-1）。

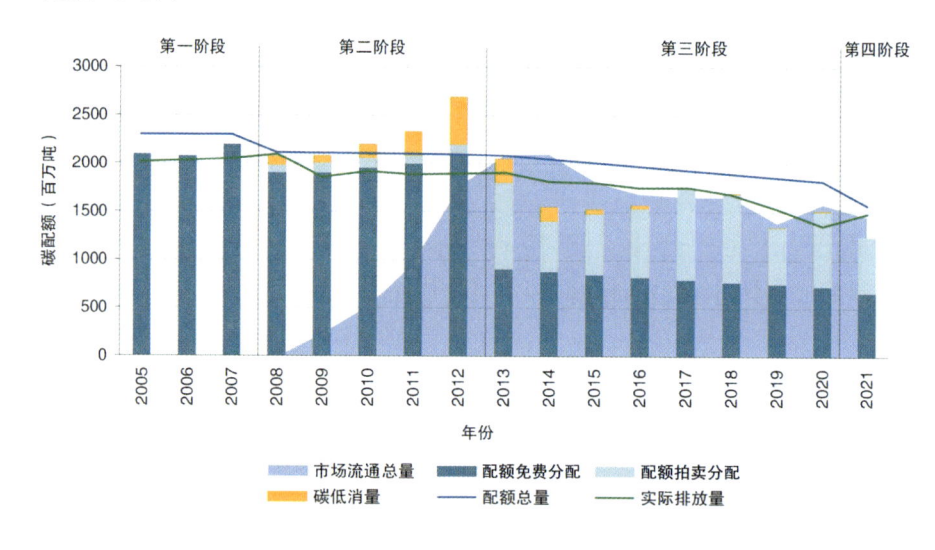

图 13-1　2005—2021 年欧盟碳市场配额分配情况

欧盟碳市场进入第四阶段（2021—2030 年）以来，在总结了前三个阶段经验教训的基础上，出台了包括总量限额、市场稳定机制等系列改革方案，这些措施明确了欧盟长期减排的决心，进一步强化了配额稀缺性，起到稳定和提升碳价的作用。2021 年，配额总量的减少、新冠疫情稳定后多数企业的复产复工、市场投机者的看涨情绪等多重因素，推动了欧盟碳价步入新一轮持续上升的通道，年内碳期货价格屡创新高，年度累计增幅高达54.2%。2022年欧盟碳市场价格延续上升态势，碳价总体处于高位，但受俄乌冲突等突发事件的影响，年内波动幅度较大（见图13-2）。

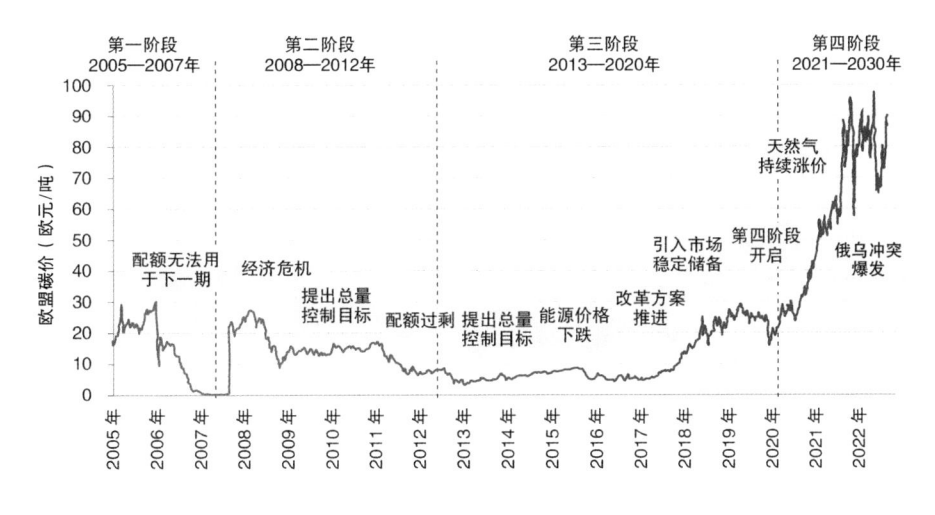

图13-2 欧盟碳价波动历史

2022年年底，欧盟达成了更加激进的碳市场改革法案，进一步紧缩了碳市场配额，锚定了欧盟碳市场长期发展趋势。法案确定：进一步降低碳市场覆盖碳排放上限，到2030年，相比2005年的水平减排62.0%；从2026年开始，削减欧盟企业的免费配额，逐步到2034年全部取消；进一步同意将海运纳入碳市场，并为建筑和道路运输部门创建一个新的、单独的排放交易系统。欧盟碳市场制度修正案是一项具有里程碑意义的改革。

2. 2022年欧盟碳市场运行情况

受能源危机及地缘政治冲突的影响，2022年欧盟碳市场活跃度有所下滑，成交量同比下降25.0%。俄乌冲突导致欧洲能源价格陡增，进而导致碳市场的集中抛售，碳市场日均持仓量由接近8.0亿吨水平跌至6.0亿吨水平，持仓量整体不及2021年，市场交易活跃度降低。2022年欧盟碳市场排放配额（拍卖、现货和期货）累计成交84.9亿吨，同比下滑25.0%。2022年洲际交易所（ICE）的欧盟碳配额期货累计成交 74.5 亿吨，累计成交额为 5998.0 亿欧元，碳配额期货交易占绝对主导地位，单日成交量最高达 1.03 亿吨，日平均成交量达 2899 万吨，同比下滑 23.8%。

受宏观政策、能源市场波动等多重因素的影响，2022 年欧盟碳配额期货价格高位震荡运行，年均碳期货成交价为 80.5 欧元/吨，同比上涨 44.7%。2022 年年初，欧洲遭遇寒冬，供暖需求大增，大量消耗天然气，"气荒"推升天然气价格上涨。加之法国核电巨头 EDF 五个反应堆因存在缺陷而延长停运期，导致欧洲煤电使用比例上升，煤电排放量增加推动碳配额需求上升，从而推升碳价至 90.0 欧元/吨以上水平。

俄乌冲突爆发后，全球石油天然气、煤炭及大宗商品价格飙升。欧盟碳市场投资机构和金融机构广泛抛售配额，导致碳价格大幅下跌，碳价一度跌至 58.0 欧元/吨。此前很长一段时间内欧洲气价和碳价呈现出强正相关性，俄乌冲突爆发后，欧洲气价和碳价脱钩，并呈现出一定的负相关性。

2022 年 7 月 20 日，由于天然气危机日益加剧，欧盟紧急要求各成员国削减 15.0%的天然气用量，以满足冬季用能需求，各成员国需要在 9 月底前向欧盟委员会上报减少天然气用量的具体措施和目标。天然气供给短缺，发电企业被迫重启煤电，导致配额需求大幅上升，推动碳价一度上涨至 97.6 欧元/吨。

2022 年 8 月，配额拍卖扩大了市场供给，并且欧盟提出将增加 200 亿欧元的市场稳定储备（MSR）拍卖，为可再生赋能计划（REPowerEU）提供资金，引发碳市场供给增加的预期提高，对碳价形成了负向驱动。加之欧盟能源市场价格进一步上涨，投资者抛售手中碳配额以维持其能源市场头寸，导致碳价阶段性回调。

2022 年年底，受到碳市场改革、碳边境调节机制及欧盟 REPowerEU 等各项法案密集谈判的影响，投资者情绪摇摆不定，碳价小幅波动。欧盟碳价最终收于 81.1 欧元/吨，较年初下跌 2.9%。从整体来看，碳期货市场年度平均结算价由 2021 年的 55.6 欧元/吨（约合 404.0 元人民币/吨）整体上移至

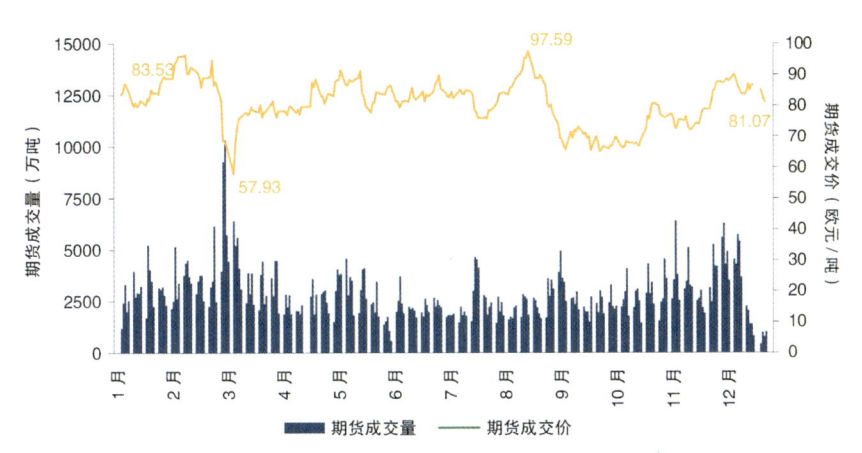

80.5 欧元/吨（约合 585.0 元人民币/吨），较 2021 年上涨 44.8%（见图 13-3）。

图 13-3　2022 年欧盟碳市场交易行情

来源：ICE Endex 交易所。

3. 2023 年欧盟碳市场发展展望

在地缘政治趋于稳定的情况下，预计 2023 年碳价与气价有望重新挂钩，碳配额价格将重新趋近于电力行业燃料转换价格差异，即欧洲煤电与气电的燃料成本差。从发电行业碳配额需求来看，2023 年欧洲天然气需求放缓，气价有望稳步回落，燃煤发电量也将呈现下降趋势，市场碳配额需求降低，对欧盟碳价产生负向驱动。从配额拍卖供给来看，REPowerEU 计划增加的 200 亿欧元的配额拍卖供给，也将在短期内助推碳价下跌。然而，在宏观政策环境和碳排放控制力度方面，欧盟碳市场紧缩的政策确定了欧盟碳价高位运行的基调。欧盟"Fit for 55"碳市场改革法案在 2023 年年初正式通过，欧盟碳市场第四阶段总量线性递减系数增加到 4.2%，2023 年欧盟市场稳定储备（MSR）大概率将根据 2022 年市场流通总量的 24% 对 2023 年 9 月实施的配额拍卖进行削减，紧缩的市场供给将推动碳价维持高位。

二、代表性国家级碳市场

1. 韩国碳市场

（1）机制设计及政策进展。

韩国政府逐步提升减排雄心目标，并颁布《碳中和法》巩固韩国气候行动决心。2020年12月30日，韩国正式向联合国气候变化框架公约秘书处提交"2030国家自主贡献"（NDC）和"2050长期温室气体低排放发展战略"（LEDS）等文件，提出争取到2030年使温室气体排放量较2017年减少24.4%，到2050年实现碳中和，并将当前以化石燃料发电为主的电力供应体系转换为以可再生能源和绿色氢能为主的电力供应体系。

韩国碳市场发展已经历三个阶段，总体配额拍卖占比逐步增加，碳价水平逐年升高。韩国碳市场于2015年1月正式启动，覆盖钢铁、水泥、石油化工、炼油、能源、建筑、废弃物处理和航空八大行业，纳入的排放量为6.1亿吨（2022年），约占韩国总排放量的73.5%，配额分配方式从初期的全部免费，过渡到以免费分配为主、有偿拍卖为辅。前两个阶段，2015—2020年，碳配额平均价格以年平均22.6%的速度持续增长。

自2021年起，韩国碳市场进入第三阶段，纳入的行业范围、拍卖比例等市场机制得到进一步优化完善。涵盖范围扩大到建筑公司和大型运输公司，覆盖实体从约610家增至685家。此外，拍卖分配在分配总量中的占比也从第二阶段的3.0%增加到10.0%。2020年4月，韩国政府修改了《排放交易法》，允许金融公司、机构等第三方参与二级市场交易，并从第三阶段开始在韩国交易所交易配额或转换碳抵消单位。2021年3月，韩国政府进一步修改了碳排放交易体系规则，取消对国内和国际碳抵消的区分。相比过去，排放主体最多可以在总计5.0%的减排补偿中使用一半的份额进行国际碳履约，新规则将允许排放主体从2022年开始使用国际信用额度。2021年，由于新冠疫情的影响，企业停产停工导致配额总体盈余，碳市场配额的平均交易价格（年均碳价）降至 18227.0 韩元/吨（约合 96.0 元人民币/吨），较 2020 年下降 40.7%（见图 13-4）。

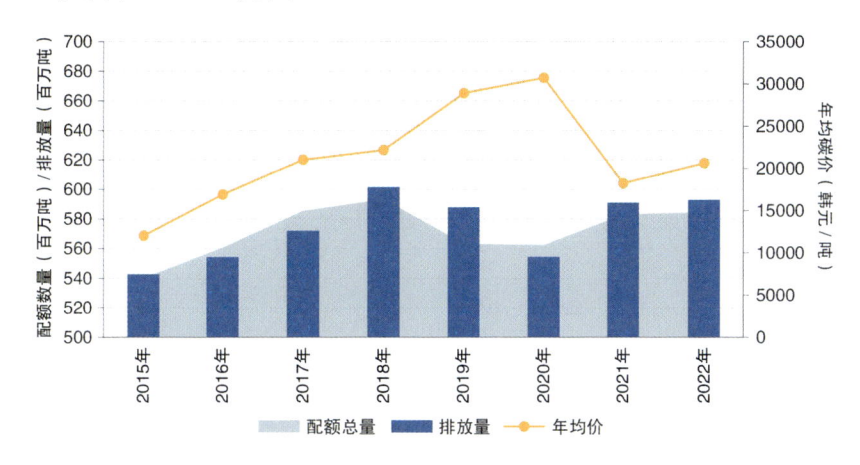

图 13-4 韩国碳市场配额分配与价格走势

（2）市场运行情况。

2022 年韩国碳市场交易活跃度同比有所提升，但仍存在明显的"潮汐"现象，即交易目的总体以市场履约为主。在成交量方面，2022 年 KAU 成交量达 1249.0 万吨，同比增长 11.0%；与此同时，2022 年配额总量同比仅增长了 0.3%。由此可见，2022 年韩国碳市场交易活跃度同比有明显提升。从交易量分布来看，由于韩国碳市场于每年 6 月底履约期截止，4—6 月的集中履约期成交量及活跃度显著高于其他月份，仅 4 月、5 月、6 月三个月的交易量占比就达到了全年的 47.0%。此外，12 月 1 日，韩国宣布新增两家证券公司在韩国碳排放配额交易计划中充当做市商，同时提高了韩国碳配额持仓限额，这导致年底韩国碳市场交易活跃度明显提升。

受碳市场配额供大于求的影响，2022 年韩国碳价格整体呈现下跌趋势，年内跌幅达 57.0%。2022 年韩国碳市场配额分配总量为 5.9 亿吨，其中 2580.0 万吨配额以拍卖方式分配。2022 年年初，韩国碳市场开盘价为 35100.0 韩元/吨，由于韩国碳市场配额仍然呈现供大于求的状态，配额盈余的企业在二级市场进行大量抛售，碳价一度下跌至 13350.0 韩元/吨。8 月，在 2022

年的标的配额 KAU22 正式入场后，起始碳价在 27000.0 韩元/吨的水平，随后再度逐渐回调至 12 月中旬 12700.0 韩元/吨的低位。12 月 22 日，韩国政府宣布 2023 年将削减 20%的配额拍卖以实现 2030 年碳排放控制目标，碳市场信心得到极大稳定，碳价有所回升。截至 2022 年年底，韩国碳市场收盘价为 16100.0 韩元/吨（约合 84.0 元人民币/吨），较年初下跌 54.1%。韩国碳市场全年均价为 22960.0 韩元/吨（约合 120.0 元人民币/吨），整体较 2021 年回升 13.1%（见图 13-5）。

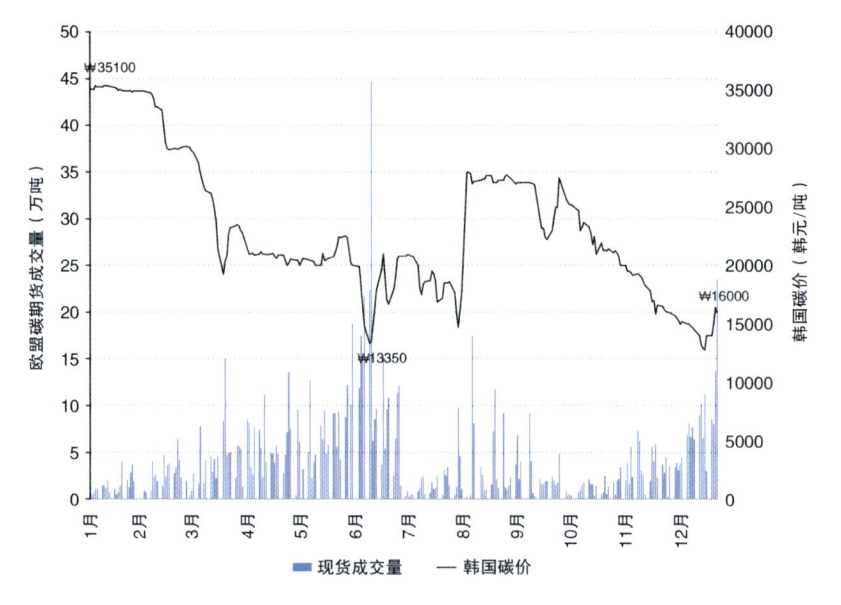

图 13-5　2022 年韩国碳价走势

来源：KRX 交易所，KAU21（1—7 月），KAU22（8—12 月）。

（3）发展展望。

2022 年，韩国政府提出了更加严格的降碳目标，减排决心逐步增强。然而，在更新国家减碳目标的同时，韩国碳市场却仍然保持着较高的免费分配比例，2022 年为 96.0%。韩国在 2023 年 3 月发布了一份实现新国家目标的"路径图"，该"路径图"可能提出关于韩国碳配额供应何时及如何收紧的信息。在目前的情况下，韩国碳价预计将持续低位运行，"潮汐"现象仍将延续。

2. 新西兰碳市场

（1）机制设计及政策进展。

2020年之前，新西兰总体并未实施严格的排放管控政策，且配额分配实行全部免费发放的政策。2020年6月，新西兰政府推出新法令加强碳减排计划，并在2021年起推行拍卖机制，并逐步提高碳市场配额的拍卖比例，由新西兰交易所（NZX）和欧洲能源交易所（EEX）共同运营，且每季度举行一次。

2021年8月，新西兰政府发布新规，涉及未来五年的新西兰碳市场监管，包括更新碳配额供应总量、设定配额拍卖量、提高拍卖底价和成本控制储备（CCR）的触发价格等内容。该法案制定了逐渐降低免费分配比例的时间表，将减少对工业部门免费分配的比例，具体为在2021—2030年以每年1.0%的速度逐步降低；2031—2040年的降低速率增加到2.0%；2041—2050年的降低速率增加到3.0%。关于成本控制储备（CCR）触发价格，2021年设定为50.0新西兰元/吨；2022年设定为70.0新西兰元/吨；2023年设定为80.6新西兰元/吨，当配额价格高于触发价格时，增加拍卖配额的供给。

（2）市场运行情况。

2022年，新西兰碳市场开盘价为75.0新西兰元/吨，全年碳价整体在78.0新西兰元/吨上下波动，年内碳价小幅下跌。2022年年初受全球能源价格及各大碳市场价格上涨趋势影响，新西兰碳价一路上涨至破纪录的86.3新西兰元/吨。2—7月新西兰碳价波动下行，一度跌至本年度最低点的70.3新西兰元/吨。为了稳定碳价，7月27日，新西兰气候变化委员会建议修订碳市场政策，提议减少拍卖的配额数量，提高成本控制储备和拍卖储备的触发价格，配额预期缩减导致7月下旬新西兰碳价开始上涨。直至2022年9月，新西兰碳价再次震荡下跌，跌至本年度的最低点78.0新西兰元/吨。2022年年底，由于新西兰将其碳市场成本控制储备（CCR）触发价格设置为80.6新西兰元/吨，仅仅基于通货膨胀进行轻微调整，导致碳市场交易主体降低了对新西兰碳价的预期。该政策一经发布，新西兰碳价单日暴跌10.0%，截至 2022 年年底，新西兰碳市场收盘价为 76.0 新西兰元/吨（约合 324 元人民币/吨），全年累计上涨约 1.0%。新西兰碳市场全年均价为 79.4 新西兰元/吨（约合 338 元人民币/吨），整体较 2021 年上涨 61.8%（见图 13-6）。

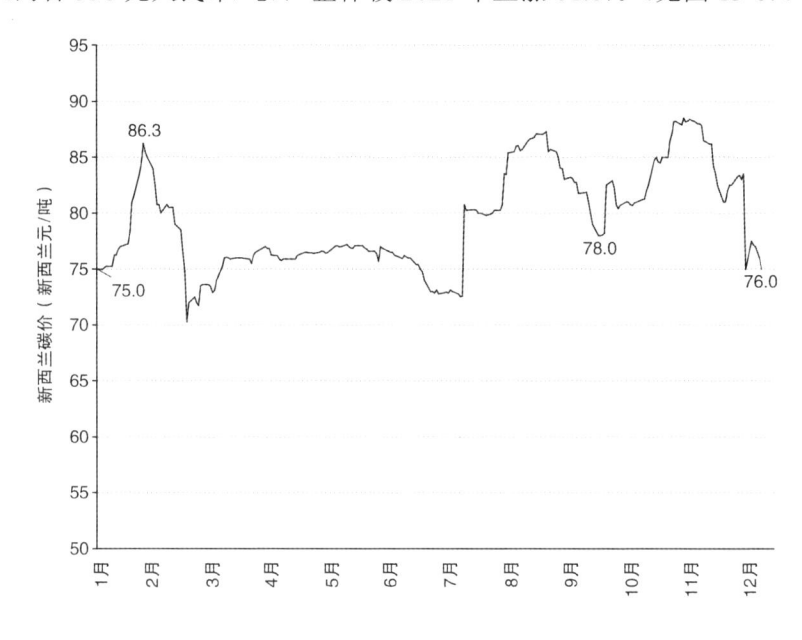

图 13-6　2022 年新西兰碳价走势

来源：Carbonnews。

（3）发展展望。

新西兰在 2021 年将配额拍卖制度引入其碳市场，配额有偿分配引发碳市场价格逐步升高，在 2022 年达到历史新高并保持高位运行。随着 2023 年免费配额比例相比 2022 年进一步降低 1.0%，新西兰碳价将维持上行走势。然而，为了降低企业履约压力，2022 年年底，新西兰政府将 2023 年成本控制储备（CCR）触发价格设置为 80.6 新西兰元/吨（约合 344 元人民币/吨），与 2022 年收盘价 76.0 新西兰元/吨（约合 324 元人民币/吨）相比仅上涨 6%。这在一定程度上限制了新西兰碳价的涨势，预计 2023 年新西兰碳市场总体呈现稳定走势，碳价格或将小幅上升。

3. 英国碳市场

（1）机制设计及政策进展。

英国碳市场自 2021 年 5 月起正式从欧盟碳市场中独立出来，英国境内的碳排放设施不再由欧盟碳市场管理。英国碳市场是基于欧盟碳市场第三阶段独立启动的配额交易市场，履约截止日期同当前欧盟碳市场一致，即每年的 4 月 30 日。英国碳预算制度以 5 年作为一个周期，设定第一个分配期为 2021—2025 年，共 7.4 亿吨二氧化碳当量；设定第二个分配期为 2026—2030 年，共 6.3 亿吨二氧化碳当量。该总量设定比英国在欧盟排放交易体系第四阶段的名义份额要低 5.0%。2021 年的年度总量为 1.6 亿吨二氧化碳当量，每年将减少 420 万吨二氧化碳当量，相当于第一年减少 2.6%。

2022 年 12 月，英国碳市场出台了过渡性拍卖保留价格机制（ARP）和成本控制机制（CCM）。英国碳市场设定了每吨不低于 22.0 英镑的拍卖底价，随后逐年上调，到 2030 年将增加至 70.0 英镑。英国政府根据 2019 年 5 月到 2020 年 12 月的欧盟碳价，设定了 44.7 英镑/吨的交易门槛，即触发价格。如果英国碳价连续 3 个月保持在 44.7 英镑/吨以上，或者企业持续以过去两年均价 2 倍以上的价格进行交易，那么可触发成本控制机制。届时，政府将进行干预，通过成本控制机制进一步释放碳配额，以确保碳市场平稳运行。

（2）市场运行情况。

2022 年英国碳市场总体震荡下行，价格走势与欧盟碳市场趋同，价格中枢略高于欧盟碳市场。英国碳市场本质上脱胎于欧盟碳市场的整体设计，又有着与欧盟相近的能源结构，这导致英国碳市场遭受到同样的能源危机和经济衰退，碳价走势与欧盟保持一定的正相关性。2022 年是英国碳市场成立的第一个整年，却成为全球碳价最高的碳市场之一。2022 年英国碳价中枢为 77.3 英镑/吨，整体略高于欧盟碳价，这是由于英国碳市场配额相比欧盟更加紧缩。2022 年英国碳价呈下跌趋势，由 74.8 英镑/吨下跌至 69.6 英镑/吨，跌幅约达 7.0%（见图 13-7）。

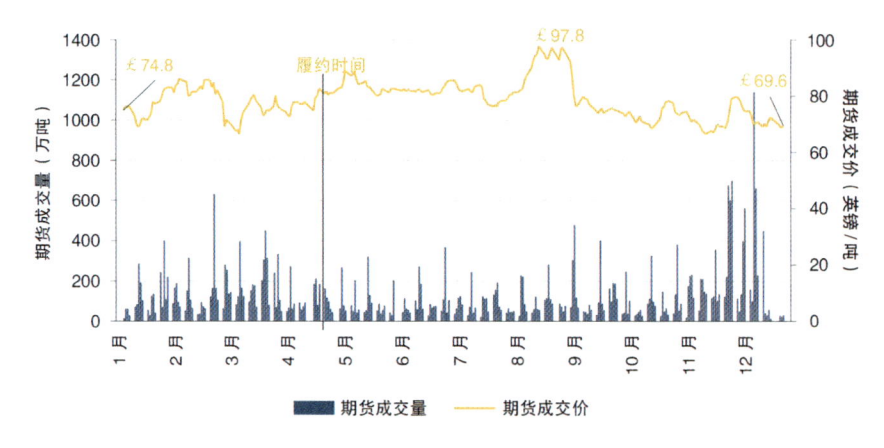

图 13-7 2022 年英国碳市场交易行情

来源：ICE 交易所。

（3）发展展望。

由于英国碳市场的整体设计与欧盟碳市场较为相似，所以英国碳市场在 2023 年依然会与欧盟碳市场保持一定的正相关性。然而，英国碳市场与欧盟碳市场较大的区别体现在其碳市场的总体盈余量上，与欧盟碳市场接近 15.0 亿吨的市场配额盈余相比，英国碳市场的配额盈余仍然处在较低水平，加上英国碳市场配额政策趋于紧缩，导致英国碳市场的碳价普遍高于欧盟碳市场的碳价，预计 2023 年依然保持略高于欧盟碳价水平。

4. 德国碳市场

2021 年，德国启动了供暖和运输燃料的国家排放交易系统（Nationales Emissions Handels System，n-EHS）。这项措施是对欧盟排放交易计划的补充，也是"2030 年气候行动计划"的一部分。该计划是德国联邦政府为在 2045 年前实现碳中和目标而采取的一揽子措施。德国能源、重工业和国内航空部门受到欧盟碳市场的管控，而 n-EHS 的引入完成了碳成本的全部门覆盖。2021—2025 年，德国政府以逐年上涨的固定价格征收碳税，从 2026 年起，将引入配套价格区间的拍卖机制。

2022 年 n-EHS 的固定价格为 30 欧元/吨（约合 222 元人民币/吨）。受到能源危机的影响，2022年9月5日德国政府宣布将其n-EHS碳价上涨暂停一年，预计2023年将延续2022年30欧元/吨的价格。

三、代表性区域碳市场

1. RGGI 碳市场

区域温室气体减排倡议（Regional Greenhouse Gas Initiative，RGGI）于2003年4月创立，并于2008年正式启动碳市场交易，是美国第一个旨在减少温室气体排放的区域性强制减排倡议，涉及康涅狄格、特拉华、缅因、马里兰、马萨诸塞、新米尔斯海默、纽约、罗德岛和佛蒙特等地区。该倡议覆盖范围包括装机量大于25兆瓦的电厂，约合上述覆盖区域95%的电力碳排放。RGGI的价格调控机制包含成本控制储备（CCR）和排放控制储备（ECR）。2022年，CCR触发价格为13.9美元/短吨，此后每年增长7.0%，而ECR触发价格为6.4美元/短吨，此后每年增长7.0%。储备配额的数量约是总体配额的10.0%，每季度以固定价格卖给强制性减排单位。RGGI碳市场的配额发放以拍卖为主，每季度举行一次拍卖。

2022年，RGGI碳市场的拍卖配额为8045万吨，较2021年削减8.0%。2022年四季度拍卖均价为14.3美元/吨（约合91.4元人民币/吨），同比下跌不到0.1%。2022年全年拍卖成交均价为14.8美元/吨（约合95.0元人民币/吨），较2021年平均水平上涨40.0%（见图13-8）。

2. 加州—魁北克碳市场

加州—魁北克碳市场最初起源于北美的西部气候倡议（Western Climate Initiative，WCI），WCI是2007年2月由美国七个州和加拿大四个省组成的同盟，旨在构建北美的碳交易市场。但截至目前，WCI成员仅剩下加利福尼亚州、新斯科舍和魁北克省。美国加利福尼亚州与加拿大魁北克省虽属不同的交易体系，但具有相似的减排目标、控排部门和范围、配额拍卖规则和价格控制机制等，兼容度较高，且通过碳市场对接，双方能够获取更多减排的选择和机会,实现双赢。加州—魁北克碳市场是截至目前全球唯一跨国家和地区的联合碳市场。加州—魁北克碳市场的初始配额发放以拍卖为主,且每个季度举行一次。

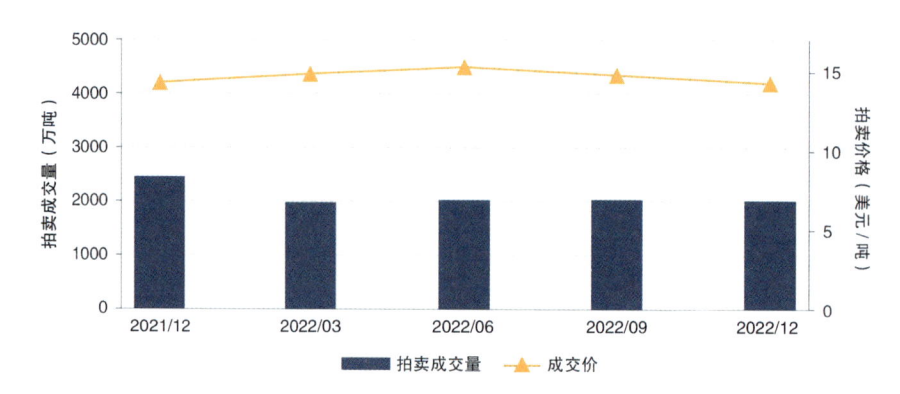

图 13-8 2021 年 12 月及 2022 年 RGGI 碳市场拍卖行情

来源:RGGI 官网。

2022 年,加州—魁北克碳市场共计拍卖 26274 万吨的配额,较 2021 年削减了 13.0%。2022 年四季度拍卖均价为 26.7 美元/吨(约合 170.6 元人民币/吨),同比下跌 5.0%。2022 年拍卖成交均价为 28.2 美元/吨(约合 180.2 元人民币/吨),较 2021 年上涨 26.0%(见图 13-9)。

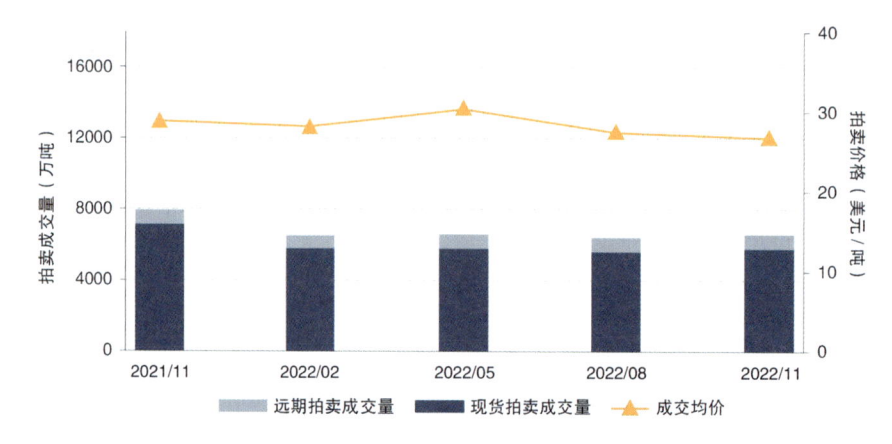

图 13-9 2021 年 11 月及 2022 年加州—魁北克碳市场拍卖行情

来源:California ARB 官网。

第十四章 中国碳市场

一、全国统一碳市场

1. 机制设计及政策进展

总体来看，全国碳市场基本框架初步建立，促进企业减排温室气体和加快绿色低碳转型的作用初步显现，有效发挥了碳定价功能。2022 年全国碳市场建设和运行的关键时间节点与事件如表 14-1 所示。

表 14-1 2022 年全国碳市场建设和运行的关键时间节点与事件

序号	时间	重要节点概述
1	2022/2/17	生态环境部发布《关于做好全国碳市场第一个履约周期后续相关工作的通知》
2	2022/3/15	生态环境部发布《关于做好 2022 年企业温室气体排放报告管理相关重点工作的通知》
3	2022/4/22	国家发展改革委等印发《关于加快建立统一规范的碳排放统计核算体系实施方案》
4	2022/6/7	生态环境部印发《关于高效统筹疫情防控和经济社会发展调整 2022 年企业温室气体排放报告管理相关重点工作任务的通知》
5	2022/7/16	全国碳市场运行满一周年，收盘价为 58.24 元人民币/吨，较开市价上涨 21.3%
6	2022/11/3	生态环境部公开征求《2021、2022 年度全国碳排放权交易配额总量设定与分配实施方案（发电行业）》（征求意见稿）
7	2022/11/9	生态环境部公开征求《企业温室气体排放核算方法与报告指南 发电设施》、《企业温室气体排放核查技术指南 发电设施》
8	2022/12/21	生态环境部印发《企业温室气体排放核算与报告指南 发电设施》《企业温室气体排放核查技术指南 发电设施》

相较于 2021 年，2022 年的碳市场政策发生了三大变化：一是配额分配中大部分机组基准线下降 6.5%～18.4%，引入盈亏平衡值；二是燃煤元素碳含量缺省值由 0.03356tC/GJ 调整为 0.03085tC/GJ，下调幅度为 8.1%；三是全国电网排放因子由 0.6101 吨 CO_2/MW·h 调整为 0.5810 吨 CO_2/MW·h。

2. 2022 年市场运行情况

全国碳市场年度履约后碳价长期横盘震荡，市场交易活跃度先冷后热。 2022 年，全国碳市场共运行 50 周、242 个交易日（见图 14-1）。截至 2022 年年底，自全国碳市场启动以来累计成交额突破 100 亿元人民币大关，累计成交量达 2.30 亿吨。全国碳市场上线运行以来，市场运行平稳有序，交易价格稳中有升，主体有序参与交易，企业减排意识不断提高。

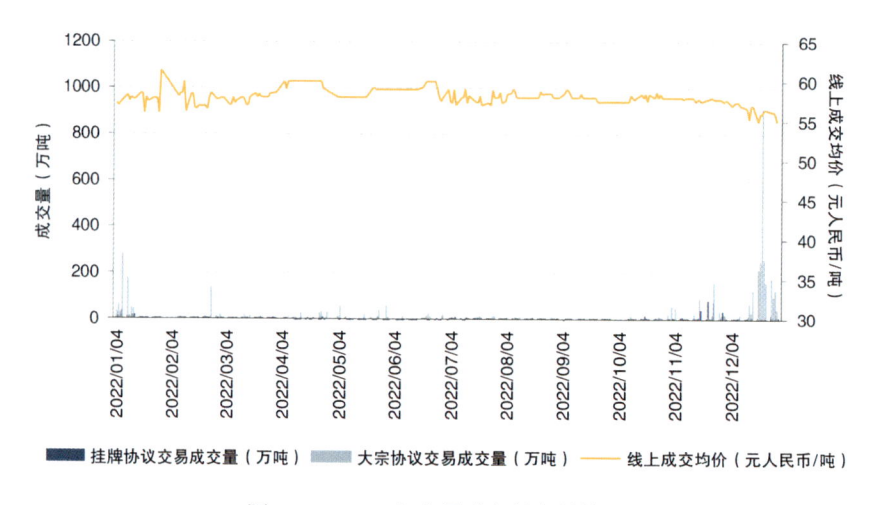

图 14-1 2022 年全国碳市场交易情况

大宗协议交易量和交易额占绝对主导地位。 2022 年配额年度成交量达 5088.95 万吨，年度成交额达 28.14 亿元人民币，成交均价为 55.30 元人民币/吨，同比上涨 29.1%。其中大宗协议交易年度成交量达 4467.05 万吨，年度成交额达 24.56 亿元人民币，占年度总成交量及总成交额的比重分别为 87.8%和 87.3%；挂牌协议交易年度成交量达 621.90 万吨，年度成交额达 3.58 亿元人民币（见图 14-2）。

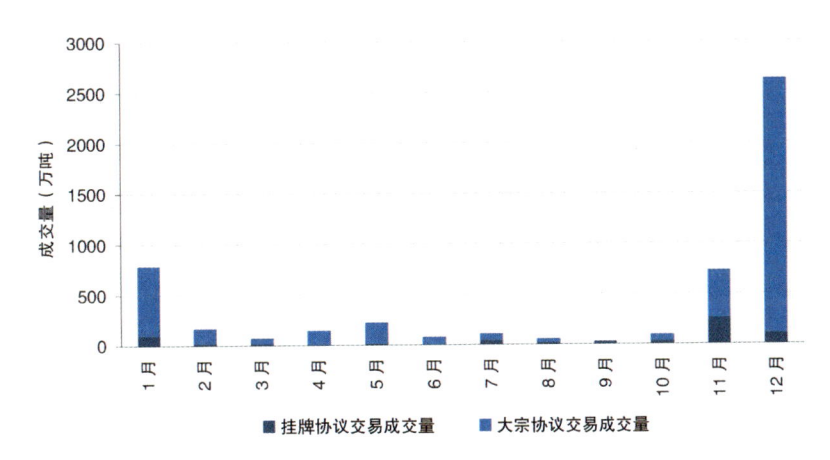

图 14-2　2022 年全国碳市场挂牌协议交易和大宗协议交易成交量情况图

碳价长期处于横盘震荡态势，挂牌协议交易和大宗协议交易成交价均同比上涨。全国碳市场挂牌协议交易成交价在 50.54~61.60 元人民币/吨的范围横盘震荡。2022 年 12 月 30 日，全国碳配额收盘价为 55.00 元人民币/吨，较 2021 年同期上涨 1.4%，较全国碳市场 2021 年 7 月启动的首日开盘价（48 元人民币/吨）上涨 14.6%。挂牌协议交易在 2022 年的成交均价为 57.57 元人民币/吨，同比上涨 22.5%；大宗协议交易在 2022 年的成交均价为 54.98 元人民币/吨，较 2021 年成交均价上涨 31.1%（见图 14-3）。

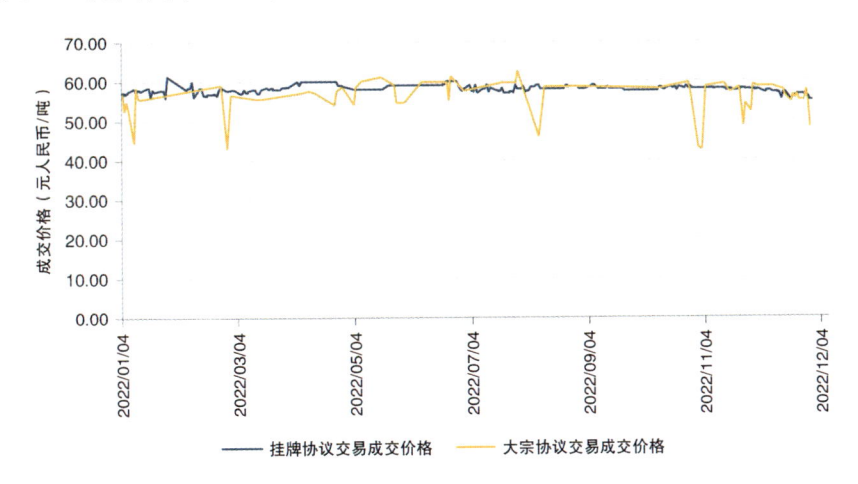

图 14-3　2022 年全国碳市场挂牌协议交易和大宗协议交易成交量情况图

市场交易活跃度总体偏低，成交"潮汐现象"明显。2022 年，全国碳市场换手率在2%~3%，低于七个试点碳市场约5%的平均换手率，更远低于欧盟碳市场约500%的换手率。2022年，全国碳市场的交易主要集中在年初和年末，年中表现较为低迷，"潮汐现象"明显。1—2月、11—12月的成交量分别占全年总成交量的18.7%和65.9%。1—2月，第一履约期未按时履约的企业被责令限期补缴配额，由此产生了953.31万吨的交易量。11—12月，生态环境部发布了第二履约期配额分配方案征求意见稿，明显下调了各类机组基准值，与第一履约期相比，第二履约期免费配额至少下降6.5%。按照该征求意见稿，第二履约期全行业的配额盈亏情况由第一履约期的总体宽松转为相对紧平衡或有小幅缺口。因此，部分企业了解自身配额盈缺后开始进行交易，导致全国碳市场交易活跃度明显上升。

截至2022年12月31日，全国碳市场碳排放配额（CEA）累计成交约2.30亿吨，成交额约达104.75亿元人民币，成交均价约达45.61元人民币/吨，年内累计上涨1.4%。

3. 2023年碳市场走势展望

2023年3月15日，生态环境部发布《关于做好2021、2022年度全国碳排放权交易配额分配相关工作的通知》（国环规气候〔2023〕1号）和《2021、2022年度全国碳排放权交易配额总量设定与分配实施方案（发电行业）》，该方案相比2022年11月发布的征求意见稿有多项优化调整。除对各机组配额分配基准值进行下调外，在延续上一个履约周期对燃气机组和配额缺口较大企业实施履约豁免机制的基础上，还新增了配额预支机制和个性化纾困机制。全国碳市场呈现出较为紧缩的配额政策，将增加企业的履约成本。

当前全国碳市场参与企业普遍仍处于观望状态，市场活跃度的提升将主要取决于配额预支政策的具体实施情况及配额结转规定的出台。配额收紧将使得配额买方需求增加，并消耗部分第一履约期的配额存量，或将支撑碳价呈稳中趋涨走势。

市场"潮汐现象"近期仍将较为显著，交易活跃度有望稳步增加。预计2023年交易总量将比2022年有较大提升，交易高峰期将在下半年。目前全国碳市场的市场运行和保障制度仍不完善，控排企业大多在履约前较短时间内进入市场交易，造成在履约截止日期前出现交易高峰现象，届时全国碳市场的流动性会大幅提高，有可能造成量价齐升的局面。

二、地方试点碳市场

1. 机制设计及政策进展

2011年10月，国家发展改革委印发《关于开展碳排放权交易试点工作的通知》，我国自此启动碳排放权交易试点工作，在北京、上海、天津、重庆、湖北、广东和深圳7个省（直辖市）率先开展制度设计、数据核查、配额分配、交易平台建设等工作。2017年1月，福建碳市场也开展了碳交易试点工作，8个区域市场覆盖了约14亿吨CO_2的年排放配额总量和近3000家重点排放单位。

2022年各试点碳市场稳步推进，其中深圳碳市场大刀阔斧进行改革，推动碳价直线攀升，交易活跃度也随之增加。深圳碳市场制度进行了结构性的改革，2022年6月24日，深圳市生态环境局首次公布配额分配方案，方案更新叠加交易产品合并的积极改革，导致深圳碳价在本轮履约期内快速上涨，并在全年大幅攀升。

2. 2022年市场运行情况

在成交量方面，截至2022年12月31日，各试点碳市场自启动以来累计成交约8.56亿吨，分交易类型看，线上累计成交2.51亿吨，线下累计成交2.76亿吨，拍卖累计成交0.56亿吨，远期累计成交2.73亿吨；分地区看，广东累计成交2.14亿吨（线上、线下、拍卖、远期成交的总量），湖北累计成交3.71亿吨，深圳累计成交0.70亿吨，上海累计成交0.58亿吨，北京累计成交0.52亿吨，天津累计成交0.32亿吨，重庆累计成交0.38亿吨，福建累计成交0.21亿吨，如图14-4所示。2022年内试点碳市场累计完成配额交易总量 4940.20 万吨，其中挂牌协议交易成交量达 3030.08 万吨，大宗协议交易成交量达 1910.12 万吨。

在成交额方面，试点碳市场累计成交 223.35 亿元人民币，分交易类型看，线上累计成交 75.80 亿元人民币，线下累计成交 62.50 亿元人民币，拍卖累计成交 20.04 亿元人民币，远期累计成交 65.01 亿元人民币；分地区看，广东累计成交 56.39 亿元人民币（线上、线下、拍卖、远期成交的总量），深圳累计成交 16.88 亿元人民币，湖北累计成交 89.30 亿元人民币，上海累计成交 16.23 亿元人民币，北京累计成交 24.60 亿元人民币，天津累计成交 7.92 亿元人民币，福建累计成交 4.55 亿元人民币，重庆累计成交 7.48 亿元人民币，如图 14-5 所示。2022 年试点碳市场累计成交 25.50 亿元人民币，其中挂牌协议交易成交额达 16.52 亿元人民币，大宗协议交易成交额达 8.98 亿元人民币。

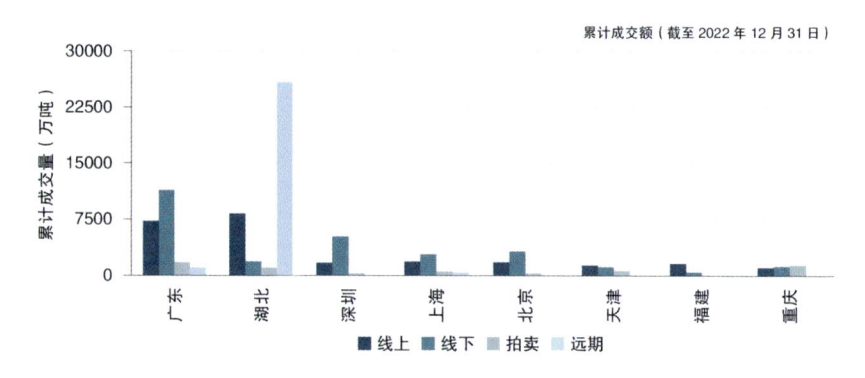

图 14-4　试点碳市场累计成交量

来源：各试点碳交易所。

在碳价格方面，2022 年各试点碳市场碳价普遍抬升，试点市场间价差较大，全年价格区间为 4.73～149.00 元人民币/吨，价格区间较 2021 年整体上浮。除了重庆碳市场价格较 2021 年呈现下跌趋势，其余试点碳市场均有不同程度的上涨，其中深圳因市场改革，碳价涨幅巨大，上涨接近两倍；北京、福建碳价涨幅均超过七成，广东、上海碳价涨幅在四成左右，湖北、天津碳价涨幅较小（见图 14-6、表 14-2）。

第十四章 中国碳市场

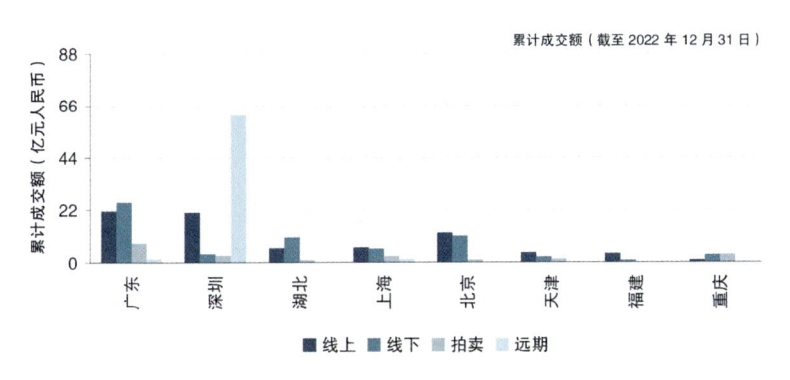

图 14-5 试点碳市场累计成交额

来源：各试点碳交易所。

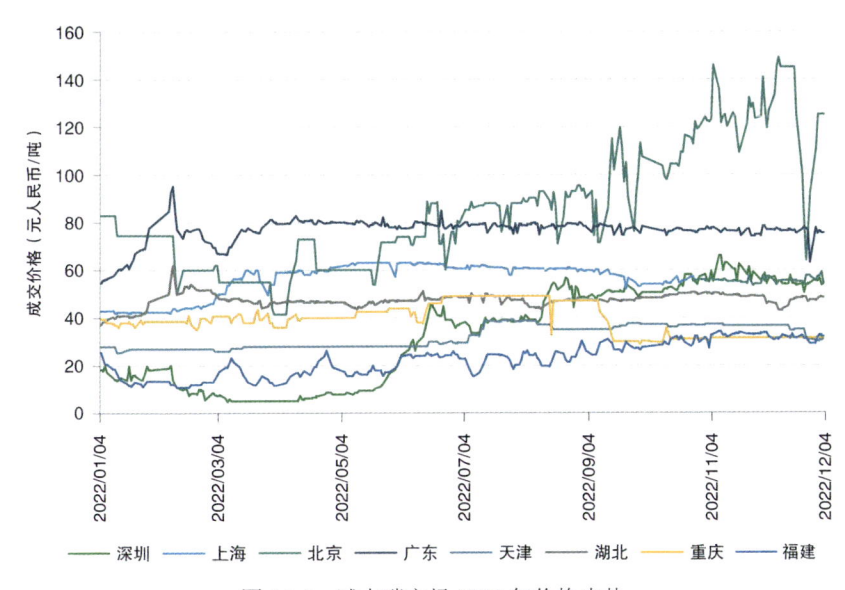

图 14-6 试点碳市场 2022 年价格走势

来源：各试点碳交易所。

表 14-2 2022 年试点碳市场运行情况　　　　单位：元人民币/吨

碳市场	价格走势	全年低价	全年高价	收盘价	同比	平均价	同比	履约情况
广东	上行趋稳	54.54	95.26（历史新高）	75.64	40.5%	70.49	84.87%	99.4%（175/176）
湖北	冲高回落	37.15	61.89	48.33	28.6%	46.86	47.21%	未公布

续表

碳市场	价格走势	全年低价	全年高价	收盘价	同比	平均价	同比	履约情况
深圳	大幅爬升	4.73	65.98（历史新高）	54.09	194.6%	43.44	286.90%	99.9%（746/747）
上海	小幅抬升	41.76	63.00（历史新高）	54.01	38.5%	53.42	32.70%	100.0%（323/323）
北京	屡创新高	41.45	149.00（历史新高）	125.14	71.4%	93.32	51.87%	未公布
天津	稳中上涨	25.50	39.26	30.98	10.6%	34.36	16.30%	100.0%（139/139）
重庆	冲高回落	28.80	49.00（历史新高）	31.45	-20.6%	34.18	40.53%	未公布
福建	先跌后涨	10.87	34.09	32.40	26.6%	24.76	72.20%	100.0%（296/296）

分市场来看，2022 年，8 个试点碳市场的总成交量约达 4940 万吨，成交额达 25.51 亿元人民币。其中试点碳市场中广东碳市场成交最活跃，成交量达 1418 万吨，在全部碳市场成交量中占比 28.7%，成交额达 10.17 亿元人民币；福建位列第二，成交量达 766 万吨，成交额达 1.90 亿元人民币；湖北、天津与深圳碳市场也较为活跃，成交量分别达 579 万吨、545 万吨和 471 万吨，重庆、北京与上海碳市场成交相对较低，分别达 467 万吨、375 万吨和 319 万吨（见图 14-7）。

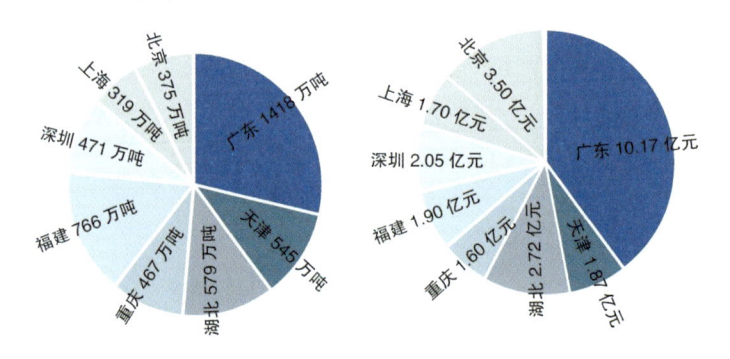

图 14-7 2022 年各试点碳市场成交量与成交额

总体来看，经过 8 年多的试点运行，各试点市场不断总结、积累经验和教训，通过逐步完善市场制度设计、加强前期培训和履约管理等，使得试点地区企业不仅更加熟悉碳市场的履约机制、市场行情、系统操作等，而且主动履约意识也显著增强，试点碳市场逐步走向成熟。

三、自愿减排量交易市场

1. 机制设计及政策进展

2022 年 10 月，生态环境部应对气候变化司司长李高在例行新闻发布会表示，将组织修订《温室气体自愿减排交易管理暂行办法》，以加快推进全国统一的国家核证自愿减排量（CCER）交易市场建设。生态环境部此前曾表态称，自愿减排交易机制是全国碳市场的重要组成部分，也是利用市场机制控制和减少温室气体排放，推动全社会广泛参与减排行动的又一项重要制度创新。

2. 市场运行情况

根据生态环境部发布的《全国碳排放权交易市场第一个履约周期报告》，全国碳市场第一个履约周期在发电行业重点排放单位间开展碳排放配额现货交易，847 家重点排放单位存在配额缺口，缺口总量为 1.88 亿吨，累计使用 CCER 约 3273 万吨用于配额清缴抵消，目前剩余的 CCER 已不足 1000 万吨。

截至 2022 年 12 月 31 日，全国 CCER 累计成交量达 4.52 亿吨。其中上海的 CCER 累计成交量持续领跑，达 1.73 亿吨，占全国 CCER 累计成交量的 38.0%；广东排名第二，占全国 CCER 累计成交量的 16.0%；天津排名第三，占全国 CCER 累计成交量的 15.0%。

2022 年，全国 CCER 市场交易活跃度下降，成交量达 870 万吨。其中上海市场 CCER 成交量位居第一，成交 290.2 万吨，占全国 CCER 市场成交量的 33.4%。天津市场成交量紧随其后，成交 265.1 万吨，占全国 CCER 市场成交量的 30.5%。四川市场成交量达 197.2 万吨，位居第三，占全国 CCER 市场成交量的 22.7%；本年度重庆市场无交易产生，其余试点市场 CCER 有少量交易。2022 年各试点 CCER 成交情况及累计成交量如图 14-8 所示。

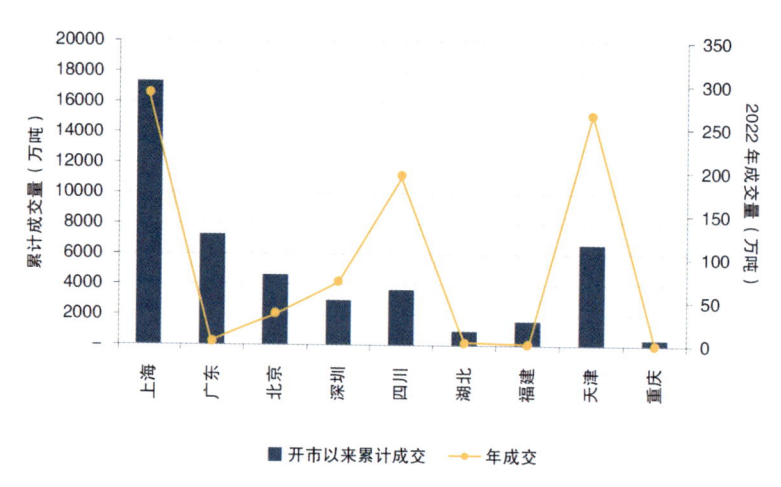

图 14-8　2022 年各试点 CCER 成交情况及累计成交量

来源：各试点碳交易所。

全国碳市场的启动改变了固有的 CCER 交易市场格局，CCER 已经由供过于求向供不应求迅速转变，并反映在价格端，增强了碳配额与 CCER 价格的联动性，在北京、广东等地的试点碳市场配额交易价格已达到 80～90 元人民币/吨的水平，相对低价的 CCER 受到当地控排企业青睐。由 2022 年北京 CCER 价格走势图可以看出，在市场即将履约时，CCER 价格一路走高，持续接近配额价格（见图 14-9）。

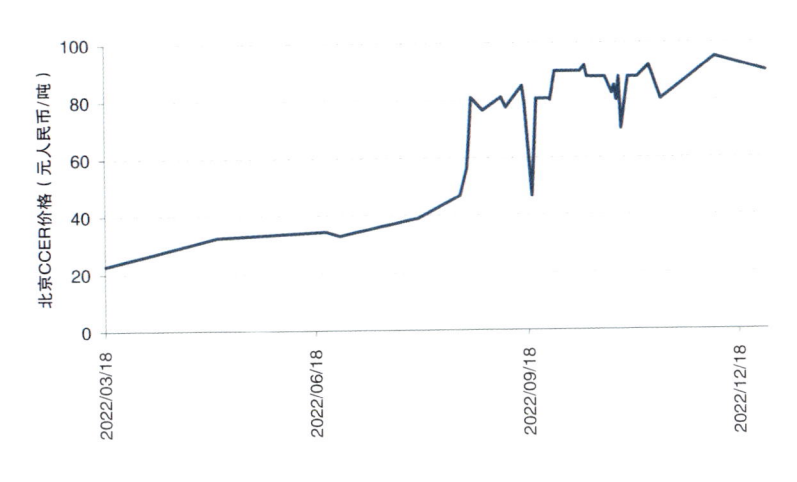

图 14-9　2022 年北京 CCER 成交价格走势

四、中国碳市场发展展望

1. 全国碳市场

碳市场是政策导向型市场，明晰的政策是碳市场发挥正常功能的前提保障。以下几个方面的政策制度建设完善对全国碳市场发展预计将起到重要作用。

第一，**国务院加快出台碳排放权交易管理条例**。目前该条例已经纳入国务院立法工作计划，由生态环境部负责起草。该条例将是我国碳市场建设发展的基础性、支柱性法律保障。

第二，**加强碳市场与其他机制的衔接**。在建设和发展碳市场的过程中，需要关注碳市场与电力市场机制改革、绿电及全国用能权交易市场的有效衔接和政策协同。

第三，**碳市场覆盖范围将逐步扩大**。全国碳市场启动以来，按照"成熟一个行业，纳入一个行业"的原则逐步推进市场扩容。预计跟随发电行业其后，电解铝、水泥、钢铁、石化、化工、造纸、航空等生产行业有望于近年

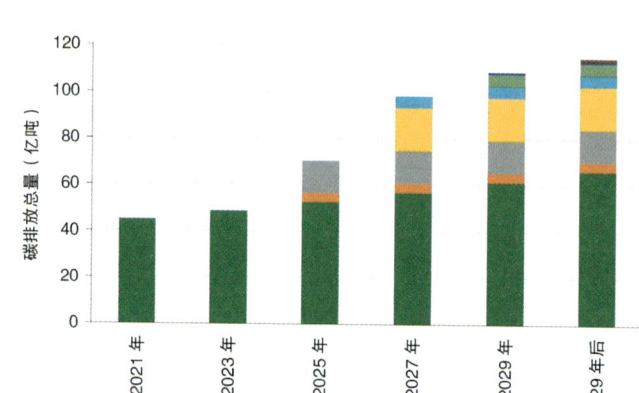

陆续纳入全国碳市场（见图 14-10）。

图 14-10 有望纳入全国碳市场的行业、时间及其碳排放量

第四，市场交易主体多元化对市场活跃度影响巨大。 目前全国碳市场交易主体仅局限于控排企业。此前，上海环境能源交易所表示，全国碳市场正在积极推进纳入机构投资者，如碳资产公司、碳资产投资公司、券商等金融领域成熟机构，并根据市场的发展情况逐步引入个人投资者及境外机构。后续通过制定合格机构投资者的准入标准，严格要求机构投资者的准入门槛，允许个人投资者入场，多元化的市场主体参与市场交易，有助于金融机构提供金融服务，提升市场交易活跃度。

第五，预计将适时引入有偿拍卖机制。 在《碳排放权交易管理暂行条例》《全国碳排放权交易管理办法》中，都明确碳排放配额分配包括免费分配和有偿分配两种方式，初期以免费分配为主，后续适时引入有偿分配，并逐步扩大有偿分配比例。当前由于全国碳市场处于初期运行阶段，拍卖类型还未立法明确，且对于拍卖收益的管理办法也未出台，但未来在碳配额总量收紧的情况下，预计会适时引入有偿拍卖机制。

2. 地方试点碳市场

试点碳市场的先行探索，为全国碳市场顺利开市及继续深入扩大提供

了经验支撑,随着全国碳市场的启动和逐渐扩大,各试点碳市场的规模会有所减小。

全国碳市场逐步整合试点碳市场,加快全国统一大市场的建设进程。此前,生态环境部起草的《碳排放权交易管理暂行条例(草案修改稿)》曾提出"本条例施行后,不再建设地方碳排放权交易市场。本条例施行前已经存在的地方碳排放权交易市场,应当逐步纳入全国碳排放权交易市场"。依据《全国碳排放权交易市场建设方案(发电行业)》,试点碳市场将继续为全国碳市场探索路径,同时高排放行业将逐步向全国碳市场过渡。全国碳市场建立以后,地方碳市场涉及的行业与全国碳市场管控范围一致的,必须纳入全国碳市场。

统一协调配额分配制度,推动碳市场建设全国"一盘棋"。各试点碳市场在总量设定和配额分配方法、交易主体和交易产品、MRV体系和处罚罚则等方面存在较大差异。同时地方与全国碳市场协同发展仍存在诸多问题,目前面临的最大问题是缺乏全国性的减排目标;另外,地方试点碳市场与全国碳市场在过渡方面也存在制度性障碍;此外,企业所持配额如何结转,也是地方试点碳市场与全国碳市场协同发展的一大难题。因此,预计各试点碳市场与全国碳市场在配额分配方法、交易制度、交易流程、碳价等方面的制度性协调力度将逐步加大,避免市场割裂,维护市场完整性,进而推动全国碳市场"一盘棋"。预计试点碳市场还将与全国碳市场持续并行一段时间,之后重点排放行业逐步向全国碳市场过渡,这也是试点碳市场各类要素、制度和主体逐步向全国碳市场标准靠拢与统一的过程,最终把碳市场建成全国统一大市场。

立足当地特色产业,调整覆盖范围。按照主管部门的总体部署,争取在"十四五"期间将高排放行业全部纳入全国碳市场。当前,除重庆、深圳、福建还将移动排放源(交通行业)纳入管控对象外,其他各试点市场均仅将其纳入固定排放源。由此,预计各区域市场将逐渐加大同全国统一碳市场的协调力度,同时结合各自区域的产业特色,立足本地实际情况,调整覆盖范围。

3. 自愿减排量交易市场

2023年，CCER市场走势主要影响因素是CCER备案的重启，以及全国碳市场第二履约期CCER使用规定的出台。CCER项目备案自2017年3月暂停至今，目前CCER存量约为1000万吨，供应不足导致目前CCER价格与配额市场价格基本持平。根据CCER抵销量不高于履约配额总量的5%，按照我国碳市场当前体量40亿吨来计算，每年CCER需求量将超过2亿吨，由此，市场普遍对重启CCER备案、核准保持密切关注。目前重启CCER一级市场的备案签发具有紧迫性和必要性。

第十五章 国际碳市场衔接

国际碳市场衔接有利于解决全球碳市场发展不平衡的问题,有助于实现全球气候目标和社会低碳转型。国际社会自 20 世纪 80 年代起就广泛开展合作,积极探索应对气候变化的方法和路径,在这些方法和路径下,国际碳市场衔接更加紧密。

一、国际碳市场衔接进程回顾与动向

在联合国主持下,全球先后谈判制定了《联合国气候变化框架公约》《京都议定书》和《巴黎协定》,构成了目前全球开展气候变化合作的三大国际性法律文件。

2021 年,《联合国气候变化框架公约》第 26 次缔约方大会(COP26)通过了《巴黎协定》"6.2 合作方法"及"6.4 减排机制"两个决定,使得一个全新的国际碳减排交易合作机制出现。其中,"6.2 合作方法"的核心是国际减排成果(ITMO)买卖和转让的问题,主要解决减排量进行跨国转移的相关规则。《巴黎协定》某缔约方可以通过购买在另一缔约方产生的减排量,完成自身在《巴黎协定》下做出的自主减排贡献(NDC)目标。"6.4 减排机制"的核心是设计了一个新的减排量生成机制,这个新机制将取代《京都议定书》下的清洁发展机制(CDM)。

总体来说,巴黎协定第六条中描述的国际碳减排交易合作机制离落地实施还缺乏操作性技术规则和方法,特别是碳减排及碳移除项目的方法学、基准线、第三方认证机构、认证流程、ITMOs 转移,以及转移后如何核增/核减 NDC 等主要技术问题尚未明确。

二、全球自愿减排市场机制及运行情况

1. 总体情况

受俄乌冲突、能源价格上涨、宏观经济不稳定和买家心态变化等因素综合影响，2022 年全球自愿减排市场表现呈现分化特征。其中，场内交易受到较大冲击，交易总量和交易价格呈现不同程度的下跌；场外交易保持稳定，成为自愿减排市场交易总量和交易价格的主要贡献者。但总体来看，自愿减排市场整体交易价格并无显著增长，碳价从 2022 年年初达到峰值，并于其后逐步回落至 2021 年的水平。

2. 签发和注销情况

相较于 2021 年 3.54 亿吨 CO_2 的签发量，2022 年签发的自愿减排量（签发量）降至 2.79 亿吨 CO_2，下降了约 21%。尽管如此，2022 年的签发量仍占据自愿减排市场自启动以来总签发量的 19%。历年全球减排量签发情况如图 15-1 所示。

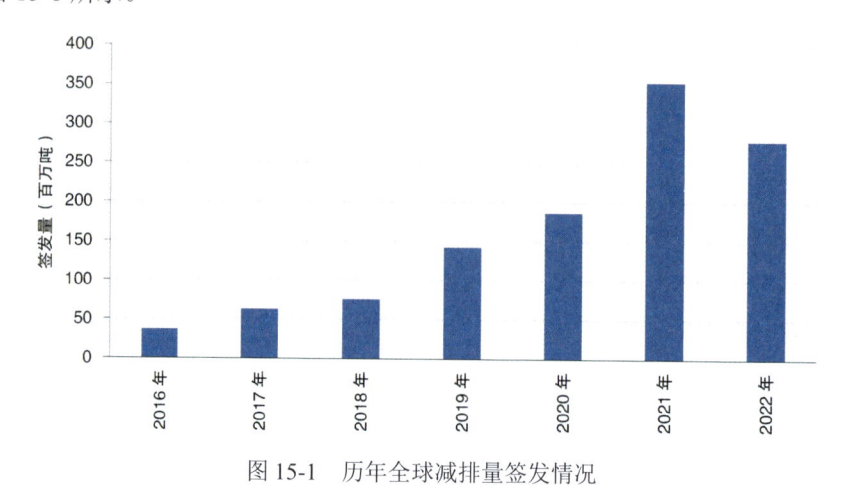

图 15-1　历年全球减排量签发情况

来源：气候聚焦（Climate Focus）2022 年度报告。

在全球减排量抵消方面，相较于 2021 年的 1.62 亿吨 CO_2，2022 年出现小幅下跌，跌至 1.56 亿吨 CO_2。2022 年的抵消量占据自愿减排市场启动以来总抵消量的约 20%。由于新签发的减排量超过了抵消量，所以全球减排量市场总体呈现供过于求的状态，其中减排量盈余约 1.23 亿吨 CO_2。历年全球减排量抵消情况如图 15-2 所示。

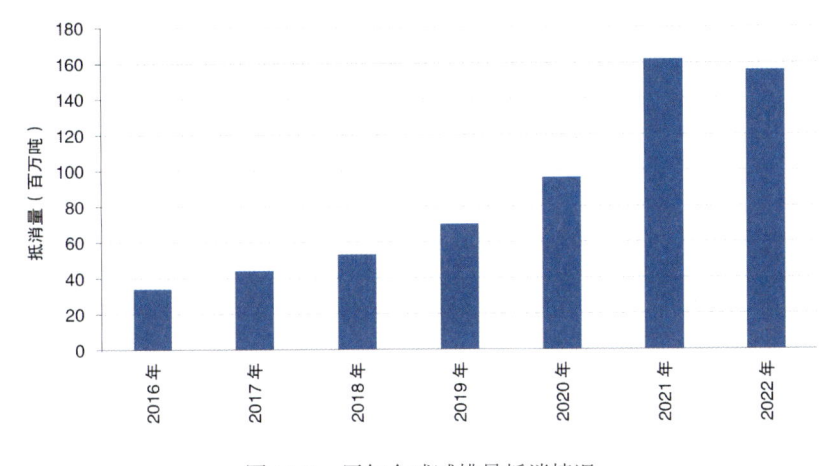

图 15-2　历年全球减排量抵消情况

来源：气候聚焦（Climate Focus）2022 年度报告。

在市场需求方面，全球减排量市场对新能源侧的需求仍旧强劲，2022 年新签发的新能源项目由 2021 年的 1.36 亿吨 CO_2 降至 2022 年的 0.99 亿吨 CO_2。其中，2022 年签发的最大规模的项目类型包括大规模风电项目（约占 39%）、大规模水电项目（约占 29%），以及大规模太阳能发电项目（约占 22%）。历年全球新能源类减排量签发情况如图 15-3 所示。

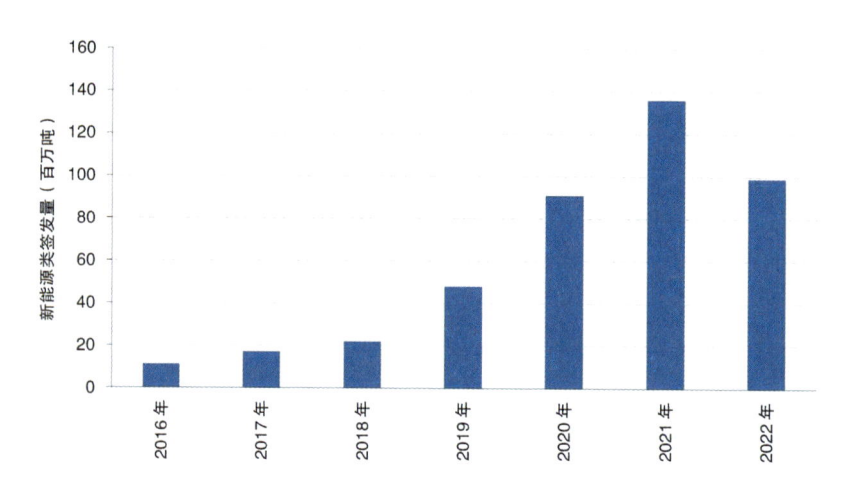

图 15-3　历年全球新能源类减排量签发情况

来源：气候聚焦（Climate Focus）2022 年度报告。

第五篇　专题篇

专题篇聚焦煤炭资源开发布局、气候对能源市场供需的影响、"两个联营"政策，以及碳市场与能源市场关系等热点问题。

"双碳"目标下我国煤炭资源开发布局研究专题报告，系统评估了全国及区域煤炭资源、生产趋势和开发潜力，结合煤炭需求预测，研判了碳达峰前后我国现有煤矿在保障煤炭供需平衡中的产能缺口，并提出了基于"双碳"目标的我国中长期煤炭开发布局思路。气候对能源市场供需影响的分析专题报告，分析了2022年我国大范围持续性高温天气对能源供需的影响，揭示了酷暑和严寒等天气气候对能源市场供需的影响机理，并对气候变化背景下的能源市场进行了展望。"两个联营"政策开展情况与发展建议专题报告，总结了"两个联营"政策的实施背景、发展现状和实施成效，指出了能源企业开展"两个联营"政策面临的主要问题，提出了有序推进"两个联营"政策工作的建议。碳市场与能源市场的关联分析专题报告，以欧盟为例，梳理了两个市场的内在关系，重点分析了欧洲能源危机的诱因及其对碳市场的影响，提出了我国电力市场和碳市场建立有效联动机制的设想与展望。

专题报告一："双碳"目标下我国煤炭资源开发布局研究

习近平总书记强调，实现碳达峰碳中和是贯彻新发展理念、构建新发展格局、推动高质量发展的内在要求，是党中央统筹国内国际两个大局作出的重大战略决策。因此，要立足我国能源资源禀赋，坚持先立后破、通盘谋划的原则，传统能源逐步退出必须建立在新能源安全可靠的基础上。

我国能源资源禀赋特征为富煤、缺油、少气，煤炭是我国能源安全的"稳定器"和"压舱石"，在保障我国能源安全中发挥着重要的功能和兜底作用。2021年下半年到2022年，全球能源供需矛盾突出，能源价格持续攀升，以欧洲国家为代表的多个国家和地区出现能源电力紧缺的情况。我国立足以煤为主的能源资源禀赋，坚持以煤炭保能源安全，以煤电保电力稳定，实现了能源安全保供和经济社会稳定运行。2021年煤炭消费占我国一次能源消费的56.0%，煤电以46.7%的装机量贡献了60.0%的电量，满足了超70.0%的高峰负荷需求；2022年煤炭消费占我国一次能源消费的56.2%，煤电以43.8%的装机量贡献了全国58.4%的电量。在未来较长时期内，煤炭仍是我国主体能源，并逐步向基础能源和调峰能源转变，但经过长期的高强度开采，现有煤矿的持续稳定保供能力将快速降低。面对碳达峰前后的煤炭保供需求和碳中和阶段能源绿色低碳转型要求，要加强中长期煤炭需求预测和资源保障潜力研究，算清煤炭供需大账，统筹好安全与转型、短期与长期的关系，发挥好煤炭的兜底保障作用，为"双碳"目标提供支撑。

一、全国及区域煤炭消费现状与趋势研究

1. 全国及区域煤炭消费现状

"十三五"以来，我国煤炭消费逐步回升。其间，我国经济发展稳中有进、稳中向好，经济增长向高质量发展转变，能源消费持续保持回暖态势，煤炭需求逐步回升，煤炭消费量由 2015 年的 40.0 亿吨增加至 2022 年的 44.2 亿吨，如图 1 所示。

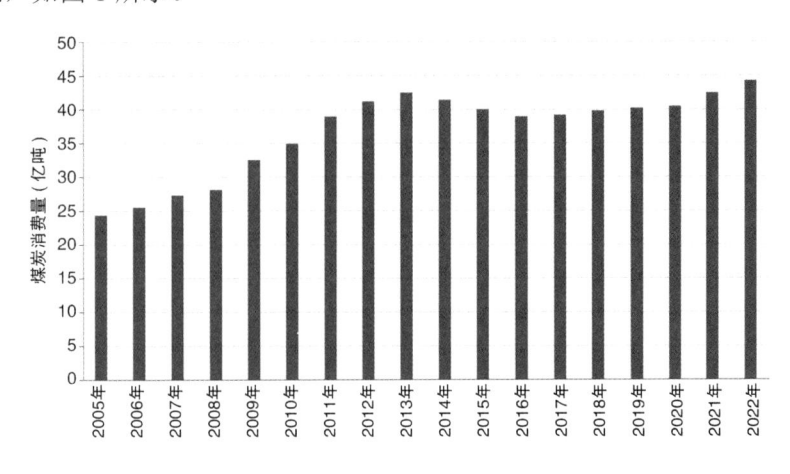

图 1 全国年度煤炭消费量变化

来源：2005—2020 年数据为国家统计局数据，2021—2022 年数据为国家能源集团技术经济研究院测算数据。

主产区煤炭消费增量显著大于其他地区消费增量。随着中部崛起战略和西部大开发战略的实施，中西部经济发展加速，能耗需求较快增长，煤炭消费量占全国消费总量的比重呈逐步上升态势；近年来受能源消费结构调整和生态环境保护等因素影响，东部地区加大了煤炭消费总量控制力度，煤炭消费量占能源消费总量的比重逐步下降。从全国各省（自治区）2015—2022 年煤炭消费增量看，增量较明显的是北方主产地晋陕蒙新等省（自治

区），以及南方消费地粤桂闽等省（自治区），但主产区增量远大于其他地区消费增量。2015—2022 年，晋陕蒙宁甘新地区煤炭消费量由 9.9 亿吨增加到 13.6 亿吨，占全国煤炭消费总量比重由 24.9%上升到 30.9%；而 2022 年，京津冀、东北、华东地区煤炭消费量占全国的比重分别比 2015 年下降 2.8 个百分点、0.9 个百分点、2.9 个百分点，如图 2 所示。

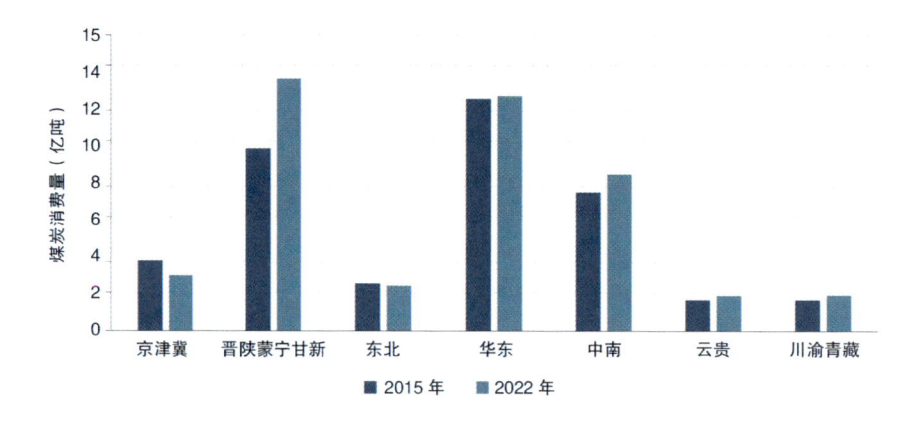

图 2　2015—2022 年各地区煤炭消费量变化对比

来源：CCTD 中国煤炭市场网。

2. 全国及区域煤炭消费预测

我国煤炭消费仍处于达峰的过程中，考虑到能源转型和新型电力系统建设先立后破及煤炭兜底保供的要求，根据国家能源集团技术经济研究院联合中国科学院、清华大学开发的中国能源系统预测优化模型（CESFOM）预测，我国煤炭消费将在 2028 年前后达到 45 亿吨左右的峰值，此后经历 10 年左右峰值平台期后进入较为明显的下降通道。首先是达峰阶段（未来 6~8 年）。为实现 2030 年前二氧化碳达峰的目标，煤炭消费量尽快达峰是关键。为此，国家明确提出"十四五"控煤、"十五五"减煤的要求。从下游行业用煤趋势看，发电供热用煤量在社会用电量继续攀升的推动下仍处于持续增长阶段，炼焦用煤量和其他终端用煤量下降，其中化工用煤量保持增长，一定程度上减缓了其他终端用煤的降速。由于该阶段发电供热用煤和化工用煤的增量高于其他领域用煤的减量，煤炭消费量持续增长至 45 亿吨左右。其次是峰值平台期（10 年左右）。发电供热用煤量继续增长，到 2034 年前后达到峰值后缓慢下降，炼焦用煤量和其他终端用煤量继续下降。由于该阶段发电供热用煤量仍有增长，煤炭总体消费量下降并不明显，整体处于峰值平台期，煤炭消费量始终保持在 40 亿吨以上。再次是较为明显的下降阶段（至 2050 年前后）。发电供热用煤量、炼焦用煤量和其他终端用煤量均进入较为明显的下降阶段，2050 年前后煤炭消费总量降至 25 亿吨左右。最后是面向碳中和的快速下降阶段（至 2060 年）。在碳中和目标约束下，该阶段所有环节的用煤量均进入快速下降阶段，2060 年煤炭消费总量降至 8 亿~15 亿吨。

从区域看，预计 2035 年前东中部煤炭消费量先增后降，占全国煤炭总消费量的比重下降，西部消费量持续增长，占全国煤炭总消费量的比重上升。东部地区煤炭消费量预计由 2020 年的 15.8 亿吨增长至 2025 年 17.6 亿吨，随后降至 2030 年、2035 年的 16.3 亿吨、14.2 亿吨，消费量占全国煤炭总消费量的比重由 2020 年的 39%降至 2035 年的 32%。中部地区煤炭消费量预计由 2020 年的 10.3 亿吨增长至 2025 年 11.6 亿吨，随后降至 2030 年、2035 年的 11.3 亿吨、10.4 亿吨，消费量占全国煤炭总消费量的比重由 2020 年的 25%降至 2035 年的 23%。西部地区煤炭消费量预计由 2020 年的 14.4 亿吨增长至 2025 年、2030 年、2035 年的 18.1 亿吨、19.5 亿吨、10.1 亿吨，消费量占全国煤炭总消费量的比重由 2020 年的 36%升至 2035 年的 45%。

二、全国及区域煤炭资源、生产趋势与开发潜力研究

算清煤炭供需大账是推动产需有效衔接、促进产业健康发展的重要基础，在研判好煤炭中长期消费趋势的同时，更要摸清煤炭产能底数和资源开发潜力，为未来煤炭产能的优化布局提供支撑。

1. 全国煤炭资源、生产趋势与开发潜力

我国煤炭资源区域分布不均,总体上呈西多东少、北富南贫的特点。东部开发历史长,资源濒临枯竭;中部和东北部开发强度大,接续资源多在深部,潜力不大;西部越来越成为生产重心,资源丰富,开发潜力大。未来一个时期,我国煤炭开发还将继续西移,晋陕蒙新将成为煤炭供应保障的重点区域。据自然资源部统计,截至2021年年底,我国煤炭证实储量与可信储量之和达到2079亿吨,其中72%位于晋陕蒙新地区。

国家能源集团技术经济研究院建立了全国生产在建煤矿数据库,并构建了资源与产能动态统计分析模型。考虑2021年9月至2022年年底煤炭产能核增情况,以及未来衰老煤矿报废、落后产能淘汰、薄厚煤层配采和薄煤层开采、资源压覆、地质条件变差等因素,经模型测算,到2030年,现有煤矿(截至2022年年底的生产和在建煤矿)产量可维持在41.0亿吨左右;2030年后,随着资源枯竭煤矿范围扩大,现有煤矿产量进入持续快速下降通道,2035年、2050年分别降至36.0亿吨、22.0亿吨;2060年降至17.3亿吨,较2020年下降56%,如图3所示。

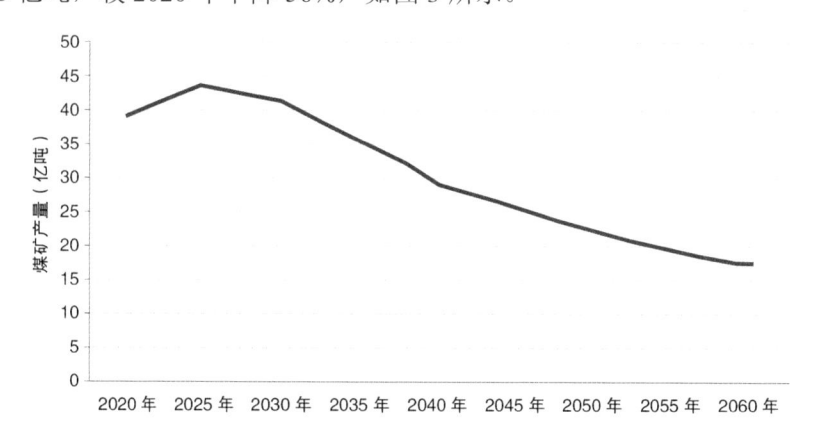

图3 全国现有煤矿产量及预测量

分区域看,中东部现有煤矿产量衰减速度逐渐加快,煤炭生产西移步伐加快。2035年、2060年,东部现有煤矿产量相比2020年将分别下降60%、90%,中部分别下降31%、75%,西部则分别增长13%、下降38%。西部现

有煤矿产量占全国煤矿总产量的比重将由 2020 年的 59%，分别上升至 2025 年的 65%、2030 年的 69%、2035 年的 71%、2050 年的 77%和 2060 年的 80%，如图 4 所示。

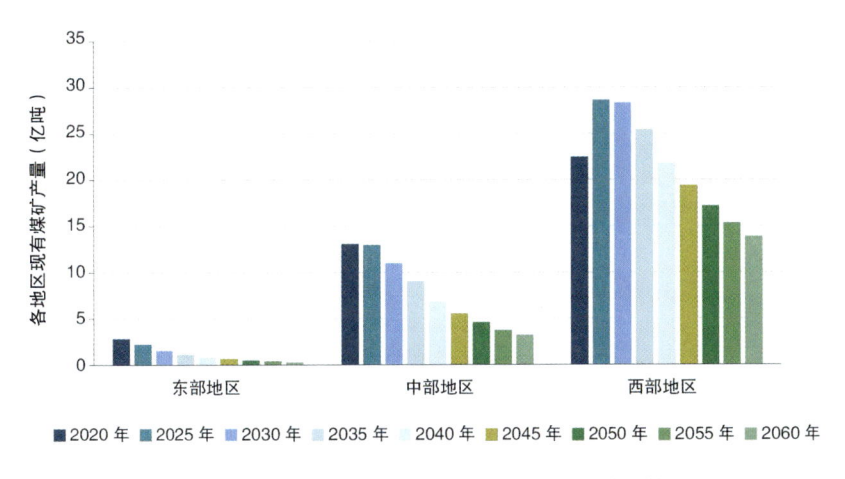

图 4 我国东中西部生产在建煤矿产量趋势比较

对各省（自治区）主要矿区规划建设的煤矿进行梳理可以发现，未来煤炭开发潜力主要集中在晋陕蒙新地区。截至 2022 年 2 月底，全国合计规划煤炭产能为 14.9 亿吨/年，其中 86%位于内蒙古、陕西、新疆、山西 4 个省（自治区），如图 5 所示。由于资源条件限制及开采成本等因素，大多数地区不具备开发条件，比如西南、东中部（除山西外）的大部分地区，开发可能性小。

2. 重点区域（晋陕蒙新）煤炭生产趋势与开发潜力

山西、内蒙古、陕西、新疆（晋陕蒙新）是我国煤炭资源生产重地，2020—2022 年煤炭总产量分别为 31.5 亿吨、32.5 亿吨、36.4 亿吨，分别占全国煤炭总产量的 79%、80%、81%。分省（自治区）看，2022 年，山西、内蒙古、陕西、新疆的煤炭产量分别为 13.1 亿吨、11.7 亿吨、7.5 亿吨、4.1 亿吨，分别占全国煤炭总产量的 29.1%、26.1%、16.6%、9.2%，其中，新疆煤炭产量的增长潜力较大。从现有煤矿的生产趋势看，若干年后，山西煤炭产量下降趋势最为明显，内蒙古、陕西煤炭产量降幅相对平缓，新疆煤炭产量则后来居上。具体来看，山西、陕西、内蒙古煤矿产量在"十四五"期间仍有

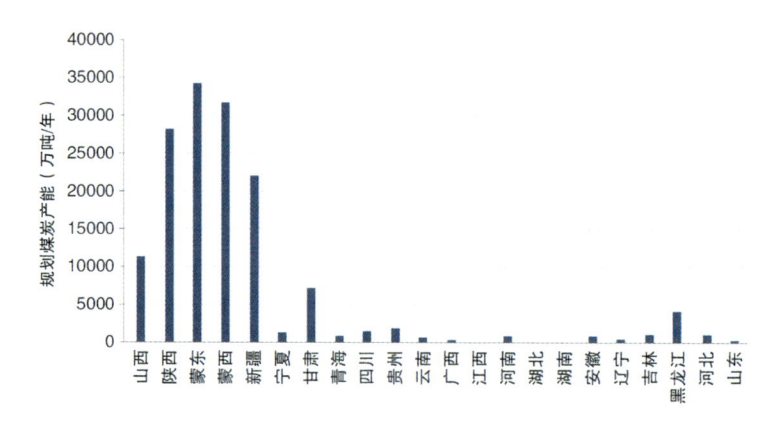

图 5 我国规划煤炭产能分布情况（截至 2022 年 2 月底）

一定增量，此后呈缓慢下降趋势。新疆煤矿产量在"十四五""十五五"期间随着在建矿批量投产，煤炭产量将大幅提升，此后呈平稳微降趋势。总体来看，山西、内蒙古、陕西、新疆 4 个省（自治区）现有煤矿产量在"十四五"至"十五五"期间呈现先升后降并维持高位的情况，此后受煤矿衰老报废的影响，产量将持续下降，2035 年、2050 年、2060 年分别较 2030 年下降 10%、42%、53%，如图 6 所示。

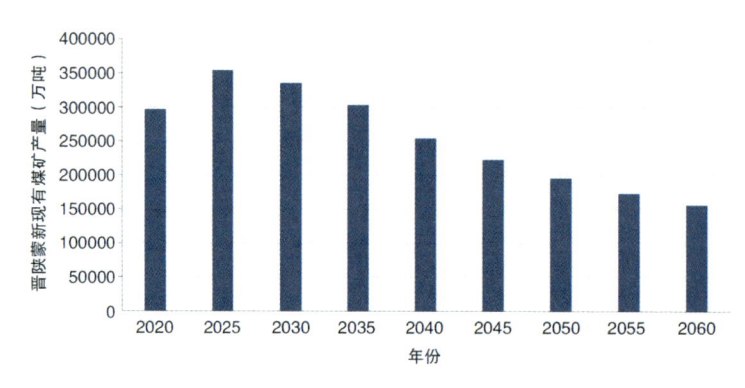

图 6 晋陕蒙新现有煤矿产量趋势及趋势预测

在全国 14.9 亿吨/年的规划煤炭产能中，山西、内蒙古、陕西、新疆的煤炭产能为 13.1 亿吨/年。具体包括：山西的煤炭产能为 1.1 亿吨/年，主要集中在大同、离柳、潞安和朔南矿区；内蒙古的煤炭产能为 6.7 亿吨/年，其中蒙西 3.2 亿吨/年的煤炭产能主要集中在纳林河、准格尔中部、台格庙、纳林才登、呼吉尔特、纳林希里、准格尔等矿区，蒙东 3.5 亿吨/年的煤炭产能主要集中在伊敏河西、巴彦胡硕、五间房、胜利、白音乌拉、霍林河、乌尼特、巴彦宝力、宝日希勒等矿区；陕西的煤炭产能为 2.8 亿吨/年，主要集中在榆神、榆横两大矿区；新疆的煤炭产能为 2.2 亿吨/年，主要集中在准东开发区、淖毛湖、大南湖和伊宁矿区。

3. 其他区域煤炭生产趋势与开发潜力

其他区域除西南地区、宁甘青地区煤炭产量呈先升后降的趋势外，总体均呈持续下降趋势，如图 7 所示。第一，京津冀地区持续推进煤炭开采利用减量化和生态环境建设等工作，目前仅河北仍在继续开发煤炭资源，预计现有煤矿在 2035 年、2050 年、2060 年的煤炭产量分别较 2020 年下降 78%、88%、94%，规划煤炭产能仅 910 万吨/年。第二，东北地区是我国煤炭主产地之一，但资源枯竭的问题较为突出，预计现有煤矿在 2035 年、2050 年、2060 年的煤炭产量分别较 2020 年下降 30%、62%、75%，规划煤炭产能为 5200 万吨/年。第三，宁甘青地区煤炭产量主要集中在宁夏，甘肃次之，青海最少，得益于甘肃若干在建矿的陆续投产，预计 3 个省（自治区）的现有煤炭产量先升后降，2035 年与 2020 年基本持平，2050 年、2060 年分别较 2020 年下降 30%、44%，规划煤炭产能为 9000 万吨/年。第四，鲁苏皖是我国煤炭主产地之一，面临资源枯竭和压覆问题，预计现有煤矿在 2035 年、2050 年、2060 年的煤炭产量分别较 2020 年下降 53%、79%、88%，规划煤炭产能为 880 万吨/年。第五，华中地区资源接近枯竭，预计现有煤矿在 2035 年、2050 年、2060 年的煤炭产量分别较 2020 年下降 49%、83%、90%，规划煤炭产能为 690 万吨/年，预计湖北、湖南和江西将在 2035 年前后逐渐退出煤炭生产。第六，西南地区是我国煤炭主产地之一，承担区域煤炭保供重任，短期内煤炭产量有所增长，但受制于资源和开采条件问题，煤炭产量长期趋降情况较明显，预计现有煤矿在 2035 年、2050 年、2060 年的煤炭产量分别较 2020 年下降 36%、74%、90%，规划煤炭产能为 4000 万吨/年。第七，东南沿海（福建、广西）煤炭资源贫瘠，预计广西、福建分别将于 2030 年、2035 年前后逐渐退出煤炭生产，2035 年煤炭产量较 2020 年下降 85%，之后逐渐退出。对于以上七大区域，预计现有煤矿在 2035 年、2050 年、2060 年的煤炭产量分别较 2020 年下降 40%、70%、81%，合计规划煤炭产能为 2 亿吨/年，但大部分开采条件较差。

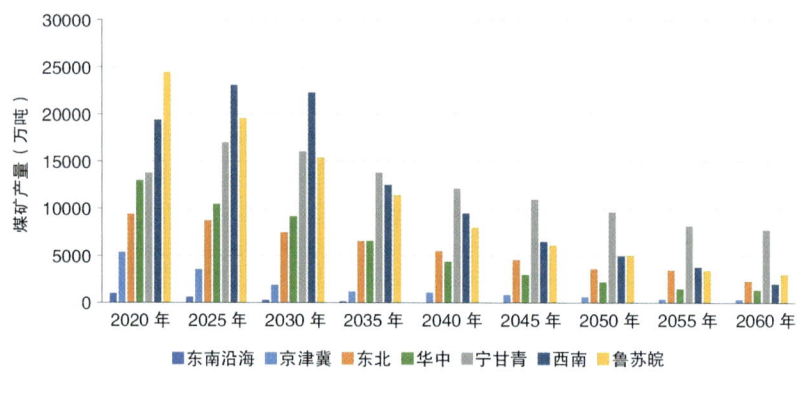

图 7 全国其他七大区域现有煤矿产量趋势

三、中长期煤炭开发布局分析

按照供需平衡的要求，对未来一个时期的煤炭产能建设需求量进行测算。测算结果表明，现有煤矿产量难以满足碳达峰前后我国煤炭需求，存在 8 亿~10 亿吨的缺口，如图 8 所示。为此，"十四五"至"十六五"期间还需要新建 9 亿吨/年的煤炭产能，以保障未来一个时期的煤炭供应安全。由于我国现有规划煤矿大部分集中在晋陕蒙新等西部地区，且西南、东北等其他区域的煤矿建设条件欠佳，"十四五"至"十六五"期间须新建的 9 亿吨/年煤炭产能大多应布局在晋陕蒙新地区，以进一步优化资源配置，促进西部地区的煤炭资源开发，扩大优质增量供给。

由于区域保供压力较大，黑龙江的一些整合矿也可能在未来一个时期释放产能，西南地区中短期也有提升煤炭产能、保障区域能源安全的需求。鉴于未来能源发展的不确定性，"十四五"至"十五五"期间可先期新建 6~7 亿吨/年的煤炭产能，后续视形势变化对煤炭产能安排进行适时调整。

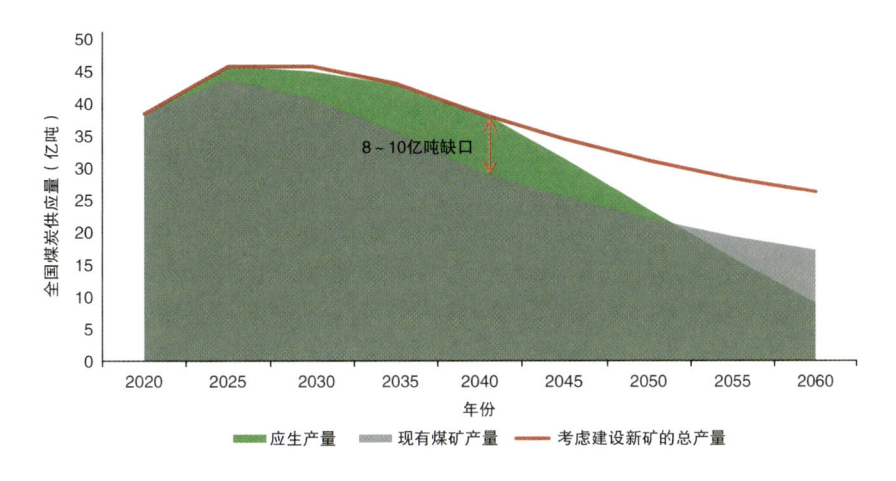

专题报告一:"双碳"目标下我国煤炭资源开发布局研究

图8 全国煤炭供应趋势与余缺比较

未来煤炭开发将进一步向西部地区集中。基于上述对煤炭供需平衡趋势和新增产能布局的分析,预计2020—2035年,东部地区煤炭产量占全国煤炭总产量的比重将由7%降至3%,中部地区煤炭产量占全国煤炭总产量的比重将由34%降至25%,西部地区煤炭产量占全国煤炭总产量的比重由59%上升到72%,如表1所示。

表1 我国煤炭生产区域变化及预测

年份	2020年	2025年	2030年	2035年
东部产量占全国煤炭总产量的比重	7%	5%	4%	3%
中部产量占全国煤炭总产量的比重	34%	30%	27%	25%
西部产量占全国煤炭总产量的比重	59%	65%	69%	72%

四、主要结论及建议

(1)全国现有煤矿产量在2030年后衰减较快。到2030年现有煤矿产量可维持在 41 亿吨左右，此后随着资源枯竭的煤矿范围扩大，进入持续快速下降通道。

（2）我国煤炭产业西移步伐加快，未来开发潜力主要集中在晋陕蒙新地区。预计 2035 年与 2020 年相比，东部地区现有煤矿产量下降 60%，中部地区下降 31%，西部地区上升。未来煤炭开发潜力主要集中在晋陕蒙新地区，4 个省（自治区）的规划煤炭产能占全国规划煤炭总产能的 86%。在全国规划建设的煤矿中，由于资源条件限制及开采成本等因素，大多数不具备开发条件。

（3）2035 年前我国须新建 9 亿吨/年的煤炭产能，以满足碳达峰前后的煤炭需求。碳达峰前后，现有煤矿产量与供需平衡条件下的应生产量存在 8 亿～10 亿吨的差距。考虑煤矿 3～5 年的建设周期，"十四五"至"十六五"时期，我国须重点在晋陕蒙新等地区新建 9 亿吨/年左右的煤炭产能，以满足煤炭保供需求，新建煤矿要以大型智能化煤矿为主。其中，考虑到东北煤炭保供的现实需求，有必要加快研究蒙东规划煤矿安全、绿色、高效、生态低扰动开发。

（4）未来新增煤炭产能时序可视形势变化而适时调整。考虑 2035 年前新建 9 亿吨/年煤炭产能，从煤炭供需趋势看，2050 年后煤炭产能利用率可能出现较明显的下降。但也要看到，煤化工高端化、多元化、低碳化发展，是充分发挥煤炭能源的相对资源优势、缓解油气进口压力、保障国家能源安全的必要措施，CCUS 的技术突破也将大幅拓宽煤炭利用场景。如果清洁高效低碳的利用水平及规模显著提升，那么我国煤炭消费空间将明显拓展，远期煤炭产能过剩压力也会随之减小。鉴于未来能源发展的不确定性，"十四五"至"十五五"期间可先期新建 6 亿～7 亿吨/年的煤炭产能，后续视形势变化对煤炭产能安排进行适时调整。

专题报告二：气候对能源市场供需影响的分析——以2022年夏季极端高温干旱为例

一、2022年夏季极端高温干旱事件及成因

1. 总体情况

2022年夏季，我国气候总体温高雨少，汛期雨季进程较常年偏早。

一是夏季高温极端性显著，全国平均气温为1961年以来历史同期最高（见图1）。据国家气候中心统计，全国约有43.6%的国家气象站日最高气温达到极端高温事件标准，其中河北、陕西、四川、重庆、贵州、湖北、江苏、浙江、福建、广东、青海等地的366个国家气象站（占全国总站数的15.1%）日最高气温持平或突破历史极值；全国约有43.7%的国家气象站连续高温日数达到极端事件标准，其中河北、山东、陕西、四川、重庆、湖北、湖南、江苏、浙江、广东等地的449个国家气象站（占全国总站数的18.5%）连续高温日数持平或突破历史极值；重庆北碚连续2天日最高气温达45℃。2022年6月13日至8月30日，我国中东部地区出现自1961年有完整气象观测记录以来综合强度最强的高温过程，共持续79天，高温持续时间长，极端性强。8月13日，中央气象台发布自我国气象预警机制建立以来的首次高温红色预警。

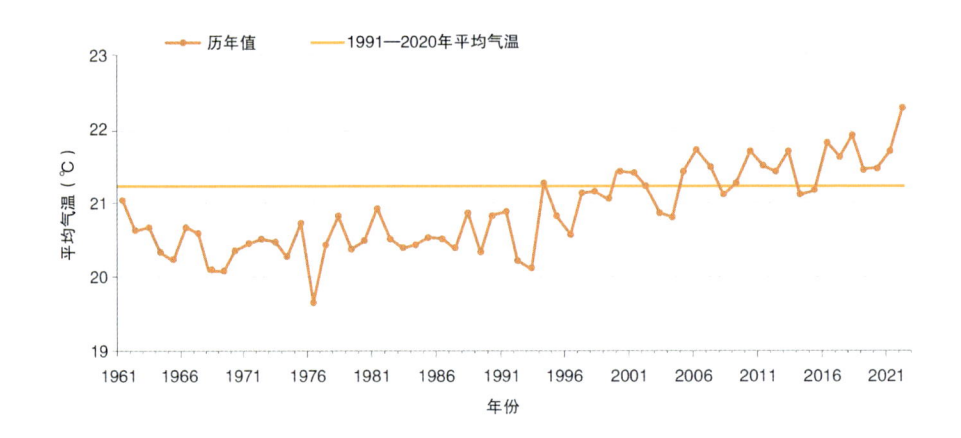

图 1　夏季全国平均气温历年变化

来源：国家气候中心。

二是 2022 年夏季全国平均降水量为历史同期第二少（见图 2），仅高于 1972 年，且空间差异明显。2022 年夏季主要多雨区分布在我国北方，长江及太湖流域降水明显偏少，川渝地区及长江中下游降水量较常年同期偏少 2%～8%，为 1961 年以来的历史同期最少。

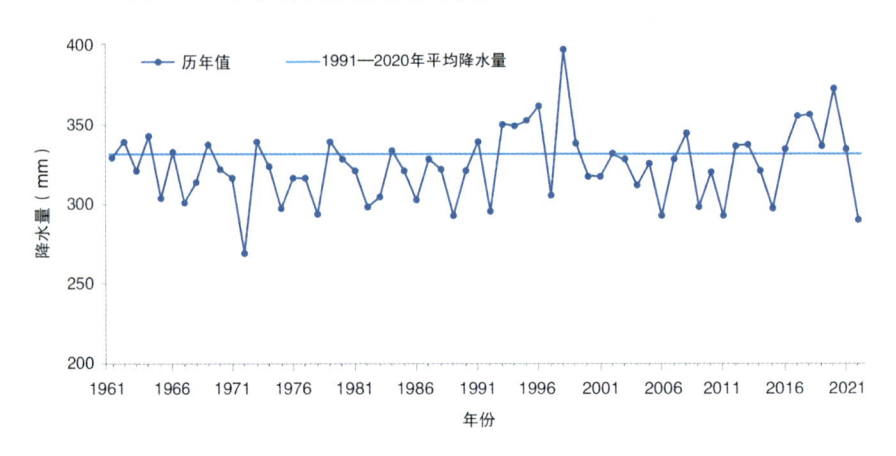

图 2　夏季全国平均降水量历年变化

来源：国家气候中心。

三是高温少雨天气导致气象干旱快速发展，且影响范围广、强度大。据国家气候中心统计，2022 年夏季川渝地区及长江中下游干旱日数普遍有 20~30 天，局部超过 30 天；长江流域的 10 个省（自治区）中，有 94.6% 的观测站达到中旱及以上等级，为 1961 年以来历史同期最多。

2. 气候成因

2022 年夏季我国极端高温干旱事件气候成因如下。

（1）全球气候变暖是大背景。全球气候变暖导致气候系统的不稳定性加剧是根本原因。全球气候变暖不只是大气增暖，更是海洋增暖，会造成气候因子的异常表现，且在气候敏感区（如北极圈、青藏高原）存在放大效应，影响更大。同时全球变暖使高温热浪发生的频率增加、强度增大。在全球变暖的背景下，类似的高温酷暑在以后的夏季会更频繁地出现，高温热浪事件或成为一个新常态。

（2）大气环流异常是直接原因。一方面使高温天气长时间维持，另一方面不利于降水生成。

2022 年夏季热带太平洋拉尼娜异常发展，导致西太平洋副热带高压偏西偏北［588dagpm（位势什米）西伸脊点位于 30°N，90°E 附近］，较常年同期明显偏强，7 月伊朗高压加强东伸后与西太平洋副热带高压及中纬度大陆高压连成一个巨大的稳定暖高压带，控制范围更广，盛行下沉气流有利于地面增温、空气干燥，太阳辐射更容易到达地面，区域以晴热少雨的天气为主，使高温天气以超强的形式持续。8 月南亚高压达到极盛状态后，更有利于副热带高压的长时间维持，高压控制范围包括长江中下游及其以北地区，阻碍了水汽上升凝结和台风的发展，台风活动偏弱，影响位置偏南，主要在南海及华南一带，登陆台风明显偏少，不利于副热带高压的撤退和断裂，难以形成降温天气。

西太平洋副热带高压活动呈现较为罕见的偏西偏北，整个西南地区几乎完全被强盛的西太平洋副热带高压所笼罩，在 850 hPa（百帕）气压层上，我国中高纬环流系统较弱，多为平直的偏西气流，槽脊波动不显著，经向输送不强，不利于冷空气向南输送，无法与西南地区的暖湿气流汇合；El Niño

（厄尔尼诺）指数连续 3 个月打破同期纪录，对夏季风的减弱有一定的影响，不利于西南地区的暖湿气流输送；热带印度洋的东西海盆海表面温度向两个方向发展，IOD（Indian Ocean Dipole，印度洋偶极子）指数直线下跌，使西南季风偏弱，两者导致对流活动减弱；青藏高原作为关键热源，该地区气温在 2000 年后明显下降，自 2022 年入夏以来，积雪融化进一步加速，7 月初全球冰雪监测的结果显示，高原积雪已所剩无几，高原热力作用显著，高度场偏高，最终导致我国川渝和长江中下游区域降水偏少。

（3）地形影响。城市中的人工热源增加、绿地减少、下垫面属性改变等使城市热岛效应加剧，导致城市中心气温明显高于周边郊区和乡村。

二、2022 年夏季极端高温干旱对能源供需端的影响

1. 需求端

夏季大范围持续性高温天气导致用电量激增。2022 年，除辽宁、吉林、黑龙江、广西、海南气温较 2021 年同期略偏低外，其余省（自治区、直辖市）的气温较 2021 年同期偏高。受气温偏高影响，全国多地［21 个省（自治区、直辖市）］用电量呈现正增长（见图 3）。与 2021 年同期相比，重庆气温偏高 2.2℃，用电量同比增长 16.6%，安徽、河南、湖北、江苏、上海、浙江均偏高 1.5℃以上，用电量分别同比增长 18.3%、17.5%、16.0%、10.3%、9.5%、8.4%。

2. 供给端

2022 年夏季辐射条件较好，且未出现长时间小风天气，因此，光伏发电量和风力发电量较为稳定。该轮极端天气对电力供给端的影响主要表现为对水力发电的影响，长时间的高温及降水偏少，使处于常年汛期的河流径流量减小、蒸发量增大，进而导致水力发电出力受限。

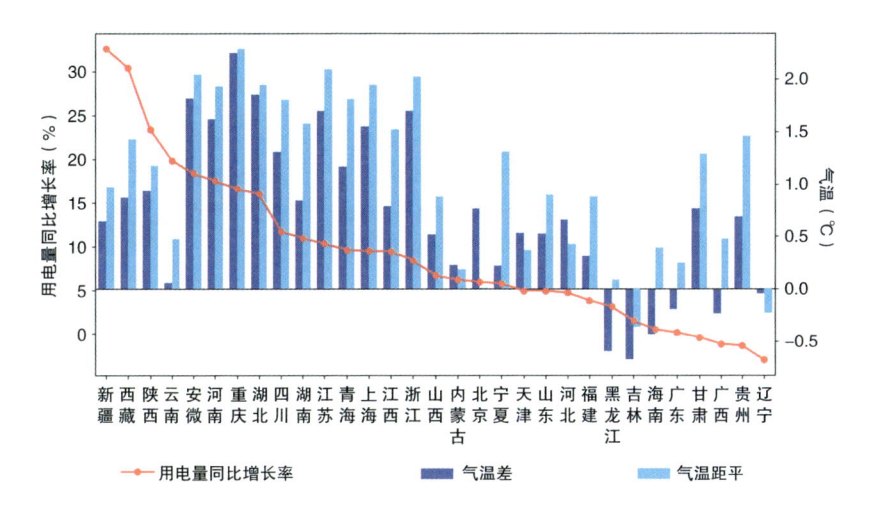

图 3　2022 年夏季全国用电量及气温情况

来源：国家能源集团技术经济研究院，欧洲中期天气预报中心第五代全球气候大气再分析数据。

汛期水力发电对电网的支撑尤为重要。作为我国水电大省，四川的水电装机量为全国之首，在此轮极端高温干旱天气过程中，水电出力明显减小（见图 4）。四川降水在 7 月开始偏少并达到谷值（-41.8%），考虑到降水对水电出力影响的滞后性，四川水力发电量在 8 月开始负增长，9 月达到增长的最低值（同比增长-22.9%），截至 11 月，发电量维持偏少态势。四川水电出力减少（部分主力水电厂见底）叠加极端高温天气，使电网用电负荷持续高位运行，电力供不应求，火电作为特殊时期的兜底能源，在此期间发电量飞速增长，8 月火力发电量同比增长达到 113.5%。

四川水电出力减少除对当地的电量供给产生较大影响外，其送出电量的购端省（自治区、直辖市；包括上海、江苏、浙江、陕西、宁夏、华中、重庆）也深受影响（见图 5）。2022 年，高温拉动用电量增长，受四川水电出力减小影响，四川送出电量购端省（自治区、直辖市）火力发电量均实现同比正增长，其中重庆火力发电量同比增长超过 20%，达到 26.5%，华中、宁夏、陕西也均超过 10%。

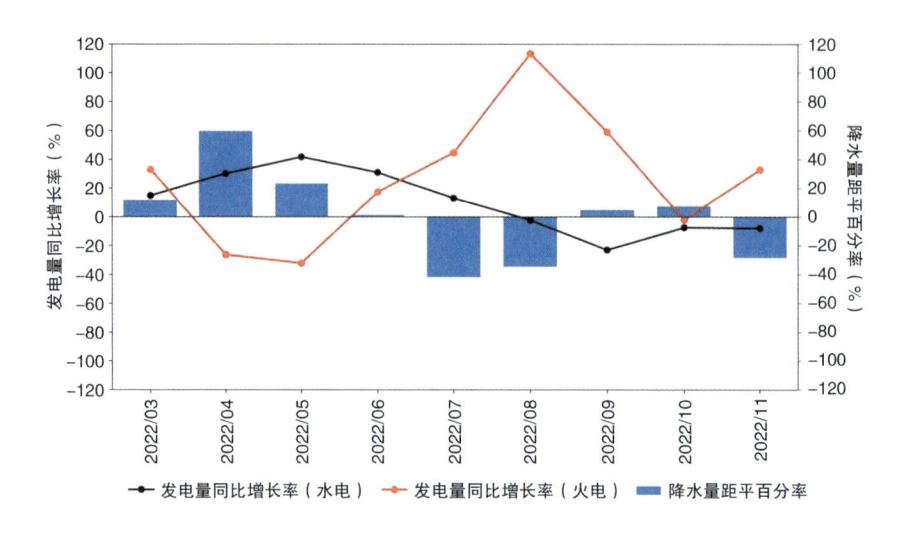

图 4 2022 年四川水电火电同比增长率和降水情况

来源：由国家能源集团技术经济研究院整理。

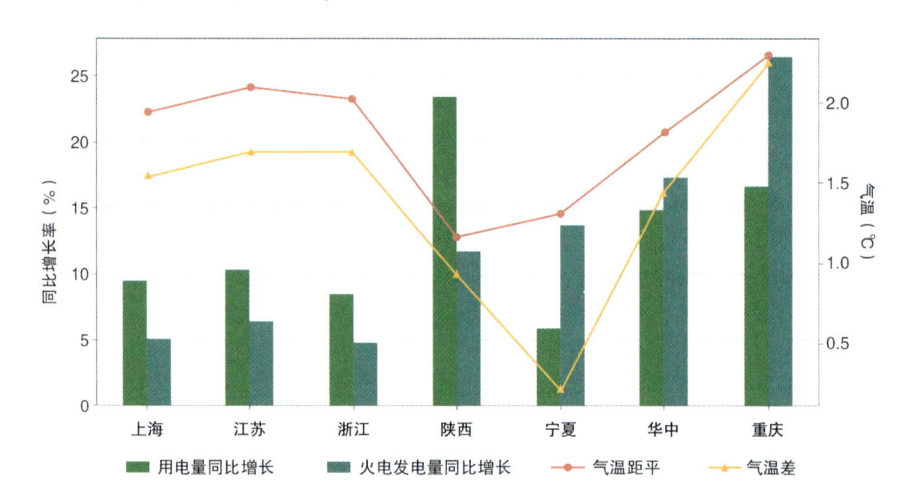

图 5 2022 年夏季四川送出电量购端省（自治区、直辖市）火电发电量、用电量情况和气温情况

来源：欧洲中期天气预报中心第五代全球气候大气再分析数据，由国家能源集团技术经济研究院整理。

三、气候对能源市场供需影响的机理分析

气候对能源市场供需端的影响主要表现为极端气候事件对用电量、新能源（风力、光伏、水力）发电的直接影响及对火力发电的间接影响。极端天气一方面使用电需求攀升，另一方面使供给端出力下降，最终导致供需端电力不匹配的矛盾出现，形成供电紧张、能源紧缺的局面。极端气候事件主要分为夏季高温干旱和冬季低温冰冻。

1. 夏季高温干旱

在需求端方面，高温拉动用电量增长。

在供给端方面，对于光伏发电，气温过高不利于光伏发电，且干旱天气易导致空气中的浮尘增加，不利于太阳辐射到达地面。对于风力发电，夏季一般为全年的小风季，风速较慢。高温天气时常伴随着静稳天气，小风天气出现的概率增加，不利于风力发电。对于水力发电，夏季一般处于汛期，因此水力发电量占总发电量的比重较大，一旦出现干旱天气，导致径流量偏少，使水力发电出力急速减少，将对电力供给端产生较大影响。对于煤炭，高温一方面不利于煤炭开采，另一方面会导致火力发电热效率降低；干旱导致内陆河水位偏低，一方面不利于煤炭的水路运输，造成供应链不畅，另一方面使火力发电冷却水的取水难度加大。对于电力传输，高温易加速线缆绝缘层的老化，从而导致绝缘层开裂，甚至脱落，安全隐患较大。

2. 冬季低温冰冻

在需求端方面，低温冰冻天气导致居民夜间用电量大幅上升。

在供给端方面，对于光伏发电，冬季日照时长、辐照度相对其他季节较低，且空气相对干燥，空中悬浮物更多，光伏发电的气象条件较差，发电量普遍低于其他季节；对于多雨雪天气，积雪覆盖面板进而影响发电量；低温

环境下逆变器不能启动，元器件、零部件损坏等故障频发。对于风力发电，北方冬季尤为寒冷，风电机组易面临低温脱网的问题；南方冬季湿冷，风电机组易面临结冰脱网的问题；冬季冷空气活动多伴随大风，易出现风速过大使风机切出停发的情况。对于水力发电，冬季大多为枯水期，发电量相对其他季节较少。对于煤炭，低温不利于煤炭开采、运输，易造成供应链不畅。对于电力传输，冬季多冰冻雨雪天气，易造成输电线路覆冰，导致冰闪、短路、断线、倒塔等问题，进而引发电力系统故障。贵州、湖南等地作为我国冻雨风险的集中分布地区，直接影响 7 条"西电东送"特高压直流输电线路（长度总计约 4900 千米）。

此外，冬季峰值负荷比夏季峰值负荷更难应对。峰值负荷时间出现在夜晚，光伏无法出力；遇湿冷天气风机可能凝冻，影响出力；水电处在枯水期，出力下降；低温冰冻天气不利于煤炭生产运输；发电机组、电线故障发生概率明显上升。

四、气候变化背景下能源市场展望

全球变暖趋势持续。世界气象组织（World Meteorological Organization，WMO）表示，2021 年的全球地表平均温度较工业化前的水平（1850—1900 年平均值）高出 1.1℃，2021 年为有完整气象观测记录以来的 7 个最暖年份之一。自 1975 年以来，每 10 年均较前一个 10 年更暖（见图 6），且升温趋势更明显，其中，2002—2021 年的全球地表平均温度较工业化前水平高 1.0℃。从亚洲大陆来看，1901—2020 年，亚洲陆地表面年平均气温基本呈显著上升趋势（见图 7），与全球地表的平均温度类似，自 1971 年以来，其升温趋势尤其显著。

1960—2020 年，中国气候风险指数呈上升趋势，阶段性变化明显（见图 8）。中国气候风险指数在 1960—1980 年整体呈下降趋势，1980 年之后呈波动上升趋势。我国极端高温事件发生频次自 1995 年以来明显偏多（见图 9），且年代际变化特征明显。我国极端低温事件发生频次自 1991 年以来显著减少。1960—2020 年，我国极端日降水量事件发生频次呈上升趋势，区域性气象干旱事件的发生频次呈微弱波动上升趋势（见图 10），均具有明显的年代际变化特征。

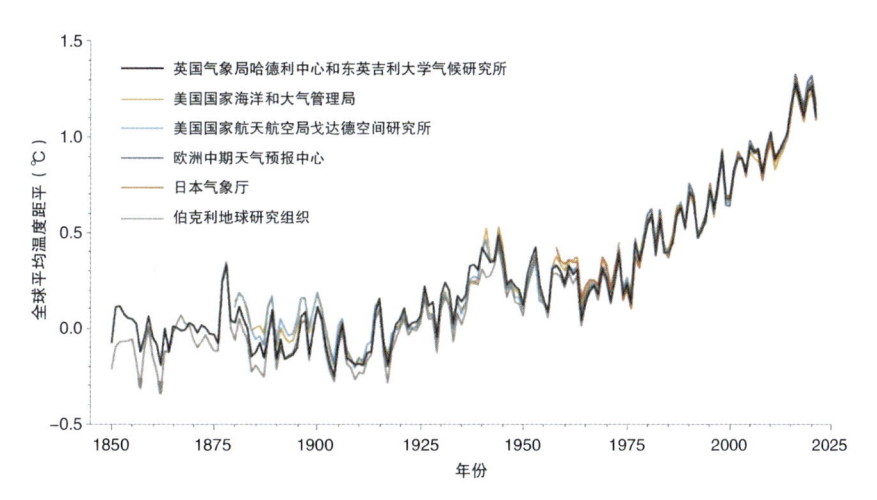

图 6　1850—2025 年全球平均温度距平（相对于 1850—1900 年平均值）

来源：中国气候变化蓝皮书（2022）。

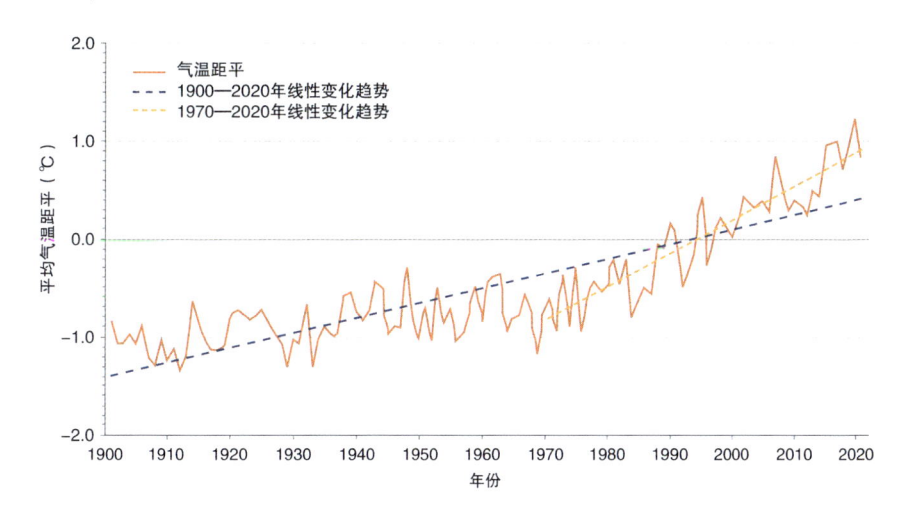

图 7　1900—2020 年亚洲陆地表面年平均气温距平

来源：中国气候变化蓝皮书（2022）。

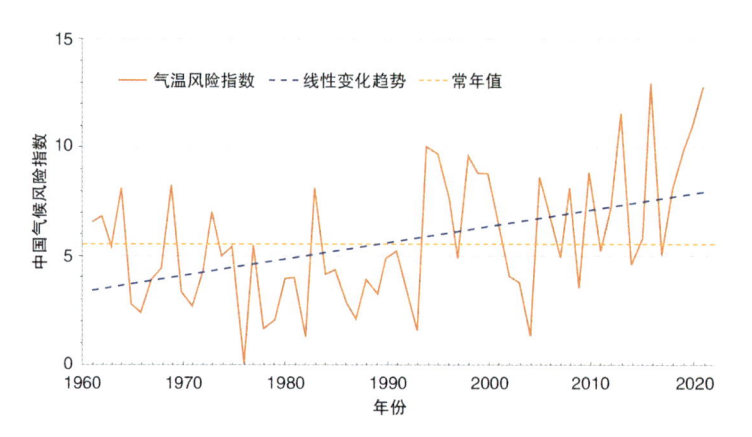

图 8　1960—2020 年我国气候风险指数变化

来源：中国气候变化蓝皮书（2022）。

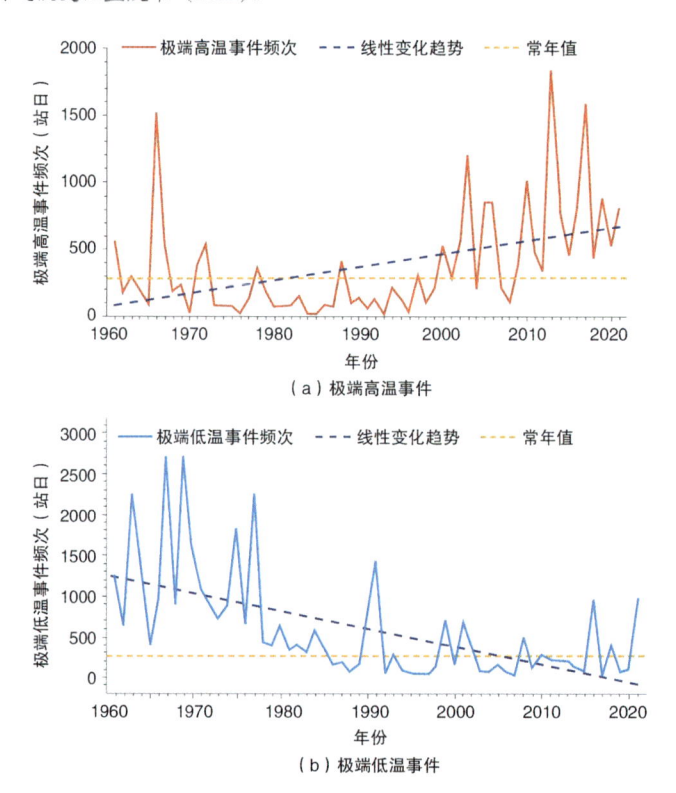

（a）极端高温事件

（b）极端低温事件

图 9　1960—2020 年我国极端高温和极端低温事件频次

来源：中国气候变化蓝皮书（2022）。

专题报告二：气候对能源市场供需影响的分析——以2022年夏季极端高温干旱为例

(a) 极端日降水量事件

(b) 区域性气象干旱事件

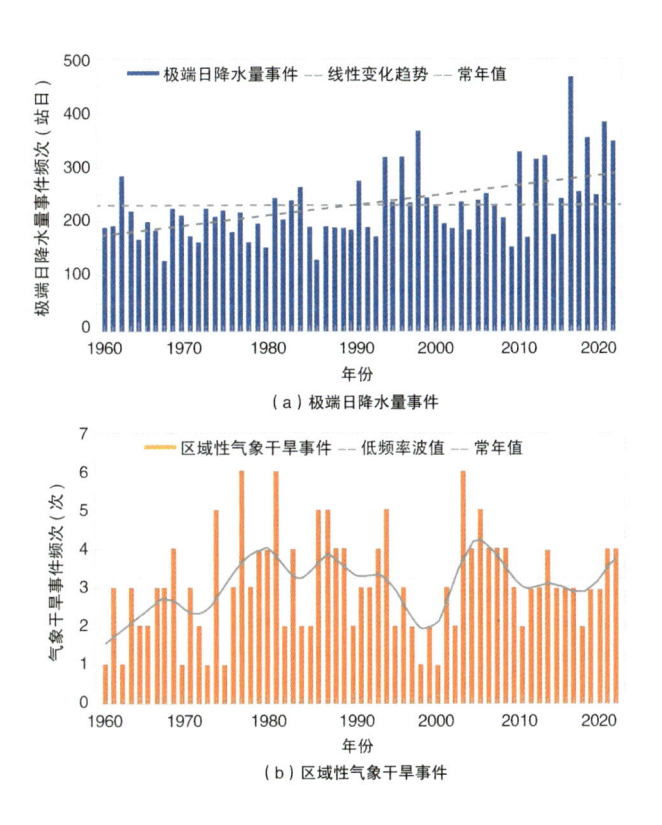

图10　1960—2020年我国极端日降水量事件频次和区域性气象干旱事件频次

来源：中国气候变化蓝皮书（2022）。

　　随着气候变暖加剧，全球未来极端气候事件预计将呈现多发、重发的态势。第六次国际耦合模式比较计划（Coupled Model Intercomparison Project Phase 6，CMIP6）中的多个全球气候模式对SSP1-2.6、SSP2-4.5、SSP5-8.5这3个未来不同社会经济路径（以下简称"情景"）下我国极端气候事件（极端高低温事件、极端降水事件）变化的预估结果表明，与1995—2014年相比，在未来气候情景下，我国极端暖事件进一步增加，极端冷事件进一步减少（见图11），我国未来平均年极端降水量[1]和年总降水量[2]均呈上升趋势（见

---

[1] 年极端降水量：每年大于基准期内95%分位值的日降水量的总和，表示强降水量。

[2] 年总降水量：每年大于等于1mm的日降水量的总和，表示湿日的总降水量。

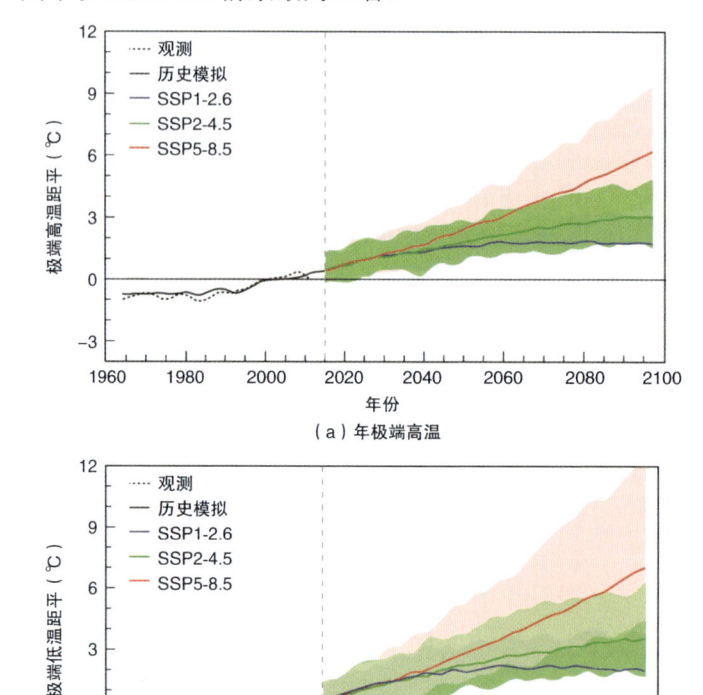

图 12），其中以 SSP5-8.5 情景最为显著。

(a) 年极端高温

(b) 年极端低温

图 11　CMIP6 多模式模拟的我国平均年极端高温和极端低温变化

（相对于 1995—2014 年平均值）

来源：中国气候变化蓝皮书（2022）。

未来人类将面临更大的气候风险和影响，与气候变化共存，并适应这种气候变化，是能源市场要面对的现实。新能源出力受气候影响较大，具有较强的波动性和随机性。对气象灾害进行及时准确的监测预警，有利于实现对电力供给端的发电量预测及对电力需求端的用电量预测。在电力供给端，以装机量为依据，在三北区域应重点关注风速、气温、湿度对风力发电的影响，在华北区域（以山东、河北为主）重点关注辐照度、日照时长、气温对光伏发电的影响，在西南地区（以四川、云南为主）重点关注降水、气温、湿度

专题报告二：气候对能源市场供需影响的分析——以 2022 年夏季极端高温干旱为例

对水力发电的影响；而在电力需求端，重点关注气温对广东、江苏、山东、浙江、河北、河南等地用电量及火力发电量的影响。

（a）年极端降水量

（b）年总降水量距平百分率

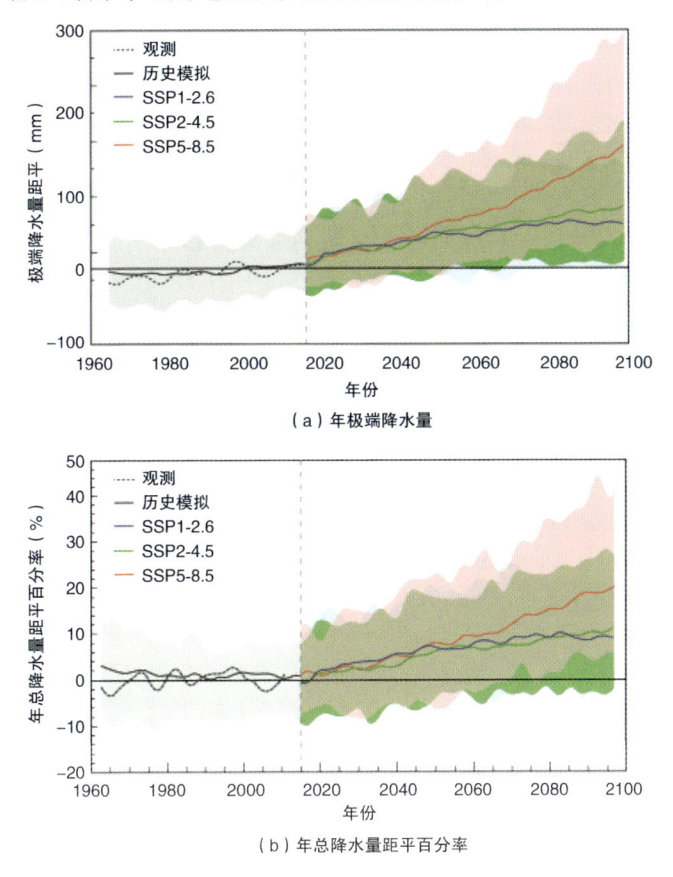

图 12　CMIP6 多模式模拟的我国平均年极端降水量和年总降水量距平百分率变化（相对于 1995—2014 年平均值）

来源：中国气候变化蓝皮书（2022）。

目前能源市场中新能源装机量占全国发电装机总量的比重不断增加，进行气候预测有利于提前做好灾害应急预案，对能源市场潜在风险进行精细化管理与控制，有利于维持气候变化背景下能源市场的稳定性，有效减轻新能源发电的不稳定性对电网系统运行和调度产生的影响，保证电网的可靠运行，在提高电力系统的安全稳定运行能力、改善电能质量、提升社会用电舒适度等方面都具有重要意义。

专题报告三："两个联营"政策开展情况与发展建议

现阶段，我国能源发展的中心任务是在确保能源安全的同时稳妥有序推进能源绿色低碳转型。确保能源安全、绿色发展的关键是统筹衔接好煤炭与煤电、煤电与可再生能源电力的关系，发挥好煤炭和煤电对电力保供的基础性作用，推进煤炭企业和煤电企业共享利益、共担风险，在保障电力供应方面形成合力；同时，要促进煤电与可再生能源电力的优化组合，通过可再生能源发电对煤电增加效益补偿，协同推进能源绿色低碳转型。

一、"两个联营"政策实施背景

"两个联营"指的是，煤炭生产企业与火力发电企业联合经营及火力发电企业与可再生能源发电企业联合经营。在我国能源体系中，煤电是衔接煤炭和可再生能源、推动一次能源与二次能源协同发展、促进传统能源与新能源高效耦合、实现电力保供与能源转型统筹推进的重要支撑。然而，作为电力保供的"稳定器"和"压舱石"，煤电近年来面临着运行成本上升与发电空间下降的双向挤压。2021年以来煤价上升、电煤供应不足给煤电企业的生产经营造成影响；同时，随着"双碳"目标的落实，新能源发电量占全国总发电量的比重不断提升，煤电利用小时持续下降。

为解决煤炭、电力两个板块的煤炭供需矛盾、煤价波动和利益冲突等问题，国家发展改革委、国家能源局多次发文推动煤电联营。国家发展改革委于2016年印发《关于发展煤电联营的指导意见》（发改能源〔2016〕857号），指出"对于符合重点方向的煤电一体化项目，各相关单位要加大协调力度，优化核准等相关程序，力争实现配套煤矿和电站同步规划、同步核准、同步建设"。2018年印发《关于深入推进煤电联营促进产业升级的补充通知》（发改能源〔2018〕1322号），提出"鼓励发展多种形式的煤电联营""优先将煤电联营项目纳入发展规划""优先释放煤电联营企业优质产能"。2019年印发《关于加大政策支持力度进一步推进煤电联营工作的通知》（发改能源〔2019〕1556号），提出"明确煤电联营发展方向""细化煤电联营实现形式"和"强化政策激励约束"。2022年6月，中共中央原政治局常委、国务院副总理韩正到山西太原调研时强调"要促进煤电和可再生能源协同发展，充分调动地方和企业积极性，推动煤电联营和煤电与可再生能源联营"。

二、能源企业"两个联营"政策开展现状

在国家政策的推动下，我国一些大型煤炭企业、电力企业开展了多种方式的煤电联营。据煤炭工业协会统计，截至2021年年底，煤炭企业参股控股权益发电装机量超过3.4亿千瓦。目前，华能集团、大唐集团、华电集团、国家电投集团、国家能源集团的煤炭产能分别达到1.14亿吨/年、0.18亿吨/年、0.54亿吨/年、0.84亿吨/年、6.19亿吨/年。2017年神华集团与国电集团重组为国家能源投资集团，打造煤电运化一体化特色发展的中央能源企业。一些省属煤炭企业、煤电企业也开展了多种方式的联营。山西组建晋能控股集团，煤炭产能达4.47亿吨/年，发电装机量达2285万千瓦，山东能源集团、陕西煤业化工集团也是省属能源企业中已形成联营格局的大型能源企业。

2022年12月30日，中煤集团与国家电投战略合作框架协议暨煤电项目专业化整合协议签约仪式在北京举行，两家央企的专业化整合通过市场化方式开展，涉及的电力装机量将超过1000万千瓦，是近年来国内煤电专业化整合的又一大进展。

三、"两个联营"政策实施成效

经过多年的探索实践,我国形成了煤电一体化联营、煤炭企业专业化办电厂、电力企业专业化办煤矿及互相参股等多种联营模式,不同的联营模式在各自适用的场景下都发挥了一定的积极作用。

从联营的实际效果来看,总体上,大型能源集团内部建立了煤炭购销的协调机制,下属煤炭企业与煤电企业在煤炭供应上较好地履行了协议,煤价保持在合理区间,有效发挥了联营的积极效果。同时也要注意到,大型发电集团拥有的煤炭产能小于自身电煤需求,自供比例较低,因供煤缺乏保障和煤价高造成的亏损问题仍很突出。并且,分属不同集团的企业在项目上参股比例低时难以发挥联营的效果,相互参股的煤炭企业、煤电企业仍各自关注自身利益。部分煤炭企业、煤电企业探索了互相等比例持股(持股比例接近相等)的模式,双方兼顾上下游项目的利益,取得了比较好的联营效果。

长期来看,稳步有序推进两个联营工作,能够有效对冲行业波动和市场风险,实现企业之间风险共担、利益共享,对于保障国家能源安全、推进能源转型升级大有裨益。

四、能源企业开展"两个联营"的问题

1. 行政及市场主体推进联营的动力不强

部分地方政府更多关注借助可再生能源指标配置为推动地方经济发展带来更多利益,在项目配置过程中倾向于能带来其他产业投资项目的企业,向承担电力保供和调峰煤电的企业配置可再生能源项目的意愿较低。有些煤炭企业考虑到长远转型,对可再生能源有较大的兴趣,基于当前煤电亏损严重和煤电未来发展前景的考虑,对投资煤电项目或者与煤电企业联营的

动力不强。没有煤电资产的可再生能源企业，受企业发展定位、主业限制等因素影响，主动与煤电企业联营的动力较弱。

2. 对联营企业在煤炭、可再生能源资源配置方面倾斜不够

在煤炭资源配置方面，当前各级地方政府更倾向于地方煤炭企业配置煤炭资源，发电企业特别是中央发电企业获取新增煤炭资源的难度大，大型中央发电集团的自有煤炭资源远小于自身电煤消耗量。在煤炭运力方面，部分企业受限于运力，难以供应自有煤电项目，无法达成实质联营。在可再生能源发展方面，已建或拟建的煤电项目周边可供开发的可再生能源资源日益稀少，部分地区可再生能源指标相对有限，配置指标的落实难度较大。

3. 不同法人主体间的联营受到利益关系制约

受近两年煤价高企影响，当前国内主要煤矿估值高于实际价值，煤、电两侧估值完全不同，较大的估值分歧会给股权合作带来障碍。地方政府出于税源保护和独立纳税的目的，要求在项目所在地设置子公司，并阻止企业"子公司改分公司"。同一集团内的煤炭企业和煤电企业可能分属不同的上市公司，内部关联交易受中国证监会监管。

五、"两个联营"发展政策建议

推进"两个联营"要坚持市场发挥资源配置的决定性作用，高效发挥政府的宏观调控作用，坚持规划指导和简政放权相结合，坚持能源安全保障与市场机制相统一，坚持国家政策与地方实际相适应，稳步有序推进"两个联营"工作。

1. 加强国家层面统筹组织和实施

由国家层面推动跨省级区域协同，进一步组织无煤炭资源省份的电力企业组团与煤炭资源丰富地区对接，组织能源集团与新能源资源丰富地区

实现更高层次的联合开发，集中资源、资金、技术、产业各方面优势，实现更高质量的煤炭与煤电联营、煤电与可再生能源联营。

2. 优化企业联营的具体方式

从联营的实际效果来看，企业之间互相参股模式的联营效果不佳，在参股模式下，由于两者经营目标不一致，在实际操作中容易出现利益分配不对等、难以解决煤炭供应及价格成本等实际问题。建议采用同一法人一体化联营的方式，或保证联营的两个企业拥有共同的实际控制人，以确保联营政策能够长期坚持并发挥实效。同时，以共同实际控制人的方式通过集团层面一体化运营，更有利于项目公司聚焦主业、发挥融资能力、开展专业化管理，有利于提升项目运营管理水平和抗风险能力。

3. 完善支持"两个联营"项目的政策措施

国家主管部门组织地方主管部门优先向符合"两个联营"条件的新增煤电项目投资企业配置煤炭资源。对拥有煤炭资源或产能指标的企业，优先将其拟投资的煤电项目纳入规划，已纳入规划的优先开展建设。对"两个联营"中的煤炭新增产能，政府有关部门优先核增项目或产能。对"两个联营"中的煤电项目（包括纳入大型风电、光伏基地规划布局方案的送受端支撑性、调节性煤电机组），先行建立容量电价机制。协调推动"两个联营"项目的环境、土地利用等审批，使联营项目能同步建成或投运。对上市公司与同一集团内其他企业的联营机制相关业务，有关政府主管部门按合规予以认可并进行审慎包容式监管。

专题报告四：碳市场与能源市场的关联分析——以欧盟为例

欧洲能源市场具有高度市场化的特征，煤炭、天然气、电力价格波动均由市场交易行为产生。在大多数欧洲国家，电力短期价格是由能源交易所的现货市场形成的，其中日前市场（提前一天）的交易量约占交易所交易量的80%。参与日前交易的电力机组按照边际成本升序排列，最后一个满足需求的电力机组的报价决定所有机组的电力价格，即供需平衡点的电价。风力、光伏和核能等可再生能源在欧洲发电机组中的边际成本较低，其次为煤电，气电具有较高的边际成本。通常情况下，欧洲电力市场的供需平衡点电价由气电报价决定，因此欧洲电价与气价呈现正相关性。

欧盟碳市场目前已经经历了四个发展阶段，其市场机制在成熟度和参与度上都具有很强的参考意义，欧盟碳市场交易额在2022年全球碳市场交易额中的占比达到了87%，占据主导地位。欧盟碳市场行情除受到来自欧盟关于碳市场政策的影响外，还会受到来自欧洲能源市场的影响。对大多数企业来说，能源和碳排放权占据企业生产成本中的主要部分，并且不同类别的能源消费会产生不同强度的碳排放，因此企业在能源采购和碳排放权的交易过程中，会对能源及碳配额的成本进行决策，从而对两方市场形成价值传导。另外，市场投资者对于市场的敏锐观察和他们的投资决策，决定了能源市场和碳市场两方互为对冲的关系。

在欧洲的各类能源市场中，天然气市场和电力市场均与碳市场存在关联。从欧洲燃料转换这一角度来看，天然气市场似乎对碳市场的影响更加直接，因此本专题报告重点探讨欧洲天然气市场与碳市场之间的关联，以及重点分析欧洲能源危机这一特殊场景对碳市场的影响。

一、碳市场与能源市场的关系

1. 碳价与燃料转换价格的相关性

天然气虽然属于化石能源,但其具有低碳且供应稳定的特点,通常被视作全球各国实现能源转型的重要桥梁。欧洲实现能源转型的途径基本上可以描述为由煤炭转向天然气,再由天然气转向风力、光伏等可再生能源的过程。单从能源市场的角度来看,煤炭成本低于天然气成本,并且远低于可再生能源成本。如果仅仅从成本的角度考虑,煤炭的优势远高于天然气和可再生能源,这样不利于能源低碳转型工作的平稳推进。能源市场主导下的企业行为与欧盟能源转型进程形成了外部性矛盾,因此欧盟引入碳市场这一政策工具,其背后的经济学原理是科斯定理。在各类能源使用的基础成本上增加碳配额成本,利用市场机制实现能源转型价值下的资源配置优化。在叠加碳配额成本后,煤电发电的成本会因为碳排放成本的增加而水涨船高,从而倒逼发电企业转向相对较为低碳的天然气发电。当碳价升至足够高的水平时,天然气发电成本将高于风电光伏的发电成本,届时可以进一步推动煤炭、天然气向可再生能源转型,助力能源转型(见图1)。

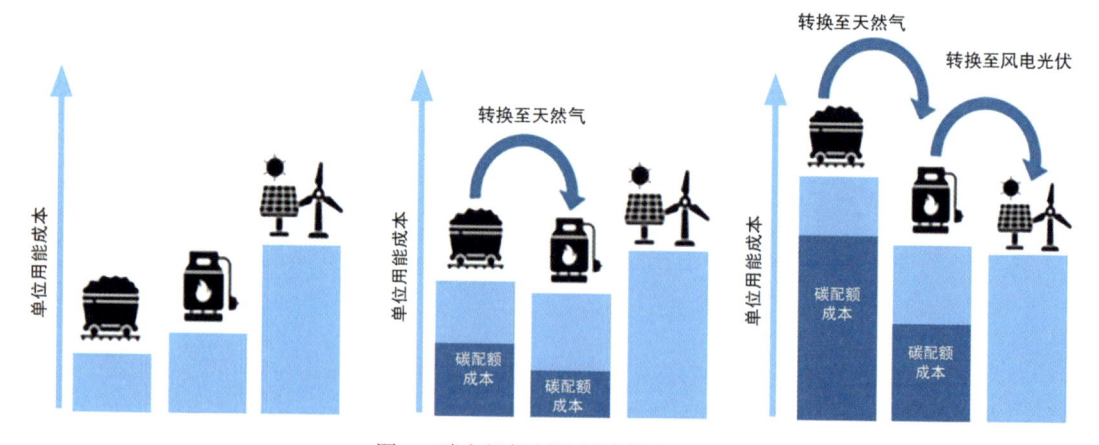

图 1 碳市场机制控制碳排放原理

来源:美国能源信息署(EIA)。

专题报告四：碳市场与能源市场的关联分析——以欧盟为例

根据上述分析，欧盟目前阶段的理论碳价可以简单理解为能够推动煤电转化为气电所需要额外支付的碳配额价格，这个对应的价格又可以称为燃料转换价格。以 2021 年 3 月为例，按照欧洲煤电能源转化效率为 40% 和气电能源转化效率为 49% 计算，欧洲煤电发电成本和气电发电成本分别约为 18 欧元/MWh 和 37 欧元/MWh，即每发 1MWh 的电力，煤电的燃料成本就比气电的燃料成本少 19 欧元。欧盟碳市场只要确保这 19 欧元在碳市场中以碳配额成本的方式进行支付，就可以推动能源结构由煤炭向天然气转型（见图 2）。

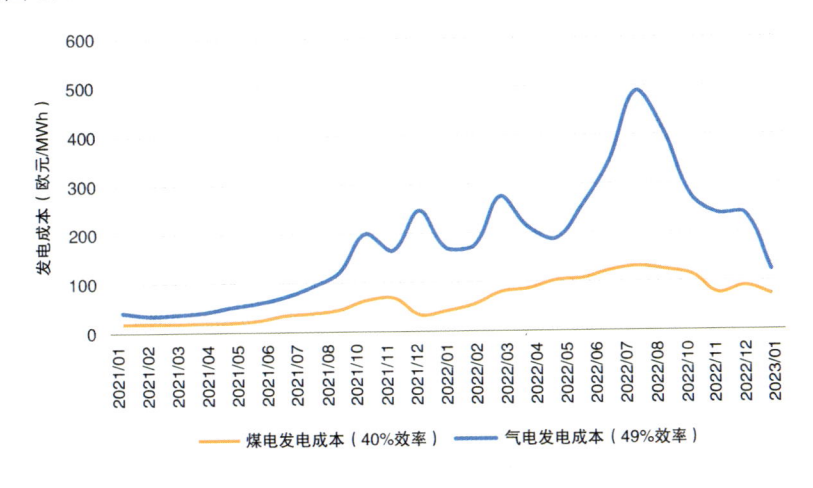

图 2　欧洲煤电发电成本与气电发电成本趋势对比

来源：ICE TTF 天然气期货价格，CIF ARA 煤炭价格。

按照煤炭排放因子为 2.8 吨 CO_2/吨标煤，天然气排放因子为 1.7 吨 CO_2/吨标煤初步计算，40% 效率的煤电排放因子和 49% 效率的气电排放因子分别为 0.9 吨 CO_2/MWhe 与 0.4 吨 CO_2/MWhe，天然气发电单位兆瓦时 CO_2 排放量约为煤电的一半。根据当时 ICE TTF 天然气期货价格、CIF ARA 煤炭价格计算，2021 年 3 月平均煤价、气价对应的燃料转换价格为 42 欧元/吨 CO_2，而当时 EUA 期货月平均价格为 41 欧元/吨 CO_2，两者较为接近。2021 年上半年燃料转换价格与碳价几乎趋同（见图 3）。

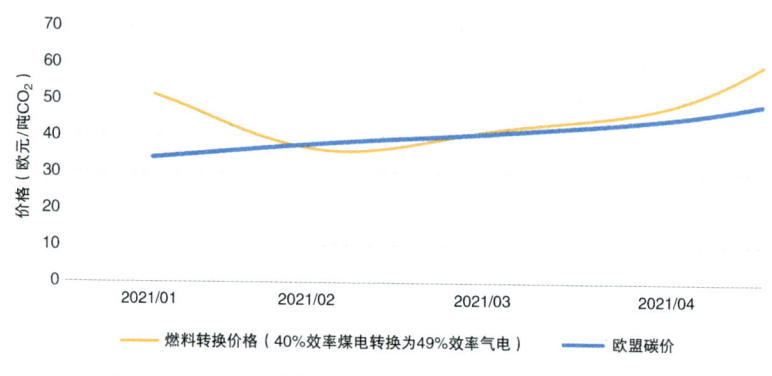

图3 2021年上半年欧盟燃料转换价格与碳价趋势对比

在2021年中期，受到能源战略博弈的影响，来自俄罗斯的天然气供应削减，天然气价格逐渐脱离基本面水平。在此之后的燃料转换价格由于天然气价格高企而抬升，根据煤价和气价估算，2021年年底的燃料转换价格达到了484欧元/CO_2。然而实际上，由于天然气价格过于高昂，煤炭价格涨幅相对有限，发电企业选择重启煤电，这个行为本质上有悖于碳市场对于能源转型的支撑作用，此时的碳价与燃料转换价格脱钩，但碳价在一定程度上受到了气价与煤价价差的影响，一路飙升至2021年年底创历史纪录的73欧元/吨。在欧洲能源危机的持续过程中，由于气价长期高企，欧盟碳价始终未触及燃料转换价格，而在2023年1月，当天然气价格逐渐回归到基本面水平时，相应的燃料转换价格回落至115欧元/吨，逐渐趋近于可以接受的欧盟碳配额价格（见图4）。

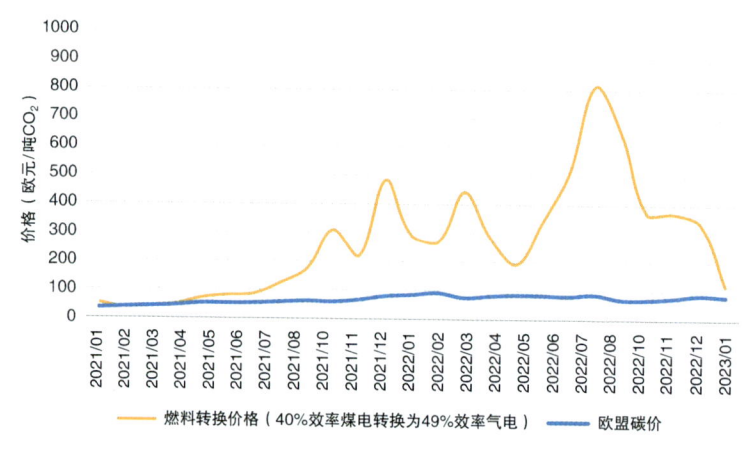

图4 2021年1月—2023年1月欧盟燃料转换价格与碳价趋势对比

2. 碳价与气价的相关性

由于欧洲煤价波动幅度相对较小，而气价波动幅度相对较大，因此气价往往是决定燃料转换价格的重要因素，且两者呈现正相关性。燃料转换价格也是碳市场的理论价格，从这个角度也解释了上述分析中碳价与气价呈现正相关性的原因。

欧盟碳市场的参与主体除控排企业外，还存在着将近 2/3 的投资者，引入投资者的作用是增强市场活跃性，提高碳市场的价格指引能力，因此碳市场还是欧盟重要的金融市场。在俄乌冲突爆发后，大宗能源价格暴涨，碳市场投资者采取抛售碳配额的方式来支付能源市场保证金，以确保持有大宗商品。这导致碳市场原本的供需基本面被打破，碳市场供应端数量大增，碳价出现了恐慌性下跌，碳价与气价脱钩。可见，在地缘政治冲突影响下，碳市场原有的平衡将被打破，原有的市场规律也将不再适用。直到 2022 年年底，美国宣布暂缓交付乌克兰制导武器，导致俄乌冲突局势缓和，恰逢欧洲暖冬，天然气需求低于往年同期水平，天然气价格低位运行，欧盟碳价与气价之间的正相关性似乎正在重新体现（见图 5）。

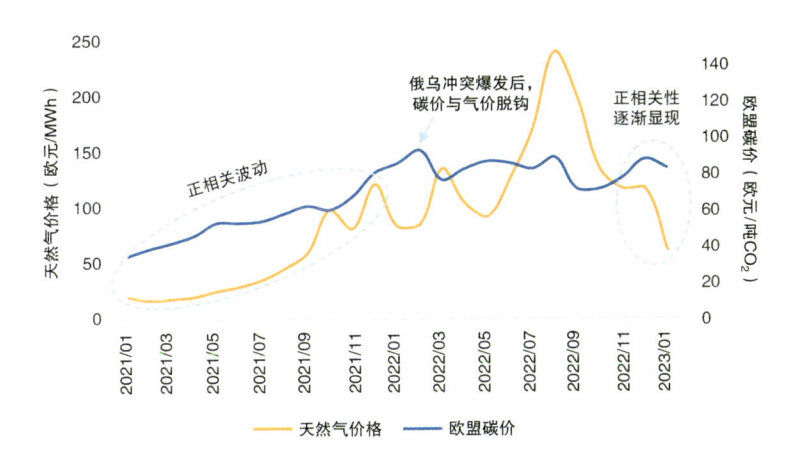

图 5 2021 年 1 月—2023 年 1 月天然气价格与欧盟碳价趋势对比

来源：ICE TTF 天然气期货价格、ICE EUA 期货价格。

二、欧洲能源市场特点

欧洲电力系统正处于清洁转型阶段，欧洲大力发展风电光伏，可再生能源装机量逐年上升；同时煤电逐步关停，煤电装机量占总装机量的比重由 2000 年的 30%逐步降至 2021 年的 13%左右；天然气作为煤炭向可再生能源过渡的中间能源，同样承担着逐步取代煤炭的角色（见图 6）。与我国先立后破的能源转型方针不同的是，欧洲是先破后立，在风电光伏装机量尚未满足预期需求的时候，便急于采取加速放弃核电、关停煤电等措施。

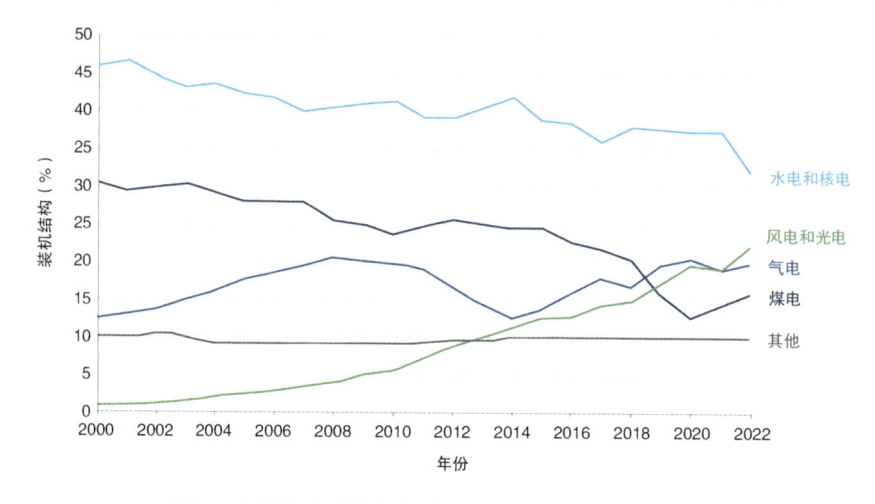

图 6　欧洲电力系统装机结构变化（2000—2022 年）

来源：Ember。

欧洲天然气重度依赖进口，导致天然气出现季节性稀缺。由于天然气燃烧产生的污染物及温室气体远低于煤炭，天然气被视作欧洲电力系统能源转型的重要过渡能源。但欧洲本土天然气产量无法满足自身需求，因此重度依赖进口。德国、法国、意大利三国是欧盟天然气的消费主力国，对外依存度分别为 89%、95%和 94%；而德国、意大利、荷兰三国对俄罗斯天然气的依赖度均超过 30%。欧洲冬季供暖对于天然气需求较大，这导致欧洲天然气储量在每年冬季及后续一段时间会降至较低水平，冬季天然气的稀缺性问题体现得更为明显。

欧洲现有发电结构缺乏韧性，风险之下可再生能源难承其重。虽然欧洲可再生能源装机量占欧洲电力总装机量的比重在20年内由1%上涨至20%，但这一占比仍然无法满足欧洲其他主流能源缺失情况下的用电需求。欧洲水电资源已经得到最大化开发，且极易受到自然灾害的影响。欧洲核电发展长期受到政策限制，加速放弃核能是欧洲对于核电的主旋律。因此在欧洲能源转型的过程中，新增风电光伏装机不仅要填补放弃核能带来的发电缺口，还要填补逐渐关停的煤电缺口。一旦既有设施发电负荷无法满足当下需求，欧洲新增风电光伏在短期内恐难以弥补其用电缺口。恰逢天然气稀缺导致气价高企，气电高昂的燃料成本会引导发电企业转向相对低廉的煤电。重启煤电或许能解燃眉之急，但与能源转型路线背道而驰，煤炭消耗的增加将导致碳排放量增加，催生了企业对碳排放配额的需求，最终导致碳市场价格高位运行。

三、欧洲能源危机现状及诱因

导致欧洲能源危机的直接原因大致可以总结为3个方面：2021年下半年开始的欧洲天然气供应短缺、2022年2月底俄乌冲突导致的能源市场价格飙升、2022年夏季极端干旱高温导致的水电出力降低及法国核电减产。

1. 2021年下半年开始的欧洲天然气供应短缺

2021年下半年，德国政府暂停俄罗斯连接德国的"北溪2"天然气供应项目的审查程序，导致原本即将启用的"北溪2"天然气管路几近夭折。与此同时，俄乌冲突的爆发使得乌克兰的天然气管道气出口大幅削减，四季度降幅高达25%。最终，俄罗斯通往欧洲的七条主要天然气管线中，仅有直接连接俄德两国的"北溪1"管线总体保持稳定，其余管线均显著削减了运能，其中经由乌克兰的管线和经由巴尔干的管线运能受损最为严重。长期以来，俄气占欧洲天然气进口份额的比例在40%左右，俄气供应受限直接导致欧洲天然气出现短缺。恰逢2021年欧洲遭遇寒冬，供暖需求大量消耗天然气，"气荒"推升天然气价格上涨。

2. 2022年俄乌冲突导致的能源市场价格飙升

俄乌冲突爆发后，全球化石能源的价格及大宗商品的价格等都因此飙升。石油、天然气和煤炭的价格飙升至历史高点，布伦特油价攀升至每桶约120美元，是近10年来的最高水平；欧洲天然气价格于2022年3月一度飙升至227欧元/MWh的水平（见图7）。

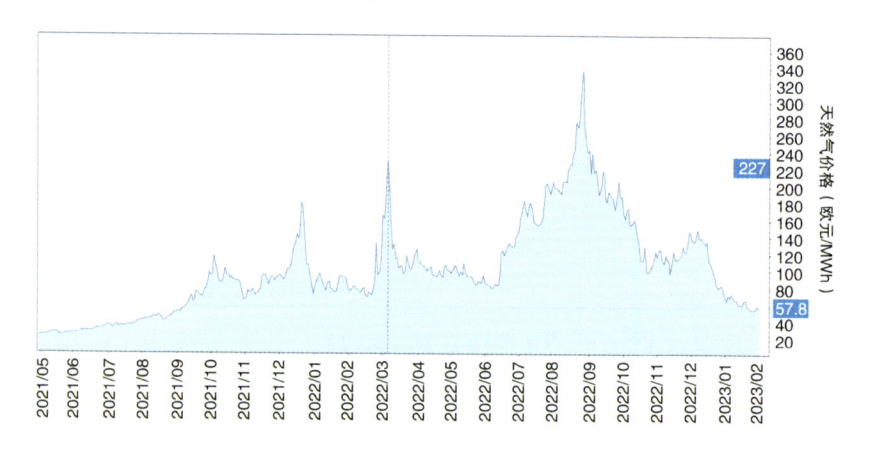

图7 2021—2022年天然气期货价格走势

来源：英为才情、ICE Dutch TTF天然气期货价格。

3. 2022年夏季极端干旱高温导致水电出力降低及法国核电减产

2022年夏季，欧洲经历了500年一遇的干旱高温，这导致欧洲水力发电量降至2000年以来的最低水平。2022年，欧洲水力发电量由2021年的349TWh下降到283TWh，降幅达19%。此外，法国核电巨头EDF的5个反应堆因存在缺陷而延长停运期，夏季高温天气也影响了部分核电产能，加之德国政府宣布在2022年全面弃核，导致2022年欧盟核能发电量创下有史以来最大降幅，欧洲核电产量较 2021 年减少 119TWh，下降 16%。2022 年欧洲水力发电量及核能发电量均有大幅下滑，导致本就处在危机中的欧洲能源供给雪上加霜。

四、欧洲能源危机对碳市场的影响

从欧盟碳市场 2021—2022 年的行情来看，欧盟碳价波动区间较大，其价格波动受到碳市场内部和外部两方面的影响。一方面，欧盟趋于紧缩的碳市场政策导致市场基本面发生根本变化，市场稳定储备（MSR）的引入和碳市场改革法案（Fit for 55）的通过，大幅缩减了欧盟碳市场供给，从而奠定了第四阶段欧盟碳价上涨的基调。另一方面，欧洲此轮能源危机导致的天然气、电力价格多轮上涨，以及地缘政治不稳定导致的投资风向转变，是引起欧盟碳价反复震荡的主要因素。

2021 年下半年开始，欧洲天然气供应短缺，尤其是冬季到来后，供暖需求上升进一步加剧了欧盟"气荒"。2021 年 12 月 21 日，被视为"欧洲天然气价格风向标"的 TTF 基准荷兰天然气期货价格攀升至 179.9 欧元/兆瓦时，较年初上涨近 900%。在成本最小化的原则下，发电企业宁愿花费巨额资金购买碳排放配额以填补配额缺口，也要采取煤电发电以减少生产成本。大型能源对冲基金 Andurand Capital 研究发现，当欧洲天然气发电价格超过 100.0 欧元/MWh 时，只有欧盟碳价达到 105.0 欧元/吨，天然气才会比煤炭更有成本竞争力。传统煤电的重新使用增加了欧盟的碳配额需求，进而导致碳市场推升碳价，使得欧盟碳价进一步飙升，2021 年年底达到 73.0 欧元/吨，全年涨幅达 118%，2022 年 2 月底前达到了 95.0 欧元/吨的高位。在此期间，欧盟碳价与欧洲 TTF 气价短期内呈现正相关性，两者在短期内呈现出几乎一致的涨跌趋势。

2022 年 2 月底，在欧洲能源市场价格飙升之际，欧盟碳市场经历了史上最大跌幅，碳价在 3 月 7 日跌至 58.0 欧元/吨。此前很长一段时间内，欧洲气价和碳价呈现出很强的正相关性，俄乌冲突爆发后，欧洲气价和碳价脱钩，并呈现出一定的负相关性。欧盟碳市场中的投资机构和金融机构的广泛抛售可能导致了此次大跌，按照影响程度排序，引发此轮抛售的可能原因有：①碳市场投资者的投机性卖盘，俄乌冲突导致大宗商品价格暴涨，与之对应的对冲基金保证金也相应提高，需要投资者补充，这部分资金可以从碳资产中取得；②俄乌冲突波及区域的投资者为囤积物资纷纷选择兑现获利；③欧盟地缘政治处于较不稳定状态，资金大量外流；④俄乌冲突致使短期内的能源安全成为欧盟的政策焦点，而气候政策可能退居其次，因此投资者对于欧盟气候变化政策的预期降低。2022 年 3 月后，随着俄乌冲突逐渐缓和，各方关注焦点重新转向欧盟碳市场的基本面，欧盟碳价逐渐从投机者主导的暴跌中恢复过来。由于俄乌冲突造成的碳市场震荡逐渐减弱，欧盟碳价逐渐回升至 80.0 欧元/吨左右的水平（见图 8）。

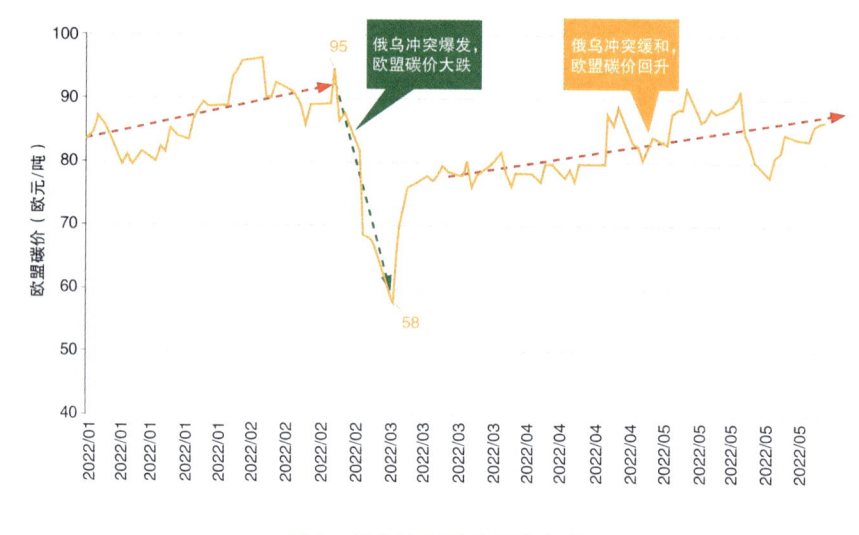

图 8　俄乌冲突导致碳价大跌

来源：ICE 交易所。

五、欧洲能源市场及碳市场展望

自 2022 年年底以来，欧洲能源供应来源逐渐重塑，能源危机呈现出逐渐缓解的迹象，这得益于最近欧洲的天气情况、干预政策和地区稳定等因素。首先，欧洲光伏发电发挥了稳定能源供给的作用，5—8月，光伏发电满足了欧洲12%的能源需求，光电和风电在能源危机中填补了83%的电力缺口。其次，不同于2021年的寒冬，2022年冬季气温较为温和，四季度平均气温高出过去4年平均气温1.1度，这使得欧洲冬季天然气及电力需求同比下降，欧洲天然气储量始终保持在高位。欧盟出台的减气政策及呼吁节能的宣传也发挥了重要作用。2022年3月23日，欧盟委员会向其成员国提出，天然气库存率须在2023年11月1日前达到80%；此外，在2022年7月20日紧急要求各成员国削减15%的天然气用量，以满足冬季用能需求，各成员国需要在9月底前向欧盟委员会上报减少天然气用量的具体措施和目标。欧盟各国采取的减气节约政策，使四季度的能源需求降低了8%，截至2022年年底，欧洲天然气储量约占可储存容量的83%，高于5年来的平均季节性水平，这对于平衡市场供需发挥了重要作用。对于供应来源，欧盟大幅增加液化天然气（LNG）的进口量，欧洲LNG成交量在全球LNG成交量中的占比从2021年的18%跃升至2022年的29%。虽然极大增加了欧盟的能源使用成本，但也填补了欧盟的能源供应缺口。

基于2022年欧洲可再生能源发展增速及REPowerEU可再生能源装机目标，2023年欧洲风电光伏装机还会持续增长。2023年，在正常自然条件下，水力发电也将高于2022年同期自然灾害影响下的发电水平。在核电方面，欧洲核电站将不会有进一步的关停。因此，预计2023年可再生能源发电量将有所增长，火电需求将有所下降。若俄乌局势进一步缓和，天然气和LNG的整体供应也将满足欧洲下个冬季的用能需求，届时煤电向气电的清洁化转型也将步入正轨。据Ember估算，2023年化石燃料消耗将降低20%，这意味着欧洲将从能源危机中走出来，全面迎接新能源时代（见图9）。

在碳市场方面，在地缘政治趋于稳定的情况下，预计2023年欧盟碳市场与能源市场的关联秩序将重塑，碳价与气价有望重新挂钩，碳配额的价格将趋于燃料转换价格。当欧洲天然气因需求放缓造成气价进一步降低时，燃料转换价格将下跌，欧盟碳价将存在一定下行风险。然而，欧盟碳价同时也受到碳市场政策影响，例如，2023年欧盟市场稳定储备（MSR）

大概率将根据 2022 年市场流通总量的 24%对 2023 年 9 月实施的配额拍卖进行削减，紧缩的市场供给将导致碳价上行。此外，REPowerEU 计划增加 200 亿欧元的配额拍卖供给，这也将导致碳价下跌。总之，欧盟碳价走势将受到能源市场政策和碳市场政策两个方面的影响，仍然存在较大的不确定性，但欧盟碳市场与能源市场的关联机制将随着能源危机的缓解而重新建立。

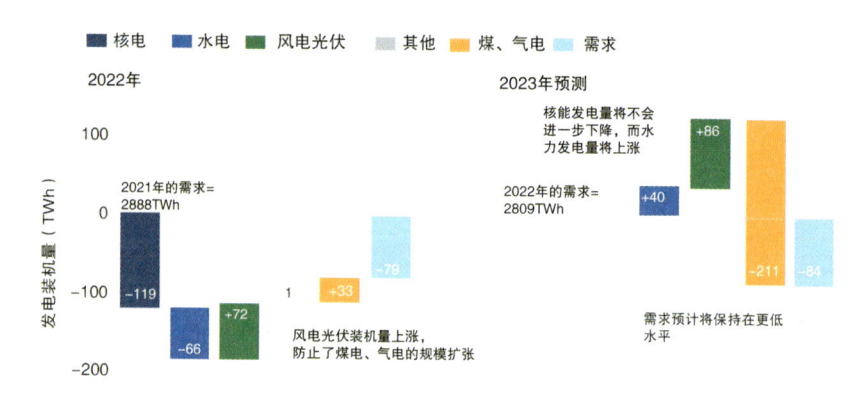

图 9　2023 年欧洲化石燃料发电装机量将大幅降低

来源：Ember。

六、我国能源市场及碳市场的联动机制设计及展望

区别于高度市场化的欧洲能源市场，我国目前的能源结构和能源市场化还处在相对早期的阶段。目前，我国能源消费仍然以煤炭为主，煤炭消费量占能源消费总量的 56.2%，其中一半以上用于发电。在全国发电量中，煤电发电量的占比为 60.0%，仍然是当前我国电力供应的最主要电源，也是保障我国电力安全稳定供应的基础电源。然而天然气发电量只占全国发电量的 3.0%，远不及欧盟 20.0%的水平。我国煤炭交易市场机制较为成熟，主要以"煤炭中长期合同"制度和"基础价+浮动价"定价机制为主，山西、内蒙古、陕西及沿海煤港等区域性煤炭交易中心及煤炭价格指数体系逐渐完善。

目前我国电力市场呈现出"双轨制"的特征，即计划性质的优先发电/用电与市场性质的中长期交易市场、电网企业代理购电和电力现货市场试点并存的局面。"计划电"代表采用优先发电电量，由各省市发展和改革委核定不同电源的上网电价和不同用户的销售电价，由电网公司继续进行统购统销的情况。在"计划电"机制下，政府主导下的煤电价格联动机制在历史上对煤电冲突起到一定的缓解作用，但是存在半年左右的调整周期，无法有效发挥市场在资源配置中的决定性作用。"市场电"是工商业用户与发电企业通过中长期合同和现货市场直接竞价交易，形成市场化电价的途径。2021年10月，国家发展改革委印发的《关于进一步深化燃煤发电上网电价市场化改革的通知》（发改价格〔2021〕1439号），推动燃煤发电量全部进入电力市场，并将煤电"基准价+上下浮动"的浮动范围扩大至上下浮动20%。各地要有序推动工商业用户全部进入电力市场，按照市场价格购电，取消工商业目录销售电价。目前，对于尚未进入市场的用户，10千伏及以上的用户要全部进入，其他用户也要尽快进入。暂未直接从电力市场购电的用户由电网企业代理购电，代理购电价格主要通过场内集中竞价或竞争性招标方式形成，首次向代理用户售电时，应至少提前1个月通知用户。对已参与市场交易、改为电网企业代理购电的用户，其购电价格按电网企业代理其他用户购电价格的1.5倍执行。2022年全年市场电交易量占比达到全社会用电量的60.8%，同比提高15.4%。全国燃煤发电机组的市场平均交易价格达0.45元人民币/千瓦时，较全国平均基准电价上浮约18.3%，我国电力市场与煤炭市场逐渐形成市场化联动机制。

与欧盟以煤炭为主向以天然气为主的燃料转换路径不同的是，全国碳市场中煤炭占据主体地位，天然气则处于较低地位，且未来作为主要电源的可能性不大，因此我国天然气市场与碳市场无法形成类似的关联机制。因此，理论上我国煤电发电的上网电价应为电煤价格、碳配额价格与合理利润之和。换句话说，我国电力价格与煤炭价格之差决定了全国碳市场价格水平的上限。从目前的情况来看，我国煤炭价格已经向电力市场形成有效传导，而由于"计划电"与"市场电"并存的现状，碳价对电价仍然面临着双轨传导的局面。在"计划电"方面，虽然持续推进优先发电政策，对供给侧形成清洁化引导，但该成本无法传导至消费侧，导致对火电企业形成无法避免的利润挤压，无法对用户侧形成有效引导。在"市场电"方面，火电企业可以将其碳市场成本传导至电力市场用户侧。因此相对于"计划电"用户，市场电用户需要承担推动电力系统低碳改革的部分压力，这从宏观上限制了电力市场与碳市场价格的双向传导。

国家坚持系统观念，统筹推进电力体制改革，逐渐从"双轨制"过渡到市场化机制，将有效缓解火电企业的亏损现状，推动电力市场向有低碳价值的用户侧引导。在此前提下，积极完善碳市场交易机制，逐步推行碳市场配额的有偿化分配，扩大碳市场的覆盖行业范围及交易主体范围，积极推进我国电力系统低碳转型的进程，助力我国实现"双碳"目标。随着我国电力市场与碳市场的共同发展完善，电力市场与碳市场将逐渐形成相互联动机制。

参考文献

[1] 王国法,李世军,张金虎,等. 筑牢煤炭产业安全 奠定能源安全基石[J]. 中国煤炭,2022,48(7):1-9.

[2] 王双明. 对我国煤炭主体能源地位与绿色开采的思考[J]. 中国煤炭,2020,46(2):11-16.

[3] 帅永,赵斌,蒋东方,等. 中国燃煤高效清洁发电技术现状与展望[J]. 热力发电,2022,51(1):1-10.

[4] 张宏. 探索煤炭行业"双碳"战略发展新路径[J]. 中国煤炭工业,2022(2):32-35.

[5] 吴璘,李瑞峰,朱吉茂,等. 东北三省煤炭供应形势及对策研究[J]. 煤炭工程,2020,52(2):151-155.

[6] 李红霞,陈磊,连亚伟. 基于去产能政策下我国煤炭产业战略分析[J]. 煤炭工程,2020,52(6):7.

[7] 朱吉茂,李瑞峰,王雷. 我国西北煤炭发展空间和布局研究[J]. 中国矿业,2019,28(1):41-46.

[8] 樊大磊,李富兵,王宗礼,等. 碳达峰、碳中和目标下中国能源矿产发展现状及前景展望[J]. 中国矿业,2021,30(6):8.

[9] 徐亮. 我国煤炭开发建设现状与"十四五"展望[J]. 中国煤炭,2021,47(3):44-48.

[10] 徐振刚. 中国现代煤化工近 25 年发展回顾·反思·展望[J]. 煤炭科学技术, 2020, 48（8）: 1-25.

[11] 孙宝东, 宁成浩, 吴璘, 等. 从能源危机看我国能源电力低碳转型的政策选择[J]. 中国电力企业管理, 2021（34）: 48-51.